Estudos de Direito Econômico

Leila Cuéllar
Egon Bockmann Moreira

Estudos de Direito Econômico
Volume 2

Belo Horizonte

2010

© 2010 Editora Fórum Ltda.

É proibida a reprodução total ou parcial desta obra, por qualquer meio eletrônico, inclusive por processos xerográficos, sem autorização expressa do Editor.

Conselho Editorial

Adilson Abreu Dallari
André Ramos Tavares
Carlos Ayres Britto
Carlos Mário da Silva Velloso
Carlos Pinto Coelho Motta
Cármen Lúcia Antunes Rocha
Clovis Beznos
Cristiana Fortini
Diogo de Figueiredo Moreira Neto
Egon Bockmann Moreira
Emerson Gabardo
Fabrício Motta
Fernando Rossi
Flávio Henrique Unes Pereira

Floriano de Azevedo Marques Neto
Gustavo Justino de Oliveira
Jorge Ulisses Jacoby Fernandes
José Nilo de Castro
Juarez Freitas
Lúcia Valle Figueiredo (*in memoriam*)
Luciano Ferraz
Lúcio Delfino
Márcio Cammarosano
Maria Sylvia Zanella Di Pietro
Oswaldo Othon de Pontes Saraiva Filho
Paulo Modesto
Romeu Felipe Bacellar Filho
Sérgio Guerra

Luís Cláudio Rodrigues Ferreira
Presidente e Editor

Coordenação editorial: Olga M. A. Sousa
Revisão: Leonardo Eustáquio Siqueira Araújo
Bibliotecários: Ricardo Neto – CRB 2752 – 6ª Região
Tatiana Augusta Duarte – CRB 2842 – 6ª Região
Indexação: Clarissa Jane de Assis Silva – CRB 2457 – 6ª Região
Projeto gráfico: Walter Santos
Capa e formatação: Derval Braga

Av. Afonso Pena, 2770 – 15º/16º andares – Funcionários – CEP 30130-007
Belo Horizonte – Minas Gerais – Tel.: (31) 2121.4900 / 2121.4949
www.editoraforum.com.br – editoraforum@editoraforum.com.br

C956e   Cuéllar, Leila

       Estudos de direito econômico / Leila Cuéllar; Egon Bokmann Moreira. Belo Horizonte: Fórum, 2010.

       v. 2 : 232 p.
       ISBN 978-85-7700-371-6

       1. Direito econômico, Brasil. 2. Direito da concorrência. 3. Concorrência pública, Brasil. 4. Concorrência, Brasil. 5. Agência reguladora, Brasil. 6. Intervenção do Estado na economia. 7. Atividade econômica, ficalização, Brasil. I. Moreira, Egon Bokmann. II. Título.

                                                        CDD: 342.233
                                                        CDU: 347.776(81)

Informação bibliográfica deste livro, conforme a NBR 6023:2002 da Associação Brasileira de Normas Técnicas (ABNT):

CUÉLLAR, Leila; MOREIRA, Egon Bokmann. *Estudos de direito econômico*. Belo Horizonte: Fórum, 2010. v. 2, 232 p. ISBN 978-85-7700-371-6.

*Este livro um autor dedica ao outro e ambos o
dedicam ao que de melhor já tiveram a oportunidade
de conceber: ao Rodrigo Cuéllar Bockmann Moreira,
o nosso amado filho.*

Sumário

Introdução
Leila Cuéllar, Egon Bockmann Moreira..11

Concessões de Serviço Público e o Código de Defesa do Consumidor
Egon Bockmann Moreira...15

1	As concessões de serviço público e limites à aplicação do CDC...........15
2	As concessões de serviço público e as relações de consumo................17
3	A especificidade de cada uma das relações concessionárias................18
4	Concessão de serviços públicos, relações estatutárias, usuários e direito do consumidor...19
5	Os limites do CDC e a jurisprudência do STF: o caso CMN/BACEN e sua aplicação às concessões de serviços públicos.......21

Concessionárias de Serviços Públicos e a Responsabilidade Civil da Administração Pública
Leila Cuéllar..23

1	Resumo do acórdão e indagações preliminares....................................24
2	O princípio da responsabilidade objetiva...27
2.1	Noção geral de responsabilidade objetiva – Definições.......................27
2.2	Síntese evolutiva...28
2.3	Evolução da responsabilidade objetiva nas Constituições Brasileiras e no Código Civil...30
3	O §6º do art. 37 da Constituição Federal. Elementos da responsabilidade objetiva...32
3.1	Sujeito: agente público...33
3.2	Conduta/atos praticados...34
3.3	Dano..37
3.4	Nexo causal...42
3.5	Excludentes e atenuantes..43
3.6	Ação regressiva – Poder-dever..46
4	Considerações finais...46
	Referências...47

A Experiência das Licitações para Obras de Infraestrutura e a Nova Lei de Parcerias Público-Privadas

Egon Bockmann Moreira 49

1	Introdução	49
2	A exposição de algumas ideias inerentes às PPPs	50
3	O setor brasileiro de infraestruturas	52
4	Os requisitos e desdobramentos das licitações para obras infraestruturais	55
4.1	Ressalva prévia: as PPPs e as licitações e contratações administrativas	55
4.2	A questão do orçamento e do desembolso: a Lei nº 8.666/93 em face da Lei nº 11.079/04	57
4.3	A questão dos projetos básico e executivo nas Leis nºs 8.666/93 e 8.987/95	59
4.4	A questão dos projetos básico e executivo na Lei nº 11.079/04	61
4.5	A questão da capacidade técnico-operacional	66
5	Os contratos administrativos de obras de infraestrutura e a respectiva execução	70
6	Quiçá um esboço de conclusões	72

Breves Notas sobre a Parte Geral da Lei das Parcerias Público-Privadas

Egon Bockmann Moreira 75

1	Introdução	75
2	Ainda as normas gerais para licitação e contratação	76
2.1	A natureza jurídica das normas gerais	76
2.2	As normas gerais e o valor do piso contratual nas PPPs	78
2.3	A "lei especial" de parceria público-privada	81
3	A estrutura administrativa do Estado e a incidência da Lei nº 11.079/2004	83
3.1	Os fundos especiais e as PPPs	85
3.2	As autarquias, as fundações (públicas e privadas) e as PPPs	86
3.3	As empresas estatais e as PPPs	89
3.4	A Emenda Constitucional nº 19/98, as licitações envolvendo empresas estatais e as PPPs	92
3.5	As "demais entidades" e as PPPs	94
4	Considerações finais	95

Riscos, Incertezas e Concessões de Serviço Público

Egon Bockmann Moreira 99

1	Introdução	99
2	Desempenho da concessão "por conta" do concessionário	100
3	Desempenho da concessão, riscos e incertezas	101

4   A releitura da expressão "por sua conta e risco" 107
5   Considerações finais 114

Os Consórcios Empresariais e as Licitações Públicas (Considerações em Torno do Art. 33 da Lei 8.666/93)
Egon Bockmann Moreira 115

1   Introdução 115
2   O conceito de consórcio 117
3   Os consórcios e a Lei de Licitações 118
4   A possibilidade da participação através de consórcios: interpretação restrita 118
5   O termo de compromisso de constituição do consórcio 120
6   Forma societária dos consorciados 121
7   Consórcios "homogêneos" e consórcios "heterogêneos" 122
8   A "empresa líder" do consórcio 123
9   Consórcio entre empresas brasileiras e estrangeiras: a liderança 124
10   Legitimidade do consórcio em juízo: a capacidade de ser parte 125
11   Qualificação técnica e econômico-financeira do consórcio 126
12   A licitação, os consórcios e empresas do mesmo grupo econômico 128
12.1 Consórcio entre empresas de um mesmo grupo econômico: o caso das *holdings* e controladas 128
12.2 Consórcio entre empresas de um mesmo grupo econômico: o caso das coligadas 130
12.3 Consórcios entre empresas de um mesmo grupo econômico e a licitação "por lotes" 131
13   Responsabilidade solidária dos consorciados 132
14   Constituição e registro do consórcio prévios à assinatura do contrato 133
15   Ressalva final: os consórcios e o risco da cartelização 135

A Lei de Responsabilidade Fiscal e Convênios entre Entes da Federação
Leila Cuéllar 137

1   Fundamentos e objetivos da Lei de Responsabilidade Fiscal 137
2   Convênios entre entes da Federação 144
3   A Lei de Responsabilidade Fiscal e as transferências voluntárias entre entes da Federação 146
4   Considerações finais 151

O Direito Administrativo da Economia e a Atividade Interventiva do Estado Brasileiro
Egon Bockmann Moreira 153

1   Introdução 153
2   O Conceito de Constituição Econômica 156
3   Síntese do pensamento de Diogo de Figueiredo Moreira Neto: a intervenção do Estado na economia 160

4	Políticas econômicas e a atuação estatal na economia	162
5	A intervenção estatal na economia e seu relacionamento com a ideia de um "Estado promocional"	169
6	Os dois níveis de intervenção: "a favor" e "contra" o mercado	172
7	Conclusões parciais	178

AUTORREGULAÇÃO PROFISSIONAL – EXERCÍCIO DE ATIVIDADE PÚBLICA

Leila Cuéllar 181

1	Introdução	181
2	A liberdade de exercício das profissões e as profissões regulamentadas	181
3	Regulação das profissões liberais	185
3.1	Regulação e autorregulação profissional	185
3.2	Autorregulação profissional: exercício de função pública. A decisão proferida pelo STF ao julgar a ADI nº 1.711-6 e a natureza pública dos conselhos profissionais	187
3.3	Ainda sobre a natureza jurídica dos conselhos profissionais: as funções que exercem	202
4	Ponderações finais	207

REFLEXÕES A PROPÓSITO DOS PRINCÍPIOS DA LIVRE INICIATIVA E DA FUNÇÃO SOCIAL

Egon Bockmann Moreira 209

1	Introdução	209
2	A Constituição Econômica e a ideia primaz de função social	210
3	A regulação pública da economia, a livre iniciativa e a sua função social	215
4	Considerações finais	224

ÍNDICE DE ASSUNTOS 225

ÍNDICE DA LEGISLAÇÃO E ATOS NORMATIVOS 229

ÍNDICE ONOMÁSTICO 231

Introdução

Devido à boa acolhida do nosso livro *Estudos de direito econômico*, publicado em 2004, e estimulados pela acolhedora Editora Fórum, decidimos autorizar a reimpressão do volume original e também organizar este segundo volume. Agora denominados de volumes 1 e 2, os livros contam com alguns pontos de contacto e outros tantos de distanciamento.

O volume 1 trata de temas que refletem preocupações quanto à primeira onda das mutações contemporâneas do Direito Econômico (Direito Administrativo Econômico). Resultado de pesquisas acadêmicas feitas no Brasil (UFPR, PUC-SP e SBDP) e em Portugal (especificamente no Centro de Estudos de Direito Público e Regulação da Faculdade de Direito de Coimbra), os artigos lá publicados examinam as agências independentes brasileiras na condição de novidade institucional. Tratam também dos novos serviços sociais e dos contratos de gestão. Isso sem descurar de temas como o Direito Concorrencial e os (então) novos desafios postos à prova para os juristas (modalidades de intervenção na ordem econômica; a prestação de serviço público e suspensão do seu fornecimento, etc.). Os textos foram escritos no final dos anos 1990 até 2004.

Como o passado não pode (e nem deve) ser rasgado, a reimpressão do volume 1 tem uma razão de ser: preservar o retrato fiel das pesquisas realizadas à época e reviver os temas. Adequados ou inadequados aos nossos dias, vencidos ou não pelo transcurso do tempo, os artigos são o resultado de trabalho acadêmico. A produção que se pretenda científica é assim mesmo: a evolução existe e o seu reconhecimento é virtude que merece ser cultivada. Os artigos lá lançados merecem ser objeto de novas leituras, reflexões e debates.

Em comum com o volume 1, este volume 2 revela a produção acadêmica dos autores e algumas de suas atuais preocupações. São dez artigos, um dos quais até agora inédito e nove já publicados em periódicos acadêmicos e obras coletivas. Todos foram escritos já neste século XXI.

Há basicamente dois eixos temáticos que congregam os artigos deste volume 2: os contratos públicos (concessões comuns, PPPs, convênios e licitações) e a regulação pública da economia (autorregulação, modalidades de intervenção e função social da propriedade).

O texto de abertura, de autoria de Egon, "Concessões de serviço público e o Código de Defesa do Consumidor", faz parte de obra mais ampla, em vias de ser concluída, a respeito das concessões comuns de serviço público (aquelas disciplinadas pela Lei nº 8.987/1995 — a Lei Geral de Concessões). Discorre basicamente a propósito dos limites da aplicabilidade do CDC às relações administrativas da concessão de serviço público e quando estas podem (ou não) ser qualificadas de consumerista.

Já o segundo texto, "Concessionárias de serviços públicos e a responsabilidade civil da Administração Pública", foi desenvolvido por Leila a partir do Painel de Debates nas Jornadas de Estudos NDJ de Direito Administrativo realizado no dia 27 de outubro de 2006, em São Paulo, integrando a mesa o nosso bom amigo, professor Marcos Juruena Villela Souto. Foi publicado no *Boletim de Direito Administrativo* 11/1231-1245, em 2007. Revela a preocupação acadêmica e jurisprudencial quanto à aplicação do artigo 37, §6º, da Constituição do Brasil às relações concessionárias.

Os terceiro e quarto textos, ambos de Egon, devem-se à generosidade do convite de amigos como Carlos Ari Sundfeld e Luciano Benetti Timm. O professor Carlos Ari, com o apoio da SBDP e da FGV/EDESP, promoveu, em 2003 e 2004, amplo ciclo de estudos e debates em torno do projeto de lei das parcerias público-privadas — culminando com o livro *Parcerias público-privadas* (Malheiros Editores, 2005), no qual foi publicado o "A experiência das licitações para obras de infraestrutura e a nova lei de parcerias público-privadas". Já o professor Luciano Timm, com o apoio da AMCHAM de Porto Alegre, organizou ao lado do Dr. José Augusto Dias de Castro o livro *Estudos sobre as parcerias público-privadas* (São Paulo: Thomson/IOB, 2006), no qual foi publicado o artigo "Breves notas sobre a parte geral da Lei das parcerias público-privadas" (posteriormente também na *RT* 848, em junho de 2006).

O quinto artigo diz respeito a uma expressão legal que está a exigir novas leituras: "por sua conta e risco", constante do artigo 2º da Lei nº 8.987/1995. De autoria de Egon, o artigo "Riscos, incertezas e concessões de serviço público", que também faz parte do livro sobre concessões de serviços públicos que está em vias de ser editado, foi publicado na *RDPE* 20 (jun. 2008) e pretende enfrentar o tema do risco na prestação dos serviços públicos frente aos desafios da sociedade contemporânea (uma sociedade de risco). Já o sexto artigo, "Os consórcios empresariais e as licitações públicas (considerações em torno do art. 33 da Lei 8.666/93)", escrito por Egon, foi publicado em vários periódicos — dentre eles, a *RT* 833, de março de 2005, e a *REDAE* nº 3, de agosto-outubro de 2005 (<http://www.direitodoestado.com.br>).

O sétimo artigo foi escrito por Leila logo em seguida à promulgação da Lei de Responsabilidade Fiscal — e se refere a tema que assumiu especial relevância em vista o debate atual sobre os consórcios e convênios públicos. Examina os convênios públicos em face dos deveres de responsabilidade fiscal.

De todos os textos, o oitavo faz jus a menção especial. Publicado originalmente em 2006, foi escrito por Egon em modesta homenagem ao grande Professor Diogo de Figueiredo Moreira Neto e publicado em obra coordenada por Marcos Juruena Villela Souto e Fábio Media Osório (*Direito administrativo: estudos em homenagem a Diogo de Figueiredo Moreira Neto*. Rio de Janeiro: Lúmen Juris). A sua republicação renova as merecidas homenagens a que faz jus o nosso Professor Diogo de Figueiredo Moreira Neto.

Já o nono e décimo artigos dizem respeito a temas correlatos, pertinentes à regulação da economia. O "Autorregulação profissional – exercício de atividade pública" é de autoria de Leila e foi publicado na *RDPE* 15, de julho-setembro de 2006; já o "Reflexões a propósito dos princípios da livre iniciativa e da função social" foi escrito por Egon a convite de Luciano Timm, que ao lado de Rafael Bicca Machado coordenou o belo livro *Função social do direito* (Quartier Latin, 2009), tendo sido também publicado na *RDPE* 16, de outubro-dezembro de 2006.

Todos os textos, muito embora escritos antes dela, foram adaptados à nova ortografia da língua portuguesa.

Enfim, a intenção desta coletânea é a de congregar assuntos e escritos, visando a permitir ao leitor o acesso simultâneo às mais recentes preocupações acadêmicas dos autores. Boa leitura!

Curitiba, janeiro de 2010.

Leila Cuéllar
lcuellar@uol.com.br

Egon Bockmann Moreira
egon@ebm.adv.br

Concessões de Serviço Público e o Código de Defesa do Consumidor

Egon Bockmann Moreira

Sumário: 1 As concessões de serviço público e limites à aplicação do CDC – **2** As concessões de serviço público e as relações de consumo – **3** A especificidade de cada uma das relações concessionárias – **4** Concessão de serviços públicos, relações estatutárias, usuários e direito do consumidor – **5** Os limites do CDC e a jurisprudência do STF: o caso CMN/BACEN e sua aplicação às concessões de serviços públicos

1 As concessões de serviço público e limites à aplicação do CDC

Como se sabe, o artigo 7º da Lei nº 8.987/1995 (Lei Geral de Concessões – LGC) reporta-se à Lei nº 8.078/1990 (Código de Defesa do Consumidor – CDC), o que gerou a defesa, em abstrato e *a priori*, da irrestrita aplicação do CDC a todas as situações jurídicas derivadas das concessões de serviços públicos. Houve quem não visse barreiras entre todos os contratos de concessão regidos pela LGC e as situações jurídicas previstas pela lei consumerista.

Ocorre que texto do artigo 7º consigna "sem prejuízo do disposto na Lei nº 8.078" — o que significa que a Lei Geral não obsta, não afasta nem impede a aplicação do CDC — desde que existente a situação de fato que efetivamente se subsuma às respectivas normas especiais. Isso implica a preservação da autonomia da Lei nº 8.078/1990 quanto às relações de consumo e aplicação circunstancial das normas lá previstas. Se houver relação jurídica que se submeta a tal previsão normativa, terá a respectiva proteção especial. Logo, da simples leitura dessa ressalva normativa não emana a certeza de que toda e qualquer relação jurídica que se ponha entre usuários e concessionários deverá se reger pelo CDC: este continuará sendo aplicado apenas às relações de consumo, inclusive aquelas oriundas de contratos de concessão e permissão de serviço público.

Assim, do fato de a LGC reportar-se ao CDC não resulta a sua incidência a todos os aspectos da prestação de serviços concedidos. As concessões de serviço público devem obediência primária aos artigos 21, 37 e 175 da Constituição, bem como à LGC e demais diplomas que disciplinem essa ordem de normas especiais (a ampla maioria deles posterior ao CDC). Assim, é errôneo interpretar todos os projetos concessionários apenas sob o ponto de vista do direito do consumidor. Nem mesmo a importância de tal diploma permitiria a subsunção automática das concessões e permissões ao regime de defesa do consumidor. Não basta a existência de um serviço público concedido para que se aplique a Lei nº 8.078/1990, irrestrita e imotivadamente, independente do que se passa no mundo dos fatos. Onde está escrito "usuário de serviço público" não se pode ler irrestritamente "consumidor".

Nem poderia ser de outra forma. A natureza jurídica dos contratos, os deveres e direitos que se põem entre os contratantes, a enorme gama de normas de Direito Público e o interesse público primário que os regem impõem a definição apropriada dos direitos de consumidor dos usuários. Essa compreensão é estampada na lição de J. P. Batista, ao consignar que: "A tutela relativa ao usuário do serviço público é totalmente diversa da do consumidor de bens e serviços mediante exploração de atividade econômica. Nesse sentido, cumpre observar que a Constituição não utiliza os termos consumidor e usuário indistintamente. Ao contrário, guarda para os destinatários dos serviços públicos a denominação 'usuário' e para os das atividades econômicas 'consumidor'."[1] Daí a necessidade

---

[1] *Remuneração dos serviços públicos*. São Paulo: Malheiros, 2005. p. 51. Para J. Arruda Câmara, "quando a remuneração do serviço público se dá por intermédio da cobrança de tarifas, é inconteste a incidência das normas previstas na legislação geral de proteção ao consumidor" (*Tarifa nas concessões*. São Paulo: Malheiros, 2009. p. 99). Ampliar em C. L. Marques, *Contratos no Código de Defesa do Consumidor*. 4. ed. São Paulo: Revista dos Tribunais, 2000. p. 484-495; JUSTEN FILHO, M. *Teoria geral das concessões de serviço público*. São Paulo: Dialética, 2003. p. 554-560; GUIMARÃES, B. S. Conceito de relação de consumo e atividades prestadas por entidades sem fins lucrativos. *RDM* 135, p. 164-187; GROTTI, D. M. *O serviço público e a Constituição brasileira de 1988*. São Paulo: Malheiros, 2003. p. 340-352; CINTRA DO AMARAL, A. C. *Concessão de serviço público*. 2. ed. São Paulo: Malheiros, 2002. p. 113-118; NOVAIS, E. C. M. *Serviços públicos e relação de consumo*. Curitiba: Juruá, 2006. p. 139-199; ARAGÃO, A. S. *Direito dos serviços públicos*. Rio de Janeiro: Forense, 2007. p. 499-529; WALD, A. MORAES, L. R. de; WALD, A. de M. *O direito de parceria e a lei de concessões*. 2. ed. São Paulo: Saraiva, 2004. p. 319-330; PEREIRA, C. A. G. *Usuários de serviços públicos*. São Paulo: Saraiva, 2006. p. 133-241; MACEDO JÚNIOR, R. P. A proteção dos usuários de serviços públicos – a perspectiva do direito do consumidor. *In:* SUNDFELD, C. A. (Coord.). *Direito administrativo econômico*. São Paulo: Malheiros, 2000. p. 239-254; MOREIRA, E. Bockmann. Concessão de rodovias – código do consumidor – ação civil pública. (Parecer). *RDA*, n. 222, p. 315-328.

de aprofundar o exame das relações de consumo em face daquelas advindas do contrato de concessão.

2 As concessões de serviço público e as relações de consumo

Em primeiro lugar e como subordinante de todo o raciocínio a seguir exposto, cumpre examinar a *relação de consumo* entre usuários e serviços concedidos. A Lei nº 8.078/1990 possui várias previsões que envolvem a prestação de serviços públicos. Destacam-se o artigo 4º, cujo inciso VII estabelece como princípio da Política Nacional de Relações de Consumo a "racionalização e melhoria dos serviços públicos"; o inciso X do artigo 6º, que, dentre os direitos básicos do consumidor, prevê "a adequada e eficaz prestação dos serviços públicos em geral"; o *caput* do artigo 22, ao prever que os "órgãos públicos, por si ou suas empresas, concessionárias, permissionárias ou sob qualquer outra forma de empreendimento, são obrigados a fornecer serviços adequados, eficientes, seguros e, quanto aos essenciais, contínuos", enquanto seu parágrafo único estabelece que: "Nos casos de descumprimento, total ou parcial, das obrigações referidas neste artigo, serão as pessoas jurídicas compelidas a cumpri-las e a reparar os danos causados, na forma prevista neste código"; e, por fim, o §1º do artigo 59, ao dispor que: "A pena de cassação será aplicada à concessionária de serviço público, quando violar obrigação legal ou contratual".

Também merece destaque o §2º do artigo 3º da Lei nº 8.078/1990, ao definir serviço como "qualquer *atividade fornecida no mercado de consumo*, mediante remuneração, inclusive as de natureza bancária, financeira, de crédito e securitária, salvo as decorrentes das relações de caráter trabalhista".

O CDC definiu, portanto, duas máximas: a *existência* de *relação de consumo* e o *fornecimento* de *serviço* diretamente ao consumidor no mercado de consumo. A relação de consumo estará presente diante das situações jurídicas em que as partes sejam qualificadas por tais posições (subjetivas e objetivas). Por isso que nem todas as relações mantidas com concessionários de serviço público são de consumo. Como bem sintetiza E. C. M. Novais, "todo consumidor de serviço público é também usuário, mas nem todo usuário é consumidor de serviço público".[2] Existem, portanto, situações nas quais o usuário

---

[2] *Serviços públicos e relação de consumo.* Curitiba: Juruá, 2006. p. 190.

de serviço público não ostenta a qualificação jurídica de consumidor. Mas o que se pode entender por relação de consumo e mercado de consumo?

Na definição de N. Nery Júnior, é "a relação jurídica existente entre fornecedor e consumidor tendo por objeto a aquisição de produtos ou utilização de serviços pelo consumidor".[3] Não é conceito subjetivo puro ou exclusivamente objetivo. Não se trata de algo passível de definição *a priori*, com lastro na teórica condição de "vulnerabilidade" e "hipossuficiência" dos usuários. Nem tampouco pode ter como único fundamento a espécie de serviço prestado. Nery Júnior vai além e esclarece que o CDC exige três elementos, indissociáveis: *subjetivo* (fornecedor e consumidor); *objetivo* (produtos e serviços) e *teleológico* (o consumidor caracterizar-se como o destinatário final do produto ou serviço).[4] Isso posto, pode-se avançar no tema do usuário do serviço público e a variedade de relações concessionárias.

3 A especificidade de cada uma das relações concessionárias

A constatação acima descrita autoriza especificações, com lastro no objeto e conteúdo da relação concessionária. Afinal de contas, haverá relações as quais só darão origem a uma obra pública e futura cobrança da tarifa (concessão de obra), além daquelas em que o serviço é prestado em razão da obra (concessão de serviço precedido de obra). Nestas hipóteses os usuários não são os destinatários finais da totalidade das prestações contratuais a serem cumpridas pelo concessionário (apesar de arcarem com os custos das obras entregues à coletividade).

Logo, em nem todas as relações oriundas da prestação do serviço público (ou do uso da obra pública) haverá propriamente um fornecedor de serviços protegidos pelo CDC, pois, como leciona L. B. Timm, "a perfeita identificação do fornecedor é correlacionada ao

---

[3] *Código Brasileiro de Defesa do Consumidor comentado pelos autores do anteprojeto.* 9. ed. Rio de Janeiro: Forense Universitária, 2007. p. 504. Sobre o conceito de relação jurídica de serviço e relação de consumo, v. TIMM, L. B. *A prestação de serviços:* do Código Civil ao Código de Defesa do Consumidor. 3. ed. Rio de Janeiro: Forense, 2006. p. 65-76; MARQUES, C. L. Proposta de uma teoria geral dos serviços com base no Código de Defesa do Consumidor. *Revista de Direito do Consumidor,* n. 33, p. 79-122.

[4] *Código Brasileiro de Defesa do Consumidor comentado pelos autores do anteprojeto.* 9. ed. Rio de Janeiro: Forense Universitária, 2007. p. 505-506.

consumidor, e, portanto, casuísta."[5] O usuário só pode ser entendido como consumidor se, quando e enquanto destinatário final daqueles serviços que lhe são prestados diretamente. Assim, consumidor "é o que, em princípio, utiliza um serviço, no intuito de satisfazer uma necessidade pessoal, que é, via de regra, ilimitada; não há neste ato de consumo qualquer pretensão de obter receitas, mas ao contrário, de despender."[6] A depender das peculiaridades da questão fática, dá-se a proteção oriunda da Lei nº 8.078/1990 em relação a serviços públicos objeto de contrato de concessão.

Além disso, nem todos os serviços concedidos são prestados em mercados de consumo. A depender do caso concreto, alguns podem se subordinar a tal conceito (*v.g.*, telecomunicações, transporte aéreo), outros não (*v.g.*, portos marítimos e o transporte de contêineres; pontes em concessões de obras). Ou melhor: não há mercados de consumo em todos os serviços concedidos, mas eventuais situações análogas que autorizam a incidência do CDC. Afinal, a noção de mercado exige a competição entre agentes e respectivas liberdades: premissas que não se concretizam em todos os serviços concedidos. Aqui, ao contrário do que se possa imaginar, não há um mercado qualificado por interesses opostos entre usuários e concessionário — mas sim interesses coletivos coordenados pelo projeto concessionário.

4 Concessão de serviços públicos, relações estatutárias, usuários e direito do consumidor

Mas, mesmo naqueles contratos de prestação que possam configurar relação de consumo, haverá situações e relações que não se submeterão ao regime consumerista: trata-se dos atos e fatos que tenham como fundamento imediato o cumprimento do regime estatutário da concessão (Constituição, leis, política nacional do respectivo setor, regulamentos, etc.). Essas normas são de competência exclusiva do poder concedente e respectivas pessoas de Direito Público reguladoras do setor econômico em que se desenvolve a concessão — a quem incumbe estabelecer as regras e fiscalizar a

---

[5] *A prestação de serviços*: do Código Civil ao Código de Defesa do Consumidor. 3. ed. Rio de Janeiro: Forense, 2006. p. 71.

[6] TIMM, L. B. *A prestação de serviços*: do Código Civil ao Código de Defesa do Consumidor. 3. ed. Rio de Janeiro: Forense, 2006. p. 69.

prestação do serviço. Aqui o regime é excepcional ao das relações de consumo, que impede a aplicação da Lei nº 8.078/1990. Em termos objetivos, o regime legal afasta a incidência do CDC.

Mais ainda: há usuários que não são consumidores devido às suas características subjetivas. "A caracterização dessa relação especial dá-se através da correlação entre os conceitos de consumidor e fornecedor. Esta interligação conceitual deve ser complementada, para a perfeita identificação da relação jurídica em exame, de uma análise casuística da relação de forças entre os pólos da relação obrigacional. Vale dizer, somente existe um fornecedor quando, no caso concreto, ele estiver conectado a um consumidor, que é necessariamente o pólo mais vulnerável."[7] Pois os serviços concedidos são igualmente utilizados por pessoas que detêm poder econômico relevante e subordinante (instituições financeiras; grandes grupos econômicos; empresas estatais, etc.). São pessoas físicas e jurídicas titulares de posição socioeconômica que não poderia ser qualificada como de inferioridade, vulnerabilidade ou hipossuficiência.

A única exceção cogitável seria derivada da compreensão do concessionário como agente público. Porém, tal concepção não se presta a qualificar os usuários como consumidores, mas tem desdobramentos que antes frustram tal adjetivação. Uma vez que exerce função pública, a concessionária curva-se a determinados deveres preestabelecidos em lei e no contrato administrativo. Ora, do cumprimento dos deveres públicos atribuídos à concessionária não poderia resultar a condição de consumidor do usuário (o regime estatutário, objetivo, proíbe essa compreensão).

Ao seu tempo, as tarifas — o preço pago pelos usuários — não correspondem unicamente à contraprestação uniforme e singular de fornecimento de serviços, ou, nos termos da Lei nº 8.078/1990, a uma "atividade fornecida no mercado de consumo". Afinal, trata-se de contrato administrativo com específicas finalidades públicas. Na verdade, a tarifa corresponde à contraprestação de ampla gama de deveres e obrigações assumidos pelo concessionário, os quais contêm configurações jurídicas variáveis. Por exemplo, na concessão de serviço precedida de obra pública, o custo da empreitada é uma das principais bases de cálculo da tarifa — mas nem sempre o usuário se vale de toda a obra (ou de determinados momentos

---

[7] TIMM, L. B. *A prestação de serviços*: do Código Civil ao Código de Defesa do Consumidor. 3. ed. Rio de Janeiro: Forense, 2006. p. 68.

de implementação da obra, pois muitas vezes a receita oriunda do usuário presente é que financia a obra futura).

Por fim e reforçando a impossibilidade de aplicação irrestrita da Lei nº 8.078/1990, confira-se duas das previsões de seu artigo 51, que rege o "fornecimento de produtos e serviços". O inciso XIII qualifica de "nula de pleno direito" a modificação unilateral do contrato — que é da natureza primeira dos contratos de concessão (e repercute diretamente nos serviços prestados). Já o inciso X proíbe a variação unilateral do preço. Tais dispositivos demonstram que o CDC não se aplica à larga aos contratos de concessão de serviços públicos. A modificação dos contratos e dos preços são da própria natureza jurídica das concessões. E os reflexos dessas peculiaridades são sentidos, em última análise, pelos usuários dos serviços públicos.

Claro que assuntos relativos a riscos e vícios nos bens e serviços; constrangimento em cobranças; publicidade enganosa ou abusiva; cláusulas contratuais abusivas; práticas comerciais lesivas; manutenção por período superior a 5 anos de informações negativas, etc., são típicos do Direito do Consumidor e aplicam-se às relações de consumo derivadas de concessões de serviços públicos (bem como das autorizações e permissões). Nestes casos a Lei nº 8.078/1990 terá aplicação supletiva aos preceitos da LGC.[8] A explicação é simples: a matéria aqui não é aquela relativa ao conteúdo material dos serviços públicos e execução do projeto concessionário, mas é típica do relacionamento de fornecedores e consumidores.

5 Os limites do CDC e a jurisprudência do STF: o caso CMN/BACEN e sua aplicação às concessões de serviços públicos

O STF já proferiu acórdão quanto aos limites do CDC, no qual foi desenvolvido raciocínio que se aplica analogicamente às concessões e permissões de serviços públicos.[9] O julgamento envolveu instituições financeiras — tema sensível à Lei nº 8.078/1990. O STF decidiu que as normas oriundas do Conselho Monetário Nacional e

---

[8] Como já decidiu o STJ: "Tratando-se de tarifa, é plenamente aplicável a disciplina do Código de Defesa do Consumidor – CDC – em casos de *aumento abusivo*." (AgRg REsp nº 856.378-MG, Min. Mauro Campbell Marques, *DJe* 16 abr. 2009).

[9] ADI nº 2591-DF, Min. Eros Grau, *DJ*, 29 set. 2006 (rel. orig. Min. Carlos Velloso).

do Banco Central do Brasil — o regime estatutário da atividade das instituições financeiras — não podem ser tolhidas ou controladas pelas normas de Direito do Consumidor.

Logo, houve a dissociação da atividade de livre prestação de serviços (fixada autonomamente pelas instituições financeiras) daquela que se dá em decorrência de seu regime estatutário (ou regulatório). Isto é, as relações jurídicas entre instituições financeiras e consumidores cujo conteúdo e/ou objeto seja estabelecido pelas normas e diretrizes do Conselho Monetário Nacional e do Banco Central do Brasil *não se submetem ao regime* do Código do Consumidor. Raciocínio que se aplica ao Direito das Concessões.

Nesse sentido, o STJ já decidiu que: "O ato normativo expedido por Agência Reguladora, criada com a finalidade de ajustar, disciplinar e promover o funcionamento dos serviços públicos, objeto de concessão, permissão e autorização, assegurando um funcionamento em condições de excelência tanto para fornecedor/produtor como principalmente para o consumidor/usuário, posto urgente não autoriza que os estabelecimentos regulados sofram danos e punições pelo cumprimento das regras maiores às quais se subsumem, mercê do exercício regular do direito, sendo certo, ainda, que a ausência de nulificação específica do ato da Agência afasta a intervenção do Poder Judiciário no segmento, sob pena de invasão na seara administrativa e violação da cláusula de harmonia entre os poderes. Consectariamente, não há no cumprimento das regras regulamentares, violação *prima facie* dos deveres do consumidor."[10] Decisão essa que estampa parcela das teses acima desenvolvidas.

---

[10] REsp nº 806.304-RS, Min. Luiz Fux, *DJe*, 17 dez. 2008 (o acórdão trata da relação administrativa especial posta entre agência reguladora e empresas concessionárias). Em outro acórdão, o STJ consignou o seguinte: "É da exclusiva competência das agências reguladoras estabelecer as estruturas tarifárias que melhor se adéquem (*sic*) aos serviços de telefonia oferecidos. Ao intervir na relação jurídica para alterar as regras fixadas pelos órgãos competentes, o Judiciário corre o risco de criar embaraços que podem não apenas comprometer a qualidade desses serviços mas, até mesmo, inviabilizar a sua prestação" (AgRg – MC nº 10.915-RN, Min. João Otávio de Noronha, *DJ*, 14 ago. 2006). Em sentido semelhante: AgRg – Ag nº 1.034.962-SP, Min. Eliana Calmon, *DJe*, 17.11.2008; REsp nº 1.007.703-RS, Min. Eliana Calmon, *DJe*, 18 nov. 2008; REsp nº 993.511-MG, Min. Eliana Calmon, *DJe*, 1º dez. 2008.

Concessionárias de Serviços Públicos e a Responsabilidade Civil da Administração Pública

Leila Cuéllar

Sumário: 1 Resumo do acórdão e indagações preliminares – 2 O princípio da responsabilidade objetiva – 2.1 Noção geral de responsabilidade objetiva – Definições – 2.2 Síntese evolutiva – 2.3 Evolução da responsabilidade objetiva nas Constituições Brasileiras e no Código Civil – 3 O §6º do art. 37 da Constituição Federal. Elementos da responsabilidade objetiva – 3.1 Sujeito: agente público – 3.2 Conduta/atos praticados – 3.3 Dano – 3.4 Nexo causal – 3.5 Excludentes e atenuantes – 3.6 Ação regressiva – Poder-dever – 4 Considerações finais – Referências

Boa tarde a todos. É uma honra e uma satisfação participar deste evento organizado pela NDJ. Gostaria de agradecer o convite e cumprimentar a NDJ, nas pessoas do Dr. Cerdônio Quadros e do Dr. Marcello Palmieri. Recebam meus parabéns, em especial, pela organização destas Jornadas e pela seleção dos temas. Devo destacar que o tema desta tarde, a respeito da responsabilidade objetiva do Estado, além de interessante e sempre atual, contribui para uma maior reflexão sobre os limites da responsabilidade objetiva, tendo em vista o acórdão proferido pelo STF no RE nº 262.651-1.

Gostaria de cumprimentar, igualmente, o Prof. Dr. Marcos Juruena Villela Souto, com quem tenho a honra de dividir a mesa. Procurador do Estado do Rio de Janeiro, o Professor Marcos Juruena tem-se destacado por seu trabalho não só na defesa do interesse público, mas como estudioso do direito, especialmente nas áreas de direito administrativo e direito econômico.

As palestras desta tarde têm como conteúdo as "Concessionárias de serviços públicos e a Responsabilidade Civil da Administração Pública: uma análise da Responsabilidade Objetiva das

Concessionárias prestadoras de serviços públicos à luz do inovador acórdão STF – RE nº 262.651-1".

No intuito de evitar repetições e de tornar a palestra mais abrangente, Dr. Marcos Juruena Villela Souto e eu tomamos a liberdade de elaborar um roteiro de exposição e dividir os tópicos a serem abordados.

Assim, incumbe-me apresentar um resumo do acórdão e das indagações preliminares dele decorrentes; falar sucintamente sobre a noção geral de responsabilidade objetiva, abordando o surgimento da ideia de responsabilidade, a noção de responsabilidade objetiva e a síntese evolutiva, inclusive nas Constituições Brasileiras; e, por fim, tratar do disposto no artigo 37, §6º, da CF/88, conferindo destaque aos elementos da responsabilidade objetiva. São temas essenciais para a compreensão do tema e análise crítica do acórdão examinado.

Na sequência, Dr. Marcos falará sobre a tendência do tratamento do tema no Código Civil de 2002; sobre o caso da responsabilidade civil das transportadoras; bem como apresentará uma visão crítica acerca da decisão proferida pelo STF, buscando analisar a abrangência da decisão e responder à seguinte questão: Quem é o sujeito passivo do dano?

Passo à exposição.

1 Resumo do acórdão e indagações preliminares

Certamente todos já tiveram a *oportunidade de ler* a decisão proferida pelo STF ao julgar o *RE nº 262.651-1*, que serve de fundamento para as exposições e debates desta tarde. De todo modo, é importante resumi-la.

Em síntese, ao analisar recurso relativo ao acórdão proferido pelo Tribunal e Alçada Cível de SP, que entendeu configurada a responsabilidade objetiva de *concessionária de serviço público (Auto Viação Urubupungá Ltda.), em acidente automobilístico envolvendo veículo particular de terceiro*, o *STF limitou a responsabilidade objetiva* das pessoas jurídicas de direito privado prestadoras de serviço público aos **usuários** do serviço público, afirmando que ela não se estende aos terceiros que não ostentem a condição de usuário.

Trata-se de *interpretação restritiva do disposto no art. 37, §6º, da CF.*

O *relator do feito, Ministro Carlos Velloso,* foi acompanhado em seu voto pelos Ministros Gilmar Mendes e Ellen Gracie.

O ilustre Ministro embasa sua reflexão em voto proferido pelo Ministro Jobim sobre o mesmo tema (AI nº 209.782-AgR/SP), em que é feita a distinção da responsabilidade objetiva em relação àquele que se utiliza do serviço público e em face a terceiro.

Após observar que a maioria da doutrina nacional é omissa em relação ao tema, o Relator destaca que Celso Antônio Bandeira de Mello, José Cretella Jr. e Ruth Helena Pimentel de Oliveira ensinam que não se exige qualificação em relação ao terceiro para configuração da responsabilidade objetiva do Estado/das concessionárias de serviço público.

Afirma, por outro lado, que a Lúcia Valle Figueiredo e Yussef Said Cahali parecem sustentar que há responsabilidade objetiva em relação ao usuário.

Por fim, o acórdão cita Romeu Felipe Bacellar Filho, para demonstrar que se está diante de duas relações distintas. A responsabilidade objetiva incidiria somente em relação ao usuário do serviço público, visto que ele seria detentor de privilégios e teria direito ao serviço público ideal.

O voto do Ministro-Relator foi no sentido, então, de que o dispositivo constitucional (art. 37, §6º) protegeria quem recebe o serviço público.

Depois de pedido de vistas dos autos, o *Ministro Joaquim Barbosa* proferiu voto divergente, tendo sido acompanhado pelo então Ministro-Presidente, Celso de Mello.

Após expor sobre a *gênese da responsabilidade objetiva, evolução e requisitos, o Ministro Joaquim Barbosa aborda a questão do risco do embasamento para a responsabilidade do Estado*, para concluir que se das atividades prestadas pela concessionária resulta dano, este deve ser indenizado, não cabendo a distinção sugerida pelo Ministro-Relator.

Verifica-se, portanto, que o cerne da discussão apresentada no r. acórdão consiste no **alcance da norma contida no art. 37, §6º, da CF**, em especial, a extensão do princípio da responsabilidade objetiva à pessoa jurídica de direito privado, prestadora de serviço público, **relativamente a terceiro que não ostente a condição de usuário do serviço prestado**.

É preciso salientar que existem outros acórdãos do STF no mesmo sentido, tendo como relator o Ministro Carlos Velloso. Assim, por exemplo, as decisões proferidas nos autos de RE nº 370.272, STF e RE nº 302.622, STF.

Em pesquisa preliminar que realizei em relação aos tribunais dos Estados, não consegui localizar nenhuma decisão que adore o mesmo entendimento do STF. Por gentileza, se alguém tiver conhecimento de alguma decisão dos tribunais estaduais que tenha acompanhado o acórdão do STF, compartilhe conosco.

Gostaria de salientar, contudo, que há alguns acórdãos do STF em que o Tribunal estatui que **"descabe ao intérprete fazer distinções quanto ao vocábulo 'terceiro' contido no §6º do art. 37 da Constituição Federal, devendo o Estado responder pelos danos causados por seus agentes qualquer que seja a vítima"**. Neste sentido, *v.g.*, a decisão relativa ao AgRg em AI nº 473.381-4:

> O entendimento do Supremo Tribunal Federal é no sentido de que descabe ao intérprete fazer distinções quanto ao vocábulo "terceiro" contido no §6º do art. 37 da Constituição Federal, devendo o Estado responder pelos danos causados por seus agentes qualquer que seja a vítima, servidor público ou não. (Relator Ministro Carlos Velloso. Decisão proferida em 20.09.2005)

Desde logo, a partir da leitura do acórdão proferido pelo STF, surgem algumas indagações que merecem reflexão por parte de todos nós:

1. Qual a essência, o fundamento da responsabilidade objetiva prevista no art. 37, §6º, da CF?
2. Quais os sujeitos cujo comportamento pode comprometer a responsabilidade estatal?
3. Como indagou o Ministro Joaquim Barbosa, se fosse o Estado na mesma posição, não haveria a responsabilidade objetiva?
4. E ainda, pelo fato de o serviço ser prestado pelo particular, ele deixa de ser serviço público? Seria possível, então, adotando a tese do acórdão, negar a responsabilidade da concessionária em casos em que um cabo elétrico solto, por exemplo, venha a ferir um terceiro, não usuário do serviço?
5. É possível distinguir a natureza do terceiro lesado, para fins de definição da responsabilidade objetiva consoante prevista na Carta Federal de 1988?

A exposição que segue visa a colaborar para a reflexão acerca desta e de outras perguntas que decorrem da decisão em comento.

2 O princípio da responsabilidade objetiva

2.1 Noção geral de responsabilidade objetiva – Definições

Resumidamente, a responsabilidade objetiva consiste no dever constitucional (poder-dever) de reparar prejuízos causados a terceiros, consoante disposto no art. 37, §6º, da CF. Para ilustrar, seguem algumas definições doutrinárias:

> No estágio atual do direito brasileiro, a responsabilidade extracontratual do Estado resulta de qualquer ação ou omissão de agente do Estado ou de pessoas jurídicas de direito privado prestadoras de serviços públicos que gere dano a terceiros, desde que proceda ao agente nessa qualidade, ou seja, como órgão da entidade a que serve. (SILVA, Almiro do Couto e. A responsabilidade extracontratual do Estado no direito brasileiro. *RDA*, Rio de Janeiro, n. 202, 1995, p. 23)

> Configura atribuição de propósito ativo à Administração, direta ou indireta, e "às pessoas de direito privado prestadoras de serviço público". É a obrigação de examinar e reparar, com espontaneidade, rapidez e prontidão, os danos oriundos de sua conduta, comissiva ou omissiva. (MOREIRA, Egon Bockmann. *Processo administrativo*: princípios constitucionais e a Lei 9.784/1999. 2. ed. atual. rev. e aum. São Paulo: Malheiros, 2003. p. 131)

> Entende-se a responsabilidade civil do Estado como sendo a obrigação legal, que lhe é imposta, de ressarcir os danos causados a terceiros por suas atividades. (CAHALI, Yussef Said. *Responsabilidade civil do Estado*. 2. ed. São Paulo: Malheiros, 1996. p. 9)

> A *responsabilidade civil do Estado* diz respeito à obrigação a este imposta de reparar danos causados a terceiros em decorrência de suas atividades ou omissões; por exemplo: atropelamento por veículo oficial, queda em buraco na rua, morte em prisão. A matéria é estudada também sob outros títulos: *responsabilidade patrimonial do Estado, responsabilidade extracontratual do Estado, responsabilidade civil da Administração, responsabilidade patrimonial extracontratual do Estado.* (MEDAUAR, Odete. *Direito administrativo moderno*. 6. ed. São Paulo: Revista dos Tribunais, 2002. p. 442)

> Em sentido lato, a responsabilidade patrimonial do Estado decorre de atos seus, comissivos ou omissivos, lícitos ou ilícitos, os quais redundam em lesão à esfera jurídico-patrimonial do cidadão, configurando, pelo nexo lógico entre tais elementos, a necessidade

de reparação, sem quaisquer perquirições subjetivas. (BACELLAR FILHO, Romeu Felipe. Responsabilidade civil extracontratual das pessoas jurídicas de direito privado prestadoras de serviço público. *IP – Interesse Público*, n. 6, Porto Alegre, 2000. p. 12)

consiste no dever de indenizar as perdas e danos materiais e morais sofridos por terceiros em virtude de ação ou omissão antijurídica imputável ao Estado. (JUSTEN FILHO, Marçal. *Curso de direito administrativo*. São Paulo: Saraiva, 2005. p. 792)

Assim, como será comentado adiante, para Marçal Justen Filho, é essencial que a ação ou omissão sejam antijurídicas. O autor discorda da tendência doutrinária em reconhecer a responsabilidade do Estado também por atos puramente lícitos.

Deve-se observar que a responsabilidade objetiva é princípio vinculado à própria noção de Estado de Direito e de Legalidade, e foi fruto de uma evolução em termos de proteção do indivíduo. A responsabilidade extracontratual do Estado é decorrência do próprio regime administrativo.

Neste sentido são as lições de Weida Zancaner:

A evolução da responsabilidade do Estado foi conseqüência da evolução do princípio da legalidade, da teoria filosófica organicista e da própria evolução do Estado de Direito.

A necessidade de uma melhor proteção aos direitos do administrado, face às lesões ocasionadas pelo Estado, crescentemente intervencionista, propiciou inúmeras teorias acerca do fundamento e da natureza da responsabilidade do Estado.

A responsabilidade do funcionário público, através de seu patrimônio particular, enquanto meio exclusivo de reparar as lesões ocasionadas aos administrados, se tornou incompatível com a efetiva participação estatal na vida coletiva. (*Da responsabilidade extracontratual da Administração Pública*. São Paulo: Revista dos Tribunais, 1981. p. 21).

2.2 Síntese evolutiva

Teoria da irresponsabilidade – como é notório, no modelo de Estado Absolutista, o Estado era irresponsável, ideia alicerçada na noção de *soberania*, de que o rei não erra (*the king can do no wrong; L'Etat c'est moi*). Teoria do direito divino. *A infalibilidade do chefe se transmitia para seus funcionários.*

Posteriormente vieram as *teorias civilistas,* baseadas na *culpa* civil ou na responsabilidade subjetiva. Dividiam os atos de Estado em dois tipos: *Atos de império e atos de gestão.* Atos de império seriam as funções "que se denominam essenciais ou necessárias, no sentido de que tendem a assegurar a existência mesma do Poder Público (manter a ordem constitucional e jurídica), e os atos de gestão comportariam as funções chamadas facultativas ou contingentes, no sentido de que não são essenciais para a existência do Estado, mas este, não obstante, as realiza para satisfazer necessidades sociais, de progresso, bem-estar e cultura; quando realiza as funções necessárias, age como Poder Público, soberano; quando realiza funções contingentes, age como gestor de interesses coletivos." (CAHALI, *op. cit.,* p. 20). Caberia responsabilidade somente em relação aos atos de gestão.

A evolução da responsabilidade e efetivação da responsabilidade objetiva decorre das *teorias publicistas, baseadas* na teoria da culpa administrativa ou da culpa do serviço público (falta do serviço) e nas teorias do risco (integral) ou teoria da responsabilidade objetiva.

Fundamental para a compreensão da evolução destas teorias e da própria concepção do Direito Administrativo foi o **Arrêt Blanco,** proferido em 1873. Cabe tecer alguns comentários sobre o caso.

O Caso Blanco

No ano de 1873, a menina Agnès Blanco é colhida pela vago-nete da Companhia Nacional da Manufatura do Fumo, ao cruzar os trilhos de uma movimentada rua de Bordeaux. Sofreu lesões graves que culminaram com a amputação de uma perna. O pai da menor move ação de indenização por perdas e danos contra o prefeito da região, com fundamento de que o Estado é civilmente responsável por prejuízos causados a terceiros, em decorrência de ação danosa de seus agentes. Foi suscitado conflito de competência (contencioso administrativo). O Tribunal de Conflitos decidiu que a competência era do tribunal administrativo, do Conselho de Estado.

Com o julgamento do Caso Blanco, em 1873, *o Tribunal de Conflitos, precedido pelo Conselho de Estado, afastou* definitivamente a ideia de recorrer aos textos do *Código Civil* e consagrou uma *teoria autônoma da responsabilidade administrativa,* que cabia ao próprio juiz administrativo construir.

Consagrou-se, assim, a responsabilidade (fim da irrespon-sabilidade) **do Estado** em razão de danos causados pelos serviços públicos. Concluiu-se que ela se submete a um **regime específico.**

Decidiu-se, também, que o **serviço público é critério para determinação da competência** da jurisdição administrativa. Assim, as questões relativas à **responsabilidade do Estado são da competência da jurisdição administrativa**. Trata-se, portanto, de *acórdão fundador do direito administrativo*.

A partir do Caso Blanco surgem as teorias publicistas da responsabilidade do Estado: teoria da culpa do serviço ou da culpa administrativa e a teoria do risco, desdobrada, por alguns autores, em teoria do risco administrativo e teoria do risco integral.

As teorias publicistas partem da igualdade dos ônus e encargos e da **substituição da culpa pelo nexo de causalidade**.

Teoria do acidente administrativo – de acordo com esta teoria, a falta do serviço (*faute du service*), a culpa do serviço (o serviço estatal funcionava mal, não funcionava ou funcionava atrasado) engendraria a responsabilidade do Estado.

A responsabilidade pela falta do serviço *faz com que a responsabilidade pudesse ser parcialmente anônima*. Foi uma evolução que proporcionou ao lesado a oportunidade de, uma vez *provada a anormalidade* do funcionamento do serviço, ver sua pretensão acolhida pelos tribunais.

A teoria da *faute du service* acabou por desencadear o processo de evolução que culminou com as teorias objetivas do risco.

Teorias do risco – teoria do risco integral e teoria do risco administrativo — partem da ideia de justiça distributiva

Teoria do risco integral – acolhe a ideia de que a *mera comprovação da relação de causa e efeito (nexo causal)* entre o evento danoso e a participação do agente público enseja a obrigação de reparação pelo Estado. Concebe a responsabilização objetiva de modo integral, isto é, sem abrandamento e sem acolher qualquer espécie de excludente. Teoria abandonada.

Teria do risco administrativo – objetiva, mas *aceita excludentes* (culpa da vítima, força maior, caso fortuito). Leva-se em conta a *potencialidade de ações danosas do Estado*, sejam normais ou anormais, lícitas ou ilícitas, aliada ao fator de possível anormalidade de conduta da vítima e eventos exteriores na determinação do dano injusto.

2.3 Evolução da responsabilidade objetiva nas Constituições Brasileiras e no Código Civil

A doutrina nacional assinala que a teoria da irresponsabilidade não foi acolhida pelo direito brasileiro.

A Constituição de 1824 adotava a tese da estrita *responsabilidade dos empregados públicos* pelos abusos e omissões praticados no exercício de suas funções e por não fazerem efetivamente responsáveis os seus subalternos (art. 179, inc. XXIX).

O artigo 15 do Código Civil de 1916 responsabilizava as pessoas jurídicas de direito público por atos de seus representantes, que nessa qualidade causassem dano a outrem, subordinando o ressarcimento à prova de que esses servidores procederam de modo contrário ao direito ou faltando a dever prescrito em lei.

Para a Constituição de 1934, havia responsabilidade solidária entre funcionário e o Estado:

> Art. 171. Os funcionários públicos são responsáveis solidariamente com a Fazenda Nacional, Estadual ou Municipal, por quaisquer prejuízos decorrentes de negligência, omissão ou abuso no exercício dos seus cargos.
>
> §1º. Na ação proposta contra a Fazenda Pública, e fundada em lesão praticada por funcionário, este será sempre citado como litisconsorte.
>
> §2º. Executada a sentença contra a Fazenda, esta promoverá execução contra o funcionário culpado.

A Carta de 1937 (art. 158) repete o *caput* do artigo da Constituição anterior.

O artigo 194 da Constituição de 1946 trata da responsabilidade e da ação de regresso, nos seguintes termos:

> Art. 194. As pessoas jurídicas de direito público interno são civilmente responsáveis pelos danos que os seus funcionários, nessa qualidade, causem a terceiros.
>
> Parágrafo único. Caber-lhes-á ação regressiva contra os funcionários causadores do dano, quando tiver havido culpa destes.

A Constituição de 1967 (art. 105) e a *Emenda nº 1/69* (art. 107) consagram a responsabilidade objetiva e preveem a ação regressiva. Eis o teor dos dispositivos:

> As pessoas jurídicas de direito público responderão pelos danos que seus funcionários, nessa qualidade, causarem a terceiros.
>
> Parágrafo único. Caberá ação regressiva contra o funcionário responsável, nos casos de dolo ou culpa.

A *Constituição de 1988* se destaca pela *alteração introduzida no art. 37, §6º*, estendendo a responsabilidade direta da Administração Pública às pessoas jurídicas de direito privado prestadoras de serviço público. Tal entendimento já vinha sendo consagrado pela doutrina e pela jurisprudência pátrias.

A análise das disposições do Código Civil (e do Código de Defesa do Consumidor) será efetuada pelo Dr. Marcos. Todavia, cabe ressaltar que, em consonância com a Constituição Federal, o art. 43 do Código Civil prevê que "as pessoas jurídicas de direito público interno são civilmente responsáveis por atos de seus agentes que nessa qualidade causem danos a terceiros, ressalvado direito regressivo contra os causadores de dano, se houver, por parte destes, culpa ou dolo". (Há omissão da parte relativa às pessoas jurídicas de direito privado prestadoras de serviço público.)

3 O §6º do art. 37 da Constituição Federal. Elementos da responsabilidade objetiva

Em termos de responsabilidade objetiva, hoje está em vigor, portanto, o disposto no artigo 37, §6º, da CF, que afirma:

> Art. 37 [...]
>
> §6º As pessoas jurídicas de direito público e as de direito privado prestadoras de serviços públicos responderão pelos danos que seus agentes, nessa qualidade, causarem a terceiros, assegurado o direito de regresso contra o responsável nos casos de dolo ou culpa.

O dispositivo constitucional preceitua, portanto, *duas relações* de responsabilidade:

a) a do poder público e seus delegados na prestação de serviços públicos perante a vítima do dano, de caráter objetivo, baseada no nexo causal;

b) a do agente causador do dano, perante a Administração ou empregador, de caráter subjetivo, calcada no dolo ou culpa.

De acordo com a teoria objetiva, o Estado responde pelos danos causados e, posteriormente, haverá de examinar a conduta de seu agente.

Vejamos, então, os elementos da responsabilidade objetiva, de acordo com a Constituição Federal.

3.1 Sujeito: agente público

Deve-se definir, primeiramente, *quais os sujeitos cujo comportamento pode comprometer a responsabilidade estatal.*

Agentes – termo de grande amplitude (ver em Celso Antônio Bandeira de Mello). Serve "para abarcar, quanto às entidades integrantes da Administração, todas as pessoas que, mesmo de modo efêmero, realizem funções públicas. Qualquer tipo de vínculo funcional, o exercício de funções de fato, de funções em substituição, o exercício de funções por agente de outra entidade ou órgão, o exercício de funções por delegação, o exercício de atividades por particulares sem vínculo de trabalho (mesários e apuradores em eleições gerais) ensejam responsabilização." (MEDAUAR. *Direito administrativo moderno, op cit.*, p. 448).

Abrange as pessoas jurídicas de direito privado prestadoras de serviço público. Concessionárias e permissionárias.

O STF firmou entendimento de que o artigo da CF abrange as permissionárias de serviço público:

> Responsabilidade Civil. Permissionária de serviço de transporte público. Entre as pessoas jurídicas de direito privado prestadoras de serviço público a que alude o §6º do artigo 37 da Constituição Federal se incluem as permissionárias de serviços públicos. – Pela teoria do risco administrativo, a responsabilidade objetiva permite que a pessoa jurídica de direito público ou de direito privado demonstre a culpa da vítima, a fim de excluir a indenização, ou de diminuí-la. No caso, o acórdão recorrido declara inexistente essa prova. Aplicação da súmula 279. Recurso extraordinário não conhecido. (RE nº 206711 – RJ, STF, 1ª T., rel. Ministro Moreira Alves, *DJU*, 25 jun. 1999)

Locução **nessa qualidade** – traduz o vínculo que deve existir entre o desempenho de atividades junto à Administração e o evento danoso. Dessa forma, de acordo com o disposto na Constituição Federal, agente é toda pessoa que, no momento do evento danoso, esteja no exercício de suas funções como órgão de qualquer Poder do Estado; funcionário de fato, por exemplo.

Assim, o agente, *o causador do dano, há que ostentar título e exercício de atividade pública "lato sensu" e nessa condição comportar-se de molde a gerar dano à esfera jurídica alheia.*

Não significa que esteja necessariamente no momento de exercício efetivo da atividade, bastando o vínculo entre agente e Estado ou pessoa privada prestadora de serviço público e o dano derivado desse fato. Neste sentido, por exemplo, os tribunais brasileiros têm admitido a responsabilidade do Estado por dano decorrente de atuação de policial fora de serviço.[1]

Conclui-se, assim, que no caso de uma concessionária de serviço público (como é o caso da empresa referida no acórdão analisado pelo STF – concessionária de transporte coletivo de passageiros que se viu envolvida em colisão com veículo particular), a responsabilidade objetiva se configura pelo fato da empresa estar atuando como agente do Estado; logo, não será necessário que o veículo esteja com passageiros, na rota regulamentar, para configurar a responsabilidade objetiva.

Exercício de atividade diversa do serviço público ou de atividade econômica – não cabe a responsabilidade objetiva.

Quando as pessoas de direito privado concessionárias de serviço público se envolvam em danos derivados de atividades particulares em sentido estrito e extraordinárias ao serviço, sem ter com ele qualquer vínculo formal ou material, inexistirá a responsabilidade objetiva.

Da mesma forma, é necessário salientar que a responsabilidade objetiva prevista na Carta Federal se refere somente a pessoas jurídicas prestadoras de serviço público. Não se estende às pessoas jurídicas que realizam atividade econômica em sentido estrito.

3.2 Conduta/atos praticados

Quais os caracteres da conduta lesiva necessários para engajamento da responsabilidade, ou seja: basta a mera objetividade de um comportamento público gerador (ou ensejador) do dano ou é necessário que nele se revele culpa ou dolo?

- Atos lícitos e ilícitos?

A maioria dos autores se refere à prática de atos lícitos ou ilícitos como causadoras da responsabilidade objetiva do Estado.

Assim, por exemplo, a Professora Weida Zancaner destaca que no caso de ato lícito, o fundamento para indenização consiste

---

[1] Assim, por exemplo, a decisão proferida pelo STF nos autos de RE nº 160.401 (rel. Ministro Carlos Velloso, *DJU*, 04 jun. 1999).

no princípio da igualdade. O dano anormal demanda indenização. Já no caso de atos ilícitos, o fundamento da reparação consiste no princípio da legalidade. No mesmo sentido ensina Lúcia Valle Figueiredo. Como já se observou, todavia, *para Marçal Justen Filho, só as condutas antijurídicas* acarretarão a responsabilidade objetiva do Estado.

A jurisprudência oscila nesta seara:

> Civil. Responsabilidade Civil. Greve parcial em serviço essencial. Falta de prova da criação de perigo a comunidade. Legalidade. Inexistência do dever de indenizar. 1. A greve parcial (art. 2 da lei nº 7783/89), mesmo em serviço essencial, ou seja, em linhas de transporte coletivo (art. 10, v, da lei n-7783/89), e legal se não colocar em perigo as necessidades inadiáveis da comunidade (art. 11, parágrafo único, da lei nº 7783/89). Inexistindo prova de que tal greve provocou semelhante perigo, ha ato lícito (cc, art. 160, i), que não gera dever de indenizar conforme o art. 159 do cc. 2. Apelação desprovida (ApCiv nº 597190545, TJRS, 5ª CCv, rel. Araken de Assis, j. em 18.12.1997).

> Indenização por dano moral – Concurso público – Aprovação e nomeação – Anulação do certame – Perda do cargo – Ato que, embora lícito, ocasionou prejuízos a terceiros – Responsabilidade objetiva do município – Obrigação de indenizar configurada – recurso provido (ApCiv nº 349762-9, TJPR, 4ª CCv., rel. Desembargador Ruy Fernando de Oliveira, j. 29.08.2006).

No mesmo sentido, Apelação nº 333.424-7 (TJPR, 4ª CCv, rel. Desembargador Ruy Fernando de Oliveira, j. em 15.08.2006); Apelação nº 342.595-0 (TJPR, 4ª CCv, rel. Desembargador Vidal Coelho, j. em 08.08.2006) e Apelação nº 333.311-5 (TJPR, 4ª CCiv., relatora Desembargadora Anne Mary Kuss, j. em 28.06.2006).

- Ação ou omissão?

A doutrina dominante entende que caberá indenização por dano decorrente de atos comissivos e omissivos.

Fala-se aqui de omissão de conduta exigível da Administração.

Grande parte da doutrina afirma que o Estado responde por dano causado por atuação omissiva ou comissiva, destacando que nos casos de *atos omissivos, cabe a responsabilidade subjetiva*. Neste sentido, por exemplo, Celso Antônio Bandeira de Mello, Oswaldo

Aranha Bandeira de Mello, Hely Lopes Meirelles e Lúcia Valle Figueiredo.

Não possuem o mesmo entendimento, por exemplo, os Professores Almiro do Couto e Silva e Egon Bockmann Moreira. Ambos *aduzem que, de acordo com a Constituição Federal, a responsabilidade objetiva incide também sobre as condutas omissivas. Assim, do não cumprimento de dever que a lei impõe que causar lesão a terceiro, incide a responsabilidade objetiva.*

A jurisprudência tende a adotar a tese da responsabilidade subjetiva em matéria de atuação omissiva. Vejamos alguns julgados:

> Apelação. Acidente de trânsito. Atropelamento de animal. Que invade a rodovia. Danos materiais. Responsabilidade da concessionária. 1. Tratando-se de ação de reparação por danos decorrentes de acidente de trânsito em face de omissão do ente público, a responsabilidade da Administração é subjetiva, sendo inaplicável a teoria da responsabilidade objetiva adotada pelo art. 37, §6º, da Constituição Federal. 2. Indemonstrada a culpa da concessionária que mantém a rodovia. Não se pode dar ao dever de manutenção e fiscalização das estradas a extensão pretendida pela parte demandante. Tal seria excessivo e de cumprimento praticamente impossível. 3. O proprietário do cavalo é quem responde pelos danos por ele causados no veículo da autora, nos termos do art. 1.527 do Código Civil. 4. Improcedência dos pedidos formulados na inicial. Provimento do apelo da ré, por maioria (ApCiv nº 70014507685, TJRS, 12ª CCv, rel. Des. Orlando Heemann Júnior, j. em 13.07.2006).

> Tratando-se de ato omissivo do poder público, a responsabilidade civil por tal ato é subjetiva, pelo que exige dolo ou culpa, esta numa de suas três vertentes, a negligência, a imperícia ou a imprudência, não sendo, entretanto, necessário individualizá-la, dado que pode ser atribuída ao serviço público, de forma genérica, a falta do serviço. A falta do serviço — *faute du service* dos franceses — não dispensa o requisito da causalidade, vale dizer, do nexo de causalidade entre a ação omissiva atribuída ao poder público e o dano causado a terceiro. Latrocínio praticado por quadrilha da qual participava um apenado que fugira da prisão tempos antes: neste caso, não há falar em nexo de causalidade entre a fuga do apenado e o latrocínio (RE nº 369.820, rel. Ministro Carlos Velloso, *DJU*, 27 fev. 2004. No mesmo sentido: RE nº 409.203, Rel. Min. Carlos Velloso, *Informativo* STF nº 391).

> Constitucional. Administrativo. Civil. Responsabilidade Civil do Estado. Ato omissivo do poder público: detendo morto por outro preso. Responsabilidade subjetiva: culpa publicizada: falta do

serviço. C.F., art. 37, §6º. I. – Tratando-se de ato omissivo do poder público, a responsabilidade civil por esse ato é subjetiva, pelo que exige dolo ou culpa, em sentido estrito, esta numa de suas três vertentes — a negligência, a imperícia ou a imprudência —, não sendo, entretanto, necessário individualizá-la, dado que pode ser atribuída ao serviço público, de forma genérica, a falta do serviço. II. – A falta do serviço — *faute du service* dos franceses — não dispensa o requisito da causalidade, vale dizer, do nexo de causalidade entre a ação omissiva atribuída ao poder público e o dano causado a terceiro. III. – Detento assassinado por outro preso: responsabilidade civil do Estado: ocorrência da falta do serviço, com a culpa genérica do serviço público, dado que o Estado deve zelar pela integridade física do preso. IV. – R.E. conhecido e não provido (RE nº 372472 – RN, STF, 2ª T., rel. Ministro Carlos Velloso, *DJU*, 28 nov. 2003).

Recurso Especial – Alíneas "a" e "c". Responsabilidade civil do Estado. Ato omissivo. Responsabilidade subjetiva. Negligência na segurança de balneário público. Mergulho em local perigoso. Conseqüente tetraplegia. Imprudência da vítima. Culpa recíproca. Indenização devida proporcionalmente [...] (REsp nº 418713 – SP, STJ, 2ª T., rel. Ministro Franciulli Netto, *DJU*, 08 set. 2003).

No seguinte julgado foi utilizada a tese da responsabilidade objetiva:

Caracteriza-se a responsabilidade civil objetiva do Poder Público em decorrência de danos causados, por invasores, em propriedade particular, quando o Estado se omite no cumprimento de ordem judicial para envio de força policial ao imóvel invadido (RE nº 283.989, rel. Ministro Ilmar Galvão, *DJU*, 13 set. 2002).

3.3 Dano

Quais as características do dano para que seja indenizável?

Não há responsabilidade sem prejuízo. O prejuízo ocasionado é o dano e o responsável deve responder por este dano. No que se refere ao dano, tanto pode ser material como imaterial ou moral. Deve ser certo, embora possa ser atual ou futuro. Não é indenizável o dano eventual. O dano deverá consistir em violação, restrição ou supressão de um direito subjetivo ou na contrariedade a interesse juridicamente protegido. Corresponde à lesão de um direito da vítima.

Consoante já observado, a Professora Weida Zancaner (op. cit., p. 66) distingue as características do dano ressarcível frente ao sistema vigente, dependendo da natureza da ação causadora:

- os danos provenientes de **atividade ilícita** são sempre anti-jurídicos, necessitam ser **certos** e não eventuais, podendo ser atuais ou futuros; devem **atingir situação jurídica** legítima suscetível de configurar um direito, ou um interesse legítimo.
- os danos decorrentes de ato **lícito** – o dano **anormal e especial** configura uma situação de injustiça, o que o torna antijurídico. Se lícita a atividade, os danos necessitam ser certos e não eventuais, podendo ser atuais ou futuros; devem atingir situação jurídica legítima suscetível de configurar um direito, ou um interesse legítimo; o **dano deve ser anormal** (exceder os incômodos provenientes da vida societária) e ser especial (relativo a uma pessoa ou a um grupo de pessoas) (*op. cit.*, pp. 66 e 67).

Pondera Romeu Felipe Bacellar Filho que "a anormalidade do dano haverá de ser constatada pela superação de razoáveis limites de suportabilidade" (*op. cit.*, p. 24).

Dano moral e material

O *art. 5º, X, da CF* avança ao prever expressamente a responsabilidade por dano moral:

> X – são invioláveis a intimidade, a vida privada, a honra e a imagem das pessoas, assegurado o direito a indenização pelo dano material ou moral decorrente de sua violação.

É preciso mencionar a *Súmula nº 227 do STJ*, que reconhece dano moral para pessoa jurídica.

> A pessoa jurídica pode sofrer dano moral (08.09.1999).

A lesão aos valores é admitida com frequência pelos tribunais nacionais, por exemplo, em matéria de inclusão indevida de usuário em cadastro do SPC, defeito na prestação do serviço, morte de filho, prisão ilegal etc. Seguem algumas decisões exemplificativas sobre o tema:

> Apelação cível. Responsabilidade civil. Ação de indenização por danos morais. Inclusão do nome do autor no cadastro do SPC.

Transferência dos direitos e obrigações decorrentes de linha telefônica. Ausência de comunicação a ré da alienação da linha. Permanência da titularidade do autor perante a operadora. Débito existente. Danos morais afastados. 1. Quando o autor transfere/ cede direitos oriundos da propriedade de ramal telefônico, deve dar ciência à operadora, para resguardar eventuais direitos. Em não o fazendo permanece titular da linha junto à companhia concessionária, sendo responsável por eventual débito em seu nome, originário da utilização do serviço. Nesta senda, inexiste ato ilícito na inclusão de seu nome em cadastros de inadimplentes. Dever de indenizar não configurado. 2. A comunicação ao consumidor sobre a inscrição de seu nome nos registros de proteção ao crédito constitui obrigação do órgão responsável pela manutenção do cadastro, isto é do arquivista, e não do credor, que apenas informa a existência da dívida. Aplicação do §2º, art. 43, do CDC. 3. Sucumbência mantida. Negaram provimento ao apelo Unânime (ApCv nº 70015544893, TJRS, 9ª CCv, rel. Des. Odone Sanguiné, j. em 11.10.2006).

Acidente de consumo. Fato do serviço. Danos morais. Telet S/A. Serviço de telefonia móvel. Defeito na prestação. Interrupção. Aumento do volume de ligações. Dificuldade do assinante usuário no completamento das chamadas. Defeito relativo á prestação dos serviços. Responsabilidade objetiva da concessionária de telefonia. Cdc art. 14. A concessionária de serviços de telefonia, como fornecedora dos serviços, responde perante o consumidor/assinante por defeitos relativos à prestação do serviço, somente se livrando da responsabilidade se comprovar que, prestados os serviços, o defeito não existe, ou na hipótese de ser presente a culpa exclusiva do consumidor ou de terceiro. Ação de compensação por danos morais pelo fato do reiterado baixo nível de completamento de chamadas. Hipótese que configura o acidente de consumo. Dano moral reconhecido. Fato do serviço. Apelo da ré improvido (ApCv nº 70015086911, TJRS, 10ª CCiv, rel. Des. Paulo Antônio Kretzmann, j. em 31.08.2006.)

Apelação Cível. Ação de indenização. Prejuízos extrapatrimoniais. 1. Dever de reparar. Configuração. É objetiva a responsabilidade da concessionária de telefonia, como prestadora de serviços. Inteligência do artigo 14, §1º, do CDC. Falha no serviço prestado pela requerida. Consumidor que não pôde utilizar o serviço contratado. Expectativa de uso do celular frustrada. Infortúnio que ultrapassa o mero dissabor cotidiano. Conduta negligente da empresa demandada. Dever de indenizar caracterizado. 2. Verba reparatória. O prudente arbítrio do juiz deve examinar a tríplice função da indenização por dano moral: compensatória, punitiva e pedagógica —, de modo a sopesar, com razoabilidade, as peculiaridades do caso concreto e a realidade econômica das partes, com o fito de chegar a um valor que recompense o sofrimento da vítima sem implicar enriquecimento sem causa, ao mesmo tempo em que puna o infrator. Aumento do quantum indenizatório, em consonância com as particularidades do evento. Recurso da ré desprovido e apelo do autor provido, por maioria (ApCv nº 70014769418,TJRS, 6ª CCv, rel. Des. Ubirajara Mach de Oliveira, j. em 31.08.2006).

Consumidor e serviço público. Energia elétrica. Interrupção sem justa causa. Ilicitude. Responsabilidade civil. Danos morais. Obrigação de indenizar. Valor. Arbitramento. Critérios. A empresa concessionária de energia elétrica responde pelos danos morais causados aos consumidores por interrupção do serviço de energia elétrica sem justa causa. Indenização reduzida para R$1.700,00 (mil e setecentos reais). Apelação provida em parte (ApCv nº 70013884135, TJRS, 22ª CCv, rel. Mara Larsen Chechi, j. em 22.06.2006).

Administrativo – responsabilidade civil – seqüelas definitivas incapacitantes de recém-nascido – dano moral – valor da indenização. 1. O valor do dano moral tem sido enfrentado no STJ com o escopo de atender a sua dupla função: reparar o dano buscando minimizar a dor da vítima e punir o ofensor, para que não volte a reincidir. 2. Posição jurisprudencial que contorna o óbice da Súmula 7/STJ, pela valoração jurídica da prova. 3. Fixação de valor que não observa regra fixa, oscilando de acordo com os contornos fáticos e circunstanciais. 4. A morte do filho no parto, por negligência médica, embora ocasione dor indescritível aos genitores, é evidentemente menor do que o sofrimento diário dos pais que terão de cuidar sempre do filho inválido, portador de deficiência mental irreversível. 5. Mantido o acórdão que fixou o valor do dano moral em 500 (quinhentos) salários-mínimos, diante das circunstâncias fáticas da demanda. 6. Recurso especial improvido (REsp nº 734303 – RJ, STJ – 2ª T., rel. Ministra Eliana Calmon, *DJU*, 15 ago. 2005, p. 290).

Administrativo – Responsabilidade civil do Estado – Danos morais e materiais – Indenização. 1. Pacificado o entendimento, no STJ e no STF, quanto ao cabimento de dano material em decorrência de acidente que cause a morte de filho menor, ainda que não exerça trabalho remunerado, em se tratando de família de baixa renda. 2. A jurisprudência do STJ sedimentou-se, ainda, no sentido de fixar a indenização por perda do pai ou progenitor, com pensão ao filho menor até os 24 (vinte e quatro) anos de idade (integralmente considerados), ou seja, até a data de aniversário dos 25 anos e, a partir daí, pensão reduzida em 2/3, até a idade provável da vítima, 65 anos. 3. Recurso parcialmente provido (STJ – REsp nº 427.842 – RJ – PROC nº 2002/0043102-9 – 2ª T. – Relª. Minª. Eliana Calmon – *DJU*, 04 out. 2004, p. 118)

Responsabilidade civil do Estado – danos morais – ato de tabelionato – 1. Cabível a condenação do Estado ao pagamento de danos morais decorrente de anulação de compra-e-venda, efetivada com base em instrumento de mandato falso, lavrado em tabelionato de notas. 2. Responsabilidade objetiva. Violação, pelo Estado, dos princípios da boa-fé e confiança. 3. Possibilidade de fixação do valor da indenização, por esta Corte, "buscando dar solução definitiva ao caso e evitando inconvenientes e retardamento da solução jurisdicional" (REsp 399.028, Rel. Min. Sálvio de Figueiredo, DJ de 15.04.2002). 4. Recurso provido (STJ – Resp nº 439.465 – MS, 2ª T., rel. Ministro Paulo Medina, *DJU*, 09 dez. 2002).

Direito constitucional e administrativo. Responsabilidade objetiva. Prisão ilegal. Danos morais. 1. O Estado está obrigado a indenizar o particular quando, por atuação dos seus agentes, pratica contra o mesmo, prisão ilegal. 2. Em caso de prisão indevida, o fundamento indenizatório da responsabilidade do Estado deve ser enfocado sobre o prisma de que a entidade estatal assume o dever de respeitar, integralmente, os direitos subjetivos constitucionais assegurados ao cidadão, especialmente, o de ir e vir. 3. O Estado, ao prender indevidamente o indivíduo, atenta contra os direitos humanos e provoca dano moral ao paciente, com reflexos em suas atividades profissionais e sociais. 4. A indenização por danos morais é uma recompensa pelo sofrimento vivenciado pelo cidadão, ao ver, publicamente, a sua honra atingida e o seu direito de locomoção sacrificado. 5. A responsabilidade pública por prisão indevida, no direito brasileiro, está fundamentada na expressão contida no art. 5º, LXXV, da CF. 6. Recurso especial provido. Decisão. Vistos, relatados e discutidos estes autos, acordam os Exmos. Srs. Ministros da Primeira Turma do Superior Tribunal de Justiça, por unanimidade, negar provimento ao recurso quanto à alegada violação ao art. 535, I e II, do CPC e, no mérito, por maioria, vencidos os Exmos. Srs. Ministros Garcia Vieira e Milton Luiz Pereira, dar-lhe provimento, nos termos do voto do Exmo. Sr. Ministro Relator. Votaram com o Relator os Exmos. Srs. Ministros Francisco Falcão e Humberto Gomes de Barros (REsp nº 220982 – RS – STJ, 1ª T. – rel. Ministro José Delgado – *DJU*, 03 abr. 2000, p. 116).

Responsabilidade civil. Transporte coletivo. As concessionárias de serviços públicos respondem objetivamente pelos danos que seus agentes, nessa qualidade, causem a terceiros (art. 37, §6º da CF/88), salvo nas hipóteses de caso fortuito, força maior ou culpa exclusiva da vítima, excludentes não evidenciadas. Condição de passageira comprovada, bem como os danos suportados. Valor da compensação pelo dano moral arbitrado em valor irrisório, que se eleva para o patamar de R$10.000,00 (dez mil reais), considerando a gravidade da lesão imposta à parte ofendida. Custas e honorários compensados em razão da sucumbência recíproca e equivalente. Confirmação do julgado (Ap. Cv. nº 2006.001.39005, TJRS, 18ª CCv, rel. Desembargador Nascimento Povoas Vaz, j. em 10.10.2006).

3.4 Nexo causal

Para configurar a responsabilidade objetiva, é preciso demonstrar o nexo causal entre a conduta praticada e o dano. A responsabilidade só existe se existir relação de causalidade entre o dano e a ação que o provocou.

Causa – motivo natural determinante do fato.

Havendo dano e nexo causal, o Estado será responsabilizado patrimonialmente, desde que provada a relação entre o prejuízo e a pessoa jurídica pública, fonte da descompensação ocorrida (CRETELLA Junior, *op. cit.*, p. 105).

No que tange à relação de causalidade, existem várias teorias, sendo as mais adotadas a teoria da causalidade adequada e a teoria da causalidade imediata ou direta.

Teoria da equivalência das condições – *em havendo culpa.* Von Buri. *Todas as condições de um dano são equivalentes.* Todos os elementos que de certa maneira concorrem para a sua realização consideram-se como causa, sem a necessidade de determinar, no encadeamento dos fatos que antecederam o evento danoso, qual deles pode ser apontado como sendo o que de modo imediato provocou a efetivação do prejuízo.

Teoria da causalidade adequada – Von Kries. *Dentre os antecedentes há que se destacar aquele que está em condições de necessariamente tê-lo produzido.*

Teoria da causalidade imediata ou direta – só admite o nexo de *causalidade quando o dano é efeito necessário de uma causa*, o que abarca o dano direito e imediato sempre, e, por vezes, o dano indireto e remoto, quando para produção deste, não haja concausa sucessiva.

Conforme já decidiu o STF:

O Ministro Moreira Alves, no voto que proferiu no RE 130.764/PR, lecionou que "a teoria adotada quanto ao nexo de causalidade é a teoria do dano direto e imediato, também denominada teoria da interrupção do nexo causal", que "sem quaisquer considerações de ordem subjetiva, afasta os inconvenientes das outras duas teorias existentes: a da equivalência das condições e a da causalidade adequada" (cf. Wilson Mello da Silva, "Responsabilidade sem culpa", nºs. 78 e 79, págs. 128 e seguintes, Ed. Saraiva, São Paulo, 1974). Essa teoria, como bem demonstra Agostinho Alvim ("Da Inexecução das Obrigações", 5. ed., nº 226, pág. 370, Ed. Saraiva, São Paulo, 1980), só admite o nexo de causalidade quando o dano é efeito necessário de uma causa, o que abarca o dano direto e imediato sempre, e, por vezes, o dano indireto e remoto, quando, para a produção deste, não haja concausa sucessiva. Daí, dizer Agostinho Alvim (1. c): "os danos indiretos ou remotos não se excluem, só por isso; em regra, não são indenizáveis, porque deixam de ser efeito necessário, pelo aparecimento de concausas. Suposto não existam estas, aqueles danos são indenizáveis" (RE nº 130.764/PR, RTJ 143/270, 283). (RE nº 409.203, voto do Ministro Carlos Velloso, *DJU*, 15 jun. 05)

3.5 Excludentes e atenuantes

Quais as hipóteses de exclusão da responsabilidade estatal?

Culpa exclusiva da vítima – pode excluir ou atenuar a responsabilidade do Estado. Exemplo: acidentes com trem – "surfistas":

Embargos Infringentes. Indenização. Morte decorrente de atropelamento ocasionado por um coletivo. Concessionária de Serviço Público de Transporte. Responsabilidade que é objetiva. Exegese do §6º do artigo 37 da Carta Magna. Dano e a conduta do preposto da Empresa Embargante que foi amplamente demonstrado. Registro de Ocorrência anuncia que a vítima atravessou inadvertidamente a rua. Comunicante que não presenciou o acidente. Testemunha ocular do sinistro elucida que o de cujos atravessou à frente do coletivo atropelador para pegar outro na pista do meio da Av. Presidente Vargas, ocasião em que foi atropelado. Culpa exclusiva da vítima, que rompe o liame de causalidade a afastar a responsabilidade da Empresa de Transporte. Improcedência do pleito indenizatório que se impõe. R. Sentença que se restabelece. Provimento (EmbInfr nº 2006.005.00327, TJRJ – 4ª CCv, rel. Desembargador Reinaldo P. Alberto Filho, j. em 03.10.2006).

Apelação. Ordinária. Reparação de danos materiais e morais. Transeunte que colide com haste de operação fixada em poste de iluminação da concessionária ré. Ausência de prova de que os problemas mentais apresentados pelo autor advieram do acidente. Equipamento mal posicionado, a gerar ameaça à integridade física de outrem. Responsabilidade objetiva. Os problemas mentais do autor concorreram com o risco criado pela concessionária na instalação da referida haste. Redução da verba reparatória à metade. Desprovimento do primeiro recurso. Provimento do segundo (ApCiv nº 2006.001.52453, TJRJ, 2ª CCv., rel. Desembargador Jessé Torres, j. em 18.10.2006).

Caso fortuito e força maior – situações que afastam ou diminuem a responsabilidade estatal. Para alguns, caso fortuito consiste em *evento imprevisível decorrente da atividade humana,* no caso da falha da máquina administrativa e enseja responsabilidade (ex. explosão de fios da rede elétrica), enquanto *força maior é o evento imprevisível decorrente de ação da natureza* (tufão, terremoto, dilúvio).

Há outras definições doutrinárias diferentes, não havendo uniformidade dos conceitos.

Caso fortuito – traço marcante é a imprevisibilidade. Se o evento pudesse ser previsto, certamente poderia ser evitado. Já em se tratando de força maior, inevitável.

Seguem alguns acórdãos sobre o tema:

> Em face dessa fundamentação, não há que se pretender que, por haver o acórdão recorrido se referido à teoria do risco integral, tenha ofendido o disposto no artigo 37, §6º, da Constituição que, pela doutrina dominante, acolheu a teoria do risco administrativo, que afasta a responsabilidade objetiva do Estado quando não há nexo de causalidade entre a ação ou a omissão deste e o dano, em virtude da culpa exclusiva da vítima ou da ocorrência de caso fortuito ou de força maior (RE nº 238.453, voto do Ministro Moreira Alves, *DJU,* 19 dez. 02).

> Apelação cível. Transporte de passageiros. Responsabilidade objetiva. Danos materiais e morais. A responsabilidade dos entes participantes da administração direta e indireta, em que se incluem as concessionárias de serviço público, é objetiva, fundada na teoria do risco administrativo, cuja previsão legal consta no art. 37, §6º da CF, sendo também contemplada no art. 927, parágrafo único do CC/02. Porém, no caso concreto, a responsabilidade da apelada é elidida porque o evento danoso ocorreu por fato exclusivo de terceiro

que pode ser equiparado à caso fortuito externo. O apedrejamento sofrido pela autora não é circunstância que se inclua no âmbito do exercício da atividade da empresa de transporte coletivo que pudesse ser por ela prevista. Inaplicabilidade da súmula 187 do STF. Apelo desprovido (ApCiv nº 70016391567, TJRS, 12ª CCv, relator Des. Cláudio Baldino Maciel, j. em 14.09.2006).

Civil. Indenização. Transporte coletivo (ônibus). Assalto à mão armada seguido de morte de passageiro. Força maior. Exclusão da Responsabilidade da transportadora. 1. A morte decorrente de assalto à mão armada, dentro de ônibus, por se apresentar como fato totalmente estranho ao serviço de transporte (força maior), constitui-se em causa excludente da responsabilidade da empresa concessionária do serviço público. 2. Entendimento pacificado pela Segunda Seção. 3. Recurso especial conhecido e provido. (Resp nº 78374-RJ STJ, 4ª T, rel. Ministro Fernando Gonçalves, j. 12.12.2005. *DJU*, 01 fev. 2006, p. 571).

Responsabilidade civil. Indenização. Morte de passageira. Assalto. Interior de coletivo. Não caracterização de caso fortuito ou de força maior. Responsabilidade objetiva da empresa concessionária reconhecida. Dever de responder pelo dano. Não é lícito invocar como causa de exclusão da responsabilidade civil do transportador seja de exclusão da responsabilidade civil do transportador seja o caso fortuito ou força maior, na medida em que se caracterizam pela imprevisibilidade e inevitabilidade e, atualmente nas metrópoles brasileiras o assalto à mão armada nos meios de transporte de passageiros e de cargas é uma habitual e muitas vezes trágica realidade. As leis devem ser interpretadas mediante emprego do método evolutivo, isto é, em adequação com as transformações que a sociedade sofre ao longo dos anos. Hipótese em que o assalto ocorreu durante o transporte em linha de ônibus explorada por empresa concessionária de transporte coletivo, a evidenciar que o fato ocorreu em razão da existência do transporte, pois o interesse dos meliantes era o patrimônio da empresa recorrente, e na consecução desse objetivo terminaram por atingir a desditosa vítima fatalmente. Prova robusta quanto à frequência dos assaltos a ônibus no local, fato a exigir maiores cautelas da empresa concessionária do serviço. Segurança no transporte coletivo e a obrigação de conduzir incólume o passageiro são deveres anexos do contrato. Responsabilidade objetiva no contrato de transporte configurada. Embargos infringentes desacolhidos, por maioria (EmbInfr nº 70003464179, TJRS, Sexto Grupo de Câmaras Cíveis, relator Bayard Ney de Freitas Barcellos, j. em 27.09.2002).

3.6 Ação regressiva – Poder-dever

É preciso apontar a divergência quanto ao cabimento de denunciação à lide. A maioria da jurisprudência entende que não é cabível a denunciação ao servidor envolvido, já que existe previsão expressa de propositura de ação regressiva.

Obrigação de regredir nos casos de dolo ou culpa. Em face do dispositivo constitucional, o Estado prejudicado tem o poder-dever de apurar a responsabilidade do servidor, a fim de que, se condenado ao pagamento de indenização por algum dano causado, *busque o ressarcimento aos cofres públicos.*

Essa investigação é realizada em processo administrativo, devendo reunir as provas documentais, materiais e testemunhais relacionadas ao evento. A investigação imediata é de suma importância para apurar sobretudo os elementos circunstanciais do fato, que irão determinar sua configuração, a responsabilidade por sua ocorrência, a extensão do dano e a existência de nexo causal.

Deve-se observar as dificuldades de o Estado reaver os valores pagos. A jurisprudência dominante, pelo menos no Estado do Paraná, onde atuo como Procuradora do Estado, *diz que há a necessidade de o Poder Público aguardar o trânsito em julgado de decisão condenatória proferida contra si, bem como tenha sido efetuado o pagamento ao particular* para que possa buscar o ressarcimento junto ao causador direto do dano. Na prática, a ação regressiva não funciona para ressarcir os cofres públicos.

Único caso de **responsabilidade solidária** de agente – art. 74, §1º, da CF – controle do TCU:

> §1º Os responsáveis pelo controle interno, ao tomarem conhecimento de qualquer irregularidade ou ilegalidade, dela darão ciência ao Tribunal de Contas da União, sob pena de responsabilidade solidária.

Destaque-se, por fim, que no **Estado de São Paulo** há um procedimento de reparação de danos na esfera administrativa, regido pela Lei nº 10.177, de 30.12.1998.

4 Considerações finais

Com fundamento no que foi exposto até o momento, é possível concluir que a responsabilidade objetiva é princípio constitucional.

De acordo com o disposto no artigo 37, §6º, da CF, os elementos da responsabilidade objetiva são os seguintes: agente que aja nesta qualidade, incluindo concessionárias e permissionárias de serviço público, dano ressarcível, conduta imputável ao Estado, nexo causal.

Não há na CF qualquer alusão à qualificação do sujeito passivo do dano. Da mesma forma, o art. 25 da Lei nº 8.987/95 (Lei de Concessões) nada dispõe a este respeito. Eis o teor do dispositivo em questão:

> Art. 25. Incumbe à concessionária a execução do serviço concedido, cabendo-lhe responder por todos os prejuízos causados ao poder concedente, aos usuários ou a terceiros, sem que a fiscalização exercida pelo órgão competente exclua ou atenue essa responsabilidade.

Logo, com o devido respeito, não é possível concordar com a decisão proferida pelo STF que limita a responsabilidade objetiva da concessionária de serviço público ao usuário do serviço. A teoria da responsabilidade objetiva exige que eventuais danos causados por pessoas jurídicas de direito privado prestadoras de serviço público sejam ressarcidos de acordo com as regras da responsabilidade objetiva, independentemente de a vítima ser ou não usuária do serviço prestado.

São estas as considerações que faço para que possamos prosseguir com a exposição do Professor Marcos Juruena Villela Souto e com os debates. Muito obrigada.

Referências

BACELLAR FILHO, Romeu Felipe. Responsabilidade civil extracontratual das pessoas jurídicas de direito privado prestadoras de serviço público. *IP – Interesse Público*, n. 6, Porto Alegre, 2000.

BRUNINI, Weida Zancaner. *Da responsabilidade extracontratual da Administração Pública*. São Paulo: Revista dos Tribunais, 1981.

CAHALI, Yussef Said. *Responsabilidade civil do Estado*. 2. ed. São Paulo: Malheiros, 1996.

CRETELLA JÚNIOR, J. *O Estado e a obrigação de indenizar*. São Paulo: Saraiva, 1980.

DELGADO, José Augusto. A demora na entrega da prestação jurisdicional – Responsabilidade do Estado – Indenização. *Revista Trimestral de Direito Público*, n. 14, São Paulo, 1996.

DI PIETRO, Maria Sylvia Zanella. *Direito administrativo*. 15. ed. São Paulo: Atlas, 2003.

FIGUEIREDO, Lúcia Valle. *Curso de direito administrativo*. 6. ed. São Paulo: Malheiros, 2003.

JUSTEN FILHO, Marçal. *Curso de direito administrativo*. São Paulo: Saraiva, 2005.

MEDAUAR, Odete. *Direito administrativo moderno*. 6. ed. São Paulo: Revista dos Tribunais, 2002.

MELLO, Celso Antônio Bandeira de. *Curso de direito administrativo*. 17. ed. São Paulo: Malheiros, 2004.

MOREIRA, Egon Bockmann. *Processo administrativo*: princípios constitucionais e a Lei 9.784/1999. 2. ed. atual. rev. e aum. São Paulo: Malheiros, 2003.

PEREIRA, Caio Mário da Silva. *Responsabilidade civil*. 3. ed. Rio de Janeiro: Forense, 1992.

ROCHA, Cármen Lúcia Antunes. *Princípios constitucionais dos servidores públicos*. São Paulo: Saraiva, 1999.

SILVA, Almiro do Couto e. A responsabilidade extracontratual do Estado no direito brasileiro. *RDA*, Rio de Janeiro, n. 202, 1995.

TÁCITO, Caio. Responsabilidade do Estado por dano moral. *RDA*, Rio de Janeiro, n. 196, 1994.

VELLOSO, Carlos Mário da Silva. Responsabilidade civil do Estado. *Revista de Informação Legislativa*, n. 96, Brasília, 1987.

A Experiência das Licitações para Obras de Infraestrutura e a Nova Lei de Parcerias Público-Privadas[*]

Egon Bockmann Moreira

Sumário: 1 Introdução – **2** A exposição de algumas ideias inerentes às PPPs – **3** O setor brasileiro de infraestruturas – **4** Os requisitos e desdobramentos das licitações para obras infraestruturais – **4.1** Ressalva prévia: as PPPs e as licitações e contratações administrativas – **4.2** A questão do orçamento e do desembolso: a Lei nº 8.666/93 em face da Lei nº 11.079/04 – **4.3** A questão dos projetos básico e executivo nas Leis nºs 8.666/93 e 8.987/95 – **4.4** A questão dos projetos básico e executivo na Lei nº 11.079/04 – **4.5** A questão da capacidade técnico-operacional – **5** Os contratos administrativos de obras de infraestrutura e a respectiva execução – **6** Quiçá um esboço de conclusões

1 Introdução

1 O presente ensaio tratará de alguns característicos das licitações para obras de infraestrutura no Brasil. A abordagem levará em conta a experiência haurida da Lei nº 8.666/93 (Lei de Licitações e Contratos Administrativos). Concomitantemente a esta abordagem do passado apresentar-se-á uma rápida visão prospectiva da Lei nº 11.079/04 — numa tentativa de explicitar alguns tópicos das licitações e contratações sob o regime das parcerias público-privadas (doravante PPPs).

2 Num plano ideal, é fácil a abordagem teórica das tradicionais licitações e contratações para obras de infraestrutura. Em primeiro

---

[*] Agradeço o auxílio na pesquisa, críticas e sugestões da Dra. Andreia Cristina Bagatin. As traduções, bem como os erros e omissões remanescentes são de responsabilidade exclusiva do autor.

lugar, exige-se o planejamento estratégico dos investimentos públicos no setor. Depois, as licitações precisam de projetos apurados, da seleção isonômica de empresas com capacidade técnico-operacional adequada e, principalmente, de previsões orçamentárias ornamentadas pela vontade política de adimplir as prestações contratuais. A partir daí, trata-se da execução do contrato e respectiva fiscalização.

Na medida em que o objetivo deste texto é antes o de semear dúvidas do que o de colher certezas (Bobbio), será posto em foco que o mundo dos fatos nem sempre esteve próximo deste plano ideal. Devido a razões já consolidadas na História recente, as licitações e os contratos de obra pública acabam por envolver muitas variáveis (endógenas e exógenas, com influências recíprocas) e tendem a resultar num rápido comprometimento entre o Estado e as empreiteiras privadas, ao lado de litígios de longo prazo entre essas mesmas partes. Isso gerou uma espécie de círculo vicioso no setor, em que muitas vezes o inadimplemento público conviveu com uma busca por lucros instantâneos e abusivos (também como uma forma de atenuar os riscos), consolidando a desarmonia entre contratantes e contratados.

Daí a importância da abordagem das PPPs nesse cenário de instabilidades, investigando-se quais mudanças podem ser implementadas.

3 Além desta introdução e da conclusão, a exposição será dividida em quatro partes: (*i*) a assimilação de algumas ideias inerentes às PPPs; (*ii*) a compreensão do setor de infraestrutura, (*iii*) os requisitos de tais licitações à luz da Lei nº 8.666/93, (*iv*) os contratos e respectivos desdobramentos. O foco primário será o regime jurídico e a experiência oriunda da Lei de Licitações e Contratos Administrativos.

Depois, e em cada um desses itens, haverá uma abordagem do tema sob a óptica das PPPs. Quando o assunto assim o exigir, será aberto um subitem específico. Essa análise envolverá um aprofundamento nos pontos mais sensíveis à compreensão das parcerias público-privadas.

2 A exposição de algumas ideias inerentes às PPPs

4 É desnecessário para este ensaio aprofundar a notícia de que as PPPs têm origem no Direito anglo-saxão. Em contrapartida, é indispensável assimilar a lógica ínsita a tais contratações administrativas, submetendo-a a uma compreensão sistemática do Ordenamento brasileiro.

Isso porque não nos parece proveitoso simplesmente afirmar que as PPPs configuram "só mais uma concessão de serviços públicos" ou "uma concessão com certos traços distintivos". Esta é uma visão acanhada do tema frente ao novo Direito Administrativo brasileiro. A positivação de um gênero específico de licitações e contratações administrativas deve trazer consigo não só a reflexão sobre alguns conceitos tradicionais (normativos e doutrinários), mas também a necessidade de ser construída uma compreensão a ela adequada. Em suma: a legislação das PPPs não é apenas uma cunha normativa inserida nas Leis nos 8.666/93 e 8.987/95.

Por oportuno, frise-se que tampouco se trata de defender uma invasão normativa estrangeira, mas de expor a compreensão, os limites e o conteúdo de um novo instituto jurídico. O que pressupõe uma exposição quanto à sua *rationale* dentro do sistema normativo brasileiro.

5 O que mais ressalta é justamente o papel desempenhado pelos parceiros um em face do outro — visando ao atingimento de objetivos que, simultaneamente, beneficiem o interesse público e o privado. Ambos os contratantes submetem-se a um regime diferenciado porque ele caracteriza a alternativa exata para o atingimento do interesse público posto em jogo. Isto precisa ser posto em foco: as PPPs não são *mais uma opção* a ser livremente escolhida; são, caso a caso, *a opção* que comprovadamente deve ser implementada em face dos pressupostos fático-normativos.

Por isso que é comum na doutrina a referência às PPPs como um instrumento para a sucessão de uma "lógica da substituição" (exclusão setorial entre o público e o privado, com fronteiras rígidas, relações de subordinação e antagonismos) por uma "lógica da cooperação" (coabitação dos setores público e privado, com fronteiras difusas, relações de coordenação e mistura de propósitos).[1] Essa colaboração recíproca entre parceiros públicos e privados não pode ser lida à luz retrospectiva da lógica da substituição.

---

[1] Isso sem mencionar a "lógica da subsidiariedade" (hierarquia e cadeia sucessória entre os setores, presunção de independência em cada um dos níveis hierárquicos, identidade de propósitos). Aprofundar em Stephen H. Linder e Pauline Vaillancourt Rosenau, Mapping the terrain of the public-private policy partnership (*In*: ROSENAU, Pauline Vaillancourt (Ed.). *Public-Private Policy Partnerships*. Cambridge: MIT Press, 2000. Em especial, p. 7-15) e em Penny Badcoe, Public private partnerships: a history and introduction (*In*: ARROWSMITH, Sue (Gen. Ed.). *Public Private Partnership & PFI*. London: Sweet & Maxwell, 2004. p. 1003-1006, 1030-1033).

Assim, as PPPs envolvem uma proposta de solução de problemas com os quais de há muito convive a Administração Pública brasileira e cuja barreira a Lei de Concessões (Lei nº 8.987/95) não foi apta a romper.[2] Sem que se deseje impor compreensões (ou consequências), a lógica inerente às PPPs antes se aproxima daquela das Organizações Sociais e Organizações da Sociedade Civil de Interesse Público do que dos tradicionais contratos administrativos.[3] Porém, envolve atividades econômicas lucrativas (e não apenas benemerentes). A compreensão básica que se exige das parcerias instituídas pela Lei nº 11.079/04 é a de uma coordenação de interesses e riscos entre parceiros que se colocam numa relação horizontal de longo prazo, circunstanciada caso a caso, na qual convivem os planos público e privado.

6 Esse entendimento traz consigo a renovação dos parâmetros analíticos e a absorção de uma nova realidade (normativa e fática). Apesar da identidade semântica, a Lei nº 11.079/04 não representa o singelo acréscimo de mais duas novas espécies (a concessão patrocinada e a concessão administrativa) a um gênero (a concessão de serviços públicos), mas sim a positivação de um novel instituto jurídico, submetido a um peculiar regime de licitação e contratação. Caso não se quebrem essas amarras, a Lei nº 11.079/04 restará emasculada, senão supérflua e pouco útil aos fins a que se propõe. Isso será mais bem tratado abaixo, quando da apresentação do tema das licitações nas parcerias público-privadas.

Fixada esta premissa cognitiva, podemos passar ao exame do tema nuclear deste texto: o setor de infraestruturas, as licitações e contratações administrativas e a sua pertinência com as PPPs.

3 O setor brasileiro de infraestruturas

7 O primeiro passo para o enfrentamento do tema reside na noção que se possa ter de "infraestrutura". Para a economia é um conceito amplo — envolvendo desde a educação até as ferrovias,

---

[2] Isso à parte das advertências quanto à parceria colaborativa que deve instruir as concessões de serviços públicos. Cf. Arnoldo Wald, Luiza Rangel de Moraes e Alexandre de M. Wald (*O direito de parceria e a Lei de Concessões*. 2. ed. São Paulo: Saraiva, 2004. p. 28 *et seq.*) e Marçal Justen Filho (*Teoria geral das concessões de serviço público*. São Paulo: Dialética, 2003. p. 57 *et seq.*).

[3] Sobre as OS e OSCIPs, v. o nosso Organizações Sociais, Organizações da Sociedade Civil de Interesse Público e seus "vínculos contratuais" com o Estado (CUÉLLAR, Leila; MOREIRA, Egon Bockmann. *Estudos de direito econômico*. Belo Horizonte: Fórum, 2004).

passando pela saúde, água e saneamento, energia, rodovias, silos, portos e aeroportos.[4] Apurando um pouco a compreensão, o setor de infraestrutura pode ser definido como a base física sobre a qual os diversos setores econômicos irão se desenvolver e se relacionar entre si. A todo processo de crescimento econômico subjaz um conjunto de bens e serviços de base, o qual permite que os operadores promovam as suas atividades e possam atingir os respectivos objetivos. É, enfim, o suporte indispensável à fluidez dos demais setores econômicos. As falhas na infraestrutura significam, no mínimo, aumentos dos custos e diminuição da competitividade. Já a ausência de infraestrutura impede a instalação de atividades econômicas que dela dependam. Em ambos os casos há uma potencialização das dificuldades empresariais, na ampla maioria das vezes insanável pelos próprios operadores.

8 De usual, os investimentos nesses setores têm origem no Estado.[5] Fulcral ao desenvolvimento e à sua sustentabilidade, essa base da estrutura econômica de um País envolve projetos de alto custo, prazo médio de execução e longa maturação para o retorno do investimento (se for o caso).[6]

Essas peculiaridades tornam o setor de infraestrutura um lócus onde poucos agentes interagem. Como que num paradoxo, há significativas parcelas do setor de infraestrutura as quais não atraem quaisquer investimentos privados. Em termos econômicos, e à parte os bens coletivos (*v.g.*, farol, exército, praças — cujo custo é de regra arcado apenas pelo Estado, pois não estão sujeitos ao princípio da exclusão), bastante da infraestrutura refere-se aos monopólios naturais — situações nas quais é mais eficiente haver apenas um operador, pois é inviável uma solução que permita a concorrência do lado da oferta (alto investimento inicial imobilizado, retorno em longo prazo, risco elevado etc.).[7]

---

[4] Cf. David N. Hyman: "A nation's *physical infrastructure* is its transportation and environmental capital including its schools, power and communication networks, and heath care system" (*Public Finance*. 6. ed. Fort Worth: The Dryden Press, 1999. p. 224).

[5] Isso em países desenvolvidos e, sobretudo, nos subdesenvolvidos (cf. HYMAN. *Public Finance*, cit., p. 224-228). Aprofundar o caso brasileiro em Antonio Dias Leite (*A economia brasileira*: de onde viemos e onde estamos. Rio de Janeiro: Campus, 2004, p. 139 *et seq.*) e Werner Baer (*A economia brasileira*. 2. ed. São Paulo: Nobel, 2002. *passim*).

[6] Exemplo extremo é o de geração elétrica mediante energia nuclear, cujo período para a recuperação dos investimentos se situa em torno dos 40 a 50 anos (cf. LASHERAS, Miguel Ángel. *La regulación económica de los servicios públicos*. Barcelona: Ariel, 1999. p. 19).

[7] A concorrência pode dar-se num momento inicial: uma licitação em que os interessados oferecem preços competitivos unidos a serviços eficientes. Caso não cumpridas as metas, o agente perde a

9 Em suma, é essencial para o desenvolvimento de um País a base física de sua economia, cuja implantação e aperfeiçoamento reclamam aportes de alta monta em setores econômicos diferenciados. Inversões que não cativam o capital privado – seja em vista a escassez de lucros, seja devido ao longo prazo de retorno, passando pelos elevados riscos (políticos-administrativos e gerenciais). O que agrava as preocupações ao se considerar as dimensões brasileiras.

Com área de mais de oito milhões de quilômetros quadrados, o Brasil é o quinto maior País do mundo (depois da Rússia, Canadá, China e EUA) e a 11ª economia mundial. É o primeiro produtor de açúcar e café, o quarto em grãos, o quinto em cacau e o 10º de arroz. Possui a 3ª maior rede de estradas (menor apenas que EUA e Índia) e a 12ª rede de ferrovias. Seu produto interno bruto é originário basicamente da agricultura (8,4%), indústria manufatureira (37,6%) e do setor de serviços (54%). As exportações são compostas de bens de transporte e peças (10,2%), metais (5,6%), soja e grãos secundários (5,2%) e produtos químicos (1,2%).[8]

10 Em contraste à grandiosidade de tais dados, a ausência de investimentos em infraestrutura gerou uma constante no debate econômico brasileiro: os pontos de estrangulamento.

Pontos de estrangulamento são dificuldades estruturais em setores cujo não desenvolvimento impede a fluidez e/ou a instalação de atividades econômicas. O incentivo e a produtividade exigem não só a ausência de óbices ao fluxo das mercadorias, mas também a preexistência de bases que permitam assegurar o resultado econômico da produção. Por exemplo, o agricultor necessita não apenas de áreas rurais, técnica adequada, pessoal qualificado, tratores, sementes e fertilizantes — mas também de energia elétrica, água, meios de transporte para o escoamento da safra, silos que comportem o armazenamento etc. (tudo isso compondo os custos

---

titularidade da execução do serviço e instala-se nova competição. Trata-se da competição *ex ante*, que envolve a concorrência na fixação de preços e lucros quando da formulação das ofertas (cf. VISCUSI; VERNON; HARRINGTON JR., *Economics of Regulation and Antitrust*. 3. ed. Cambridge: MIT Press, 2001. p. 397 *et seq.*). Aprofundar em Harold Demsetz, Why regulate utilities? (*In*: STIGLER, George J. (Ed.). *Chicago Studies in Political Economy*. Chicago: The University of Chicago Press, 1988. p. 267-278).

[8] Fonte: *The Economist Pocket World in Figures*. London: Profile Books, 2004. Porém, é importante frisar a péssima configuração das rodovias brasileiras — o principal meio de transporte de mercadorias: "De acordo com a Pesquisa Rodoviária 2002, 38,8% da extensão encontram-se com pavimento em estado deficiente, ruim ou péssimo (18.275 Km) (...) O estado geral das rodovias foi classificado como deficiente/ruim/péssimo em 59,1%; na pavimentação (48,7%), na sinalização (40,0%) e em engenharia (90,2%)" (informação obtida no sítio: <http://www.estradas.com.br>. Consulta em: 24 ago. 2004).

de produção e refletindo no preço final). A existência de *bottlenecks* impede a fluência das atividades produtivas.

Afinal, e de há muito o setor de infraestruturas brasileiro está a exigir investimentos de alta monta — não só em termos absolutos (quanto ao setor ele mesmo e os resultados positivos dele advindos de forma imediata), mas em especial de molde a possibilitar o desenvolvimento de outras atividades econômicas. **11** A mais nova proposta de solução para alguns desses problemas é a parceria público-privada. A lógica da coordenação inerente a tais parcerias traz consigo a atenuação de alguns dos problemas do orçamento público e dos riscos do investimento (políticos-administrativos e de gestão). Por outro lado, essa mesma lógica de esforços associados permite a assimilação recíproca das dificuldades e ganhos dos parceiros em projetos desse porte.

Resta discutir alguns dos problemas verificados no cenário anterior (que excluía as PPPs), a fim de cogitar se essa nova proposta de solução tem condições de tornar-se efetiva no cenário brasileiro.

4 Os requisitos e desdobramentos das licitações para obras infraestruturais

12 As licitações para o setor de infraestrutura sempre exigiram especial apreço a três questões: a previsão orçamentária, os projetos (básico e executivo) e a capacidade técnico-operacional. Com isso não se pretende afirmar que esse elenco representa uma lista exaustiva, mas sim exemplificativa dos pontos nodais das licitações, contratos administrativos e concessões de serviços públicos.

A abordagem desse tripé sobre o qual se equilibravam tais obras deve-se ao fato de que ele torna nítidos alguns dos contratempos que vêm se repetindo desde antes da edição da Lei nº 8.666/93. O que determina a análise de cada uma dessas três questões e de suas relações com a Lei nº 11.079/04. Não sem antes esmiuçar a ressalva acima feita quanto à dignidade da Lei das PPPs.

4.1 Ressalva prévia: as PPPs e as licitações e contratações administrativas

13 Antes do mais, é importante sublinhar que a *mens legis* da Lei nº 11.079/04 diz respeito à configuração de um inédito e especial instituto jurídico: as parcerias público-privadas (e a respectiva licitação e contratação). A Lei das PPPs inaugura, ordena e condensa num só diploma o específico conjunto de normas que apenas a esse instituto são singulares. Os seus arts. 1º e 2º foram taxativos ao consignar uma fronteira normativa, numa clara dissociação entre as parcerias público-privadas e todas as demais licitações e contratações administrativas (incluindo-se aí as empreitadas de obra pública, as concessões e as permissões).

Apesar das semelhanças que podem ser apontadas (tanto no plano semântico como nos licitatório e contratual), fato é que foi criado um novo regime jurídico, mediante a positivação de um exclusivo conjunto de preceitos normativos, instruído por uma racionalidade diferenciada e visando a um fim diverso daqueles já positivados em outras normas (ou conjunto de normas). Isso tanto no cenário das licitações (Direito Administrativo material e processual) como naquele das contratações administrativas (Direito Administrativo material).

14 Aprofundemos um pouco o conceito e a ideia à qual ele remete: o critério hermenêutico que governa o relacionamento entre as normas sucessivas no tempo. "O cânone da totalidade — doutrina Emilio Betti — impõe uma perene referência das partes ao todo e por essa razão também uma referência das normas singulares ao seu complexo orgânico: portanto, impõe uma atuação unitária das avaliações legislativas e uma decisão uniforme de todos aqueles conflitos de interesses que, medidos segundo essas avaliações, mostram possuir, por assim dizer, uma idêntica localização. A aplicação do cânone em comento nada mais é do que as velhas regras escolares sobre conflito entre normas contraditórias com a prevalência da *lex posterior* sobre a *lex anterior* ou da *lex specialis* sobre a *lex generalis*: 'lex posterior derogat legi priori', com a reserva de que 'lex posterior generalis non derogat legi priori speciali'."[9]

Há uma vigência simultânea e a consequente divisão de esferas cognitivas entre a Lei de Licitações, a Lei de Concessões e a Lei das PPPs. Aplica-se à leitura da Lei das PPPs a previsão do art. 2º, §2º, da Lei de Introdução ao Código Civil (Decreto Lei nº 4.657/1942). As "disposições gerais ou especiais a par das já existentes" não revogam nem modificam as leis anteriores: permanecem incólumes as Leis nºs 8.666/93 e 8.987/95 (bem como os demais diplomas a elas relacionados), aplicadas aos respectivos setores fático-normativos.[10]

---

[9] *Interpretazione della legge e degli atti giuridici.* 2. ed. Milano: Giuffrè, 1971. p. 119.

[10] A exceção, a confirmar a regra, está no art. 56 da Lei nº 8.666/93, cujo inc. I de seu §1º foi expressamente alterado pelo art. 26 da Lei nº 11.079/04.

Ademais, a Lei de Licitações e a Lei de Concessões somente se aplicam à Lei das PPPs quanto esta expressamente o declare.

Em suma, a Lei nº 11.079/04 positiva as normas gerais de licitação e contratação das PPPs. Rege uma especial, certa e determinada relação jurídica e configura um novel instituto jurídico. Assim deve ser interpretada. Esta ressalva destina-se a aclarar as dissociações que serão abaixo feitas em face da Lei nº 8.666/93, ao final de cada um dos tópicos.

4.2 A questão do orçamento e do desembolso: a Lei nº 8.666/93 em face da Lei nº 11.079/04

15 As obras de infraestrutura exigem a previsão de volume significativo de moeda para desembolso imediato. O seu planejamento depende de recursos de monta, bem como a definição estrutural das obras, sua necessidade estratégica e a respectiva integração num projeto nacional de desenvolvimento. Mais do que isso: exigem a disponibilidade de dinheiro e a possibilidade de o desembolsar em curto ou médio prazo (a fragmentação das despesas resulta no aumento dos custos e/ou na inviabilidade física da obra).

O detalhe está em que a Lei nº 8.666/93 requer apenas o orçamento da obra e respectiva "previsão orçamentária" (art. 7º, §2º, incs. II e III). O mesmo se diga em relação à Lei de Responsabilidade Fiscal, cujo art. 16 exige a "estimativa do impacto orçamentário-financeiro" das despesas. Quando menos, isso gera outros três desdobramentos.

15.1 Por um lado, o governo não tem o dever de gastar todas as verbas previstas no orçamento. A definição concreta das despesas públicas é uma decisão política: depende de opções governamentais e da proposta de orçamento aprovada pelo Legislativo. Depois, o orçamento é *autorizativo*: não é vinculante para a Administração. À exceção das despesas obrigatórias e receitas vinculadas (*v.g.*, Constituição, art. 167, inc. IV e §4º), o orçamento é uma estimativa de caixa disponível outorgada ao governo. Os princípios da unidade de caixa e da não afetação impedem que as receitas sejam dirigidas (salvo as exceções constitucionais). O dispêndio dependerá também de fatores políticos, planos econômicos e metas fiscais.[11]

---

[11]Por exemplo, a revista *Primeira Leitura* traz a notícia de que "Em matéria de investimentos orçamentários, nada é mais desmoralizante do que os prometidos R$2 bilhões para recuperar até 7

15.2 Por outro lado, tanto as previsões orçamentárias como as de custos da própria licitação são baseadas em estimativas e suposições técnicas. Como Marçal Justen Filho bem frisou, haverá casos nos quais a Administração nem sequer terá à disposição todas as informações essenciais ao orçamento. "Como não atua empresarialmente em todos os setores, a Administração não disporá de elementos para fixar o orçamento detalhado". Logo, "a previsão orçamentária envolve estimativas aproximadas, pois a licitação apurará o montante a ser desembolsado".[12] Franca é a assimetria de informações e os prognósticos *ex ante* nem sempre são confirmados pela realidade *ex post*.

15.3 Por fim, a licitação não exige a *disponibilidade* dos recursos nem a *liberação* deles, mas apenas a respectiva *previsão* no orçamento anual (ou plurianual) — ao lado da efetiva realização das receitas e despesas (Lei de Responsabilidade Fiscal, arts. 9º e 12). Isso significa que as verbas não precisam existir de fato no caixa do órgão ou entidade licitante, mas apenas a sua respectiva previsão e estimativa de realização.[13] O que pode gerar a iliquidez fática da Administração e respectivos atrasos no pagamento (ou até o inadimplemento).

Não foi devido a um acaso que a Lei de Licitações desceu a pormenores quanto ao equilíbrio econômico-financeiro do contrato, indenização por ilícitos e mesmo a suspensão de sua execução (*v.g.*, art. 65, §§6º e 8º, art. 78, inc. XV). Essas previsões derivam da experiência negativa do setor quanto a inadimplementos estatais.

16 Nesse passo, a Lei nº 11.079/04 envolve uma investida tanto no que respeita à atenuação dos limites da Lei de Responsabilidade Fiscal como em relação à execução do orçamento.

Lembre-se o exemplo do Direito Português, no qual a origem das PPPs tem nuances que se aproximam do Direito Brasileiro. Isso porque elas floresceram não só devido à retirada do Estado do domínio econômico (desintervenção), mas igualmente em razão do Pacto de Estabilidade e Crescimento (PEC), emanado na

---

mil quilômetros de estradas federais até o fim do ano. Dos R$957 milhões que estão no Orçamento de 2004, dentro do programa 'Manutenção da malha rodoviária federal', até meados de julho passado haviam sido investidos R$43,7 milhões, ou seja, 4,6% dos recursos. O superávit primário do ministro Palocci agradece" (São Paulo, p. 13, ago. 2004).

[12] *Comentários à Lei de Licitações e contratos administrativos*. 10. ed. São Paulo: Dialética, 2004. p. 111.

[13] Cf. Marçal Justen Filho, *Comentários...* cit., p. 112-114, Renato Mendes, *Lei de licitações anotada*. 5. ed. Curitiba: Znt, 2004. p. 41-42, e Maria Walquíria Batista dos Santos, Recursos financeiros. Desnecessidade de estarem disponíveis no momento da instauração da licitação (*In*: DI PIETRO (Coord.). Maria Sylvia Zanella. *Temas polêmicos sobre licitações e contratos*. 4. ed. São Paulo: Malheiros, 2000. p. 55-58).

Comunidade Europeia em 1997. "Na grande maioria dos países europeus — anotam Eduardo Paz Ferreira e Marta Rebelo — o desenvolvimento actual das PPP prende-se directamente com o cumprimento das exigências comunitárias plasmadas no PEC. Se, nos países de tradição jurídica anglo-saxónica, as PPP surgiram dentro da própria mecânica de funcionamento da ordem jurídico-económica do sector público, nos países de tradição romano-germânica o pacto, ao impor limites ao défice público em homenagem ao equilíbrio e estabilidade orçamental, diminui drasticamente a capacidade de financiamento das Administrações".[14]

Ao possibilitar que os volumosos aportes de recursos iniciais sejam feitos pelo parceiro privado, bem como compensados e garantidos pela partilha dos riscos do empreendimento (máxime pelo fundo garantidor), a Lei das PPPs permite o rompimento das ortodoxas barreiras orçamentárias (e a disponibilidade de verbas públicas para outros projetos sociais). A elevada proporção de recursos e a interação do parceiro privado são pressupostos à implementação de uma PPP (*v.g.*, arts. 2º, §4º, inc. I, 5º, inc. III, 8º e incs., 10º e incs., 14 a 22).

Por outro lado, o parceiro privado poderá participar da elaboração do projeto básico (v. item seguinte). Logo, haverá influência direta no orçamento da PPPs — podendo atenuar as imprecisões das previsões orçamentárias, diminuindo os custos e conferindo maior eficiência à alocação de recursos.

4.3 A questão dos projetos básico e executivo nas Leis nºs 8.666/93 e 8.987/95

17 As obras de infraestrutura, complexas que são, exigem a elaboração de um projeto básico — cuja definição normativa vem no inc. IX do art. 6º da Lei de Licitações, bem como na Resolução nº 361/91 do CONFEA.[15]

---

[14] O novo regime das parcerias público-privadas em Portugal. *RDPE*, Belo Horizonte, n. 4, p. 63, 70, out./dez. 2003.

[15] Art. 6º, inc. IX, da Lei nº 8.666/93: "conjunto de elementos necessários e suficientes, com nível de precisão adequado, para caracterizar a obra ou serviço, ou complexo de obras ou serviços objeto da licitação, elaborado com base nas indicações dos estudos técnicos preliminares, que assegurem a viabilidade técnica e o adequado tratamento do impacto ambiental do empreendimento, e que possibilite a avaliação do custo da obra e a definição dos métodos e do prazo de execução".
Art. 1º da Resolução CONFEA nº 361/891: "conjunto de elementos que define a obra, o serviço ou o complexo de obras e serviços que compõe o empreendimento, de tal modo que suas características básicas e desempenho almejado estejam perfeitamente definidos, possibilitando a estimativa de seu custo e prazo de execução".

O projeto básico é documento técnico minucioso da obra, o qual pretende descrevê-la em sua integralidade. Dele devem constar a definição da viabilidade técnica, a logística e o impacto ambiental; a administração de pessoal; os prazos de execução; os equipamentos e instalações; o modo organizacional; a fiscalização; os respectivos fluxogramas etc. Com lastro nesse projeto os interessados poderão avaliar a obra, seus custos e a executividade. Todos os elementos lá consignados serão levados em conta para o equilíbrio econômico-financeiro do futuro contrato administrativo. O projeto básico determinará o universo de licitantes. Quanto mais preciso e circunscrito ao indispensável, mais seguros estarão os interessados para a apresentação das propostas, maior o número de licitantes a competir e menores os preços. Ao contrário, quanto mais intensa a lassidão técnica e o número de exigências impertinentes, proporcionalmente maior o acréscimo nos preços (para garantir a exequibilidade ante as incertezas) e menor a quantidade de interessados.

Note-se que ante a Lei de Licitações o projeto básico não oferece garantias. Pode não ser um retrato perfeito da obra e conter desde erros materiais até omissões técnicas. Ademais, quando da execução podem surgir condições imprevistas ou imprevisíveis. Todas essas peculiaridades agregam custos e incertezas.

18 O projeto executivo limita-se à exposição dos métodos que deverão ser utilizados no empreendimento, observando-se os requisitos técnicos e operacionais para a respectiva implementação prática. Descreve o modo de realização da obra, tal como delimitada no projeto básico. Em termos comparativos, o projeto executivo é secundário em relação ao básico.

19 Segundo a Lei nº 8.666/93 (art. 6º, inc. IX, c/c art. 7º, §2º) e a Lei nº 8.987/95 (art. 18, inc. XV), o ato convocatório deve ser instruído com cópia do projeto básico. O edital pode incluir a contratação do projeto executivo (Lei nº 8.666/93, art. 9º, §2º).[16] Quando o contrato versar sobre obras e serviços de engenharia, é indispensável que o projeto básico acompanhe o edital, pena de nulidade do certame. Assim, imputa-se à Administração Pública o dever de elaborar tais projetos.

Claro que a Administração pode realizar contratações administrativas com terceiros para a elaboração dos projetos (uma licitação prévia e específica). Porém, estes estarão legalmente

---

[16] Por todos, JUSTEN FILHO, Marçal. *Teoria geral das concessões de serviço público*, cit., p. 212-213 e *Comentários à Lei de Licitações e Contratos Administrativos*, cit., p. 109-111.

impedidos de participar da licitação (art. 9º, incs. I e II).[17] Ademais, é indispensável a realização da audiência pública em contratações que se submetam ao valor estimado no art. 39 da Lei nº 8.666/93.

Em ambos os casos dá-se uma participação de terceiros, os quais contribuirão com o aperfeiçoamento dos projetos básicos e executivo. Mas fato é que no primeiro há incrementos dos custos públicos e no segundo incerteza quanto à eficácia técnica da participação popular.

4.4 A questão dos projetos básico e executivo na Lei nº 11.079/04

20 A Lei nº 11.079/04 exige que o instrumento convocatório contenha o projeto básico. Ao disciplinar os requisitos do instrumento convocatório, o *caput* do art. 11 reporta-se, de forma expressa e "no que couber", ao art. 18 da Lei nº 8.987/95. Logo, se a licitação envolver concessão precedida de execução de obra, caberá a aplicação do inc. XV do art. 18 da Lei nº 8.987/95 e o edital deverá ser acompanhado pelo projeto básico.

Quanto a isso a interpretação da Lei nº 11.079/04 não envolve maiores dúvidas. Porém, o mesmo não pode ser dito em relação à elaboração dos projetos (básico e executivo) pelo parceiro privado. Originalmente, a questão era pacífica — em vista o art. 3º da Lei nº 11.079/04 reportar-se expressamente ao art. 31 da Lei nº 9.074/95.

Contudo, e ao que se infere, o Poder Executivo pretendeu obter um efeito superlativo (e supérfluo) decorrente do veto (Mensagem nº 1.006/04) e possibilitar também aos interessados no certame a elaboração do projeto básico. Constatação que autoriza um exame mais aprofundado do tema e da razão de ser do veto — isto é, resta saber se era necessário o veto e se ele gera os efeitos visados pela chefia do Executivo.

20.1 O inc. II do art. 11 estabelecia que o edital poderia "ainda prever" a atribuição de responsabilidade pela elaboração do projeto executivo "ao contratado".[18]

---

[17] Salvo a exceção do art. 31 da Lei nº 9.074/95: "Nas licitações para concessão e permissão de serviços públicos ou uso de bem público, os autores ou responsáveis economicamente pelos projetos básico ou executivo podem participar, direta ou indiretamente, da licitação ou da execução de obras ou serviços". Como será ampliado abaixo, o *caput* do art. 3º incorpora esse dispositivo à Lei nº 11.079/04

[18] Eis o texto vetado: "II – a responsabilidade do contratado pela elaboração dos projetos executivos das obras, respeitadas as condições fixadas nos incisos I e II do caput do art. 18 da Lei nº 8.987, de 13 de fevereiro de 1995".

Frise-se bem: foi outorgada à Administração a possibilidade de imputar a elaboração do projeto executivo àquele que vencesse a licitação (contratado é aquele que se contratou, a pessoa com quem a Administração celebrou o contrato; *não é sinônimo de licitante ou de interessado*). Supletivamente, pode-se mencionar a definição da Lei nº 8.666/93: contratado é "a pessoa física ou jurídica signatária de contrato com a Administração Pública" (art. 6º, inc. XV).[19]

Como o *caput* do artigo 11 exige que os projetos básicos e executivos instruam o edital, o inc. II permitia que, dentre estes dois, o projeto executivo fosse elaborado *a posteriori* pelo próprio contratado. Mas nada mencionava a respeito do projeto básico, por duas razões básicas: não há licitação sem projeto básico e o art. 3º da Lei nº 11.079/04 autorizada que terceiros o apresentassem.

A rigor, a previsão do inc. II do art. 11 tinha uma finalidade específica: também permitir que, em determinados casos, o projeto executivo fosse apresentado *a posteriori*.

20.2 Conforme consignou a Presidência da República em seu veto, reputou-se que "O inciso II do art. 11 permite que apenas a elaboração do projeto executivo das obras seja delegada ao parceiro privado. Dessume-se do seu texto que a Administração teria a obrigação de realizar o projeto básico das obras. Isto seria reproduzir para as parcerias público-privadas o regime vigente para as obras públicas, ignorando a semelhança entre as parcerias e as concessões — semelhança esta que levou o legislador a caracterizar as parcerias público-privadas brasileiras como espécies de concessões, a patrocinada e a administrativa".

O que fica ainda mais claro em outro momento da fundamentação: "Este ganho de eficiência pode advir de diversas fontes, uma das quais vem merecendo especial destaque na experiência internacional: a elaboração dos projetos básico e executivo da obra pelo parceiro privado."

A solução cogitada pelo veto foi a de suprimir a menção à possibilidade de o edital atribuir ao contratado a elaboração do projeto executivo. Com isso, o veto destinar-se-ia a possibilitar que os particulares elaborassem também o projeto básico (antes de instalada a licitação e antes do edital, por óbvio). A supressão à menção restritiva

---

[19] Argumento que é reforçado pelo inc. II do mesmo art. 11, que se reporta expressamente à "exigência de garantia de proposta do licitante". A Lei foi clara e transparente ao dissociar os conceitos "licitante" e "contratado".

a apenas um deles implicaria a inserção hermenêutica do segundo (este num momento diferente e mais complicado que o primeiro). **21** Contudo, não nos parece que o veto se preste a obter o resultado descrito na fundamentação. O inc. II do art. 11 convivia harmoniosamente com o art. 3º da Lei nº 11.079/04. Além de ter subestimado o aplicar do Direito, o veto é tecnicamente inadequado aos fins a que se destina.

21.1 Ora, as razões do veto não produzem quaisquer efeitos exteriores a ele. O motivo do veto presta-se a apenas e tão somente justificar o ato praticado pela Presidência da República. Não tem efeitos *ultra vires*, não pode transbordar os seus limites intrínsecos. Tampouco vincula o aplicador do direito e os intérpretes, muito menos tem efeito hierárquico sobre os demais dispositivos objetos da sanção.

Exteriorizando a função do legislador negativo, o veto confere efeito suspensivo (a ser confirmado ou não pelo Legislativo) ao dispositivo vetado — e ponto final. Caso os motivos do veto exteriorizem uma finalidade extraordinária à previsão legislativa vetada, esta somente será alcançada se estiver prevista em outro dispositivo do Ordenamento (o qual, em decorrência, não será revogado pela norma vetada).

Trazendo a argumentação para o veto em exame: não existe uma relação de causalidade necessária entre o veto à apresentação do projeto executivo pelo contratado (suprimindo-a) e a possibilidade de todos os interessados apresentarem os projetos básico e executivo. A supressão daquela não teria o condão de instalar ambas (*rectius*: essa possibilidade não deriva do veto, mas do texto original da lei). Há uma certa inconsistência lógica na motivação.

Porém, é de se perguntar se essa constatação prestar-se-ia à incidência do art. 9º, incs. I e II, da Lei nº 8.666/93 e à vedação à apresentação do projeto básico por um interessado que depois pretenda participar do certame. Afinal de contas, é desse assunto que o veto cogita. A resposta é negativa, não só em razão do art. 3º da Lei nº 11.079/04 (e art. 31 da Lei nº 9.074/95), mas sim em função da *raison d'être* das PPPs. O que exige que retomemos a trama sobre o regime instalado pela Lei nº 11.079/04.

21.2 Ressalte-se que a Lei nº 11.079/04 criou não só uma nova modalidade de contratação administrativa, mas igualmente uma nova licitação pública. Além de os contratos anteriores não serem regidos por este diploma, também as licitações não o são. A Lei das PPPs criou nova modalidade de contratação *e de* licitação. A ela não se aplicam todas as previsões da Lei nº 8.666/93 (nem por analogia, nem por interpretação extensiva), mas apenas e tão somente aquelas às quais a própria Lei nº 11.079/04 se reporta de forma explícita. Mais ainda: na medida em que o art. 9º, incs. I e II, da Lei nº 8.666/93 expressam uma proibição (e respectivas sanções — *v.g.*, arts. 82, 90, 91 desta Lei), não são passíveis de aplicação analógica ou extensiva a outras licitações que não aquelas circunscritas à Lei de Licitações e Contratos Administrativos. Vige o princípio *nullum crimen, nula poena sine lege* **stricta**.[20] O mesmo não pode ser dito em relação ao inc. III do art. 9º da Lei nº 8.666/93 (conforme será visto abaixo).

22 A essa constatação poderia ser contraposta a ressalva de que o *caput* do art. 12 da Lei nº 11.079/04 prevê que "o certame para a contratação de parcerias público-privadas obedecerá ao procedimento previsto na legislação vigente sobre licitações e contratos administrativos".

Logo, haveria a inclusão do art. 9º, incs. I e II, da Lei nº 8.666/93, imantados que foram pelo art. 12 da Lei nº 11.079/04. Contudo, não parece possível essa hermenêutica.

A uma, reitere-se o que já foi dito em relação ao art. 3º da Lei nº 11.079/04 — e a incorporação literal do permissivo do art. 31 da Lei nº 9.074/95. Essa previsão confirma a tese ora exposta.

A duas, porque o dispositivo do art. 12 refere-se apenas ao *procedimento do certame*. Certame aqui entendido como concorrência isonômica entre licitantes, concurso, torneio: depois que se torna público o edital e é instalada a competição.[21] Não se refere ao momento anterior à licitação ela mesma (previstos nos arts. 10 e 11), nem tampouco aos pressupostos que tornam a parte capaz de nela participar (em sentido positivo ou negativo). Traduz a aplicação de regras processuais de Direito Administrativo previstas na Lei de Licitações e Contratos Administrativos, ao *iter* processual em sentido estrito. Não abrange os preceitos de Direito Administrativo material que regem a definição do objeto a ser licitado. Será a competição entre os licitantes, a concorrência ela mesma a ser regida pelo procedimento da Lei nº 8.666/93.

---

[20] Sobre a vedação de interpretação extensiva e analogia em termos de proibições e sanções, v. o nosso Agências reguladoras independentes, poder econômico e sanções administrativas (*In*: GUERRA, Sérgio (Coord.). *Temas de direito regulatório*. Rio de Janeiro: Freitas Bastos, 2004). Interessantes são as ponderações de Marçal Justen Filho sobre a restrição (ou não) de tais proibições ao conceito de "obra e serviço" previsto no *caput* do art. 9º (*Comentários...*, cit., p. 127-128).

[21] Etimologicamente, *certame* significa "luta, combate" (CUNHA, Antônio Geraldo da. *Dicionário etimológico Nova Fronteira da língua portuguesa*. 2. ed. 11. impr. Rio de Janeiro: Nova Fronteira, 1999. p. 174).

Isso se torna ainda mais claro quando da leitura dos incisos do art. 12 — os quais, na condição de elementos discriminativos do artigo, tratam de temas como julgamento das propostas (incs. I e II) e forma, fases e saneamento das propostas (incs. III e IV).

23 Isto posto, note-se que o resultado ora proposto poderia inclusive prescindir do art. 31 da Lei nº 9.074/95 (e, mais ainda, do veto presidencial). A *lógica da cooperação* indica que os interessados podem apresentar os projetos básico e executivo e também participar do certame. Mas não como um resultado do veto, mas sim como algo ínsito às PPPs (isto é, o veto foi supérfluo).

23.1 Ora, é público e notório que as PPPs são oriundas de complexos projetos de engenharia (civil e financeira). São complicadas em sua elaboração, projeções e administração. Não se destinam a qualquer obra ou serviço, nem tampouco envolvem qualquer concessão de serviço público. Existem e são criadas em setores nos quais a Administração tem pouca (ou nenhuma) intimidade. Resultam de apuradas avaliações de risco compartilhado, projetadas para um longo prazo, nas quais um pequeníssimo desvio nos cálculos iniciais implicará a frustração do projeto (e prejuízos para ambas as partes).

Em decorrência, dificilmente seriam realizadas com aptidão e eficiência pela Administração Pública. Por outro lado, a contratação de terceiros para a elaboração de projetos básicos implicaria um aumento de custos e uma restrição aos setores exploráveis, bem como uma incerteza quanto aos incentivos para que parceiros privados participem de tão complexos empreendimentos. Ausência de capacidade técnica, assimetria de informações, supressão de incentivos, acentuação das incertezas: tudo isso resultaria numa frustração do escopo da Lei nº 11.079/04.

Caso se mantivessem as amarras outrora positivadas nos incs. I e II do art. 9º da Lei nº 8.666/93 (e respectiva compreensão substitutiva), a Lei das PPPs perderia uma de suas razões de existir. A atividade hermenêutica e a aplicação da Lei nº 11.079/04 descolar-se-iam da finalidade da norma.

23.2 Logo, é perfeitamente válida e eficaz a apresentação do projeto básico pelo interessado privado. Os empresários privados podem dispor de tempo e dinheiro para avaliar empreendimentos, elaborar projeções e apresentar tais estudos à Administração Pública. O que impõe novas exigências quanto à publicidade, moralidade e responsabilização. Em uma só palavra: *accountability*.[22]

---

[22] O termo, de impossível tradução literal, envolve a conjugação da publicidade dos atos estatais, o dever de prestar contas e a responsabilização dos agentes (antes, durante e depois). Sobre o tema

A apresentação desse ensaio de projeto básico deve, desde o primeiro momento, ser gritantemente exposta ao público (a Lei nº 11.079/04 prevê a consulta pública somente para o edital e contrato — art. 10, inc. VI). O eventual futuro parceiro privado deve estar ciente disso, submetendo também a sua proposta projeto básico de PPPs à concorrência e ao controle (público e privado). A única vantagem que pode advir para aquele que elabora a proposta do projeto básico é a respectiva competência técnico-administrativa (eventualmente conjugada com critérios geográficos ou interesses regionais etc.). Desde o momento em que são apresentados à Administração, todos os dados do projeto devem ser submetidos ao público e à concorrência. Depois de levado ao conhecimento e debate públicos, o projeto básico (e o executivo, se for o caso) deverá integrar o edital de licitação e ser novamente submetido a consulta pública, esclarecimentos, impugnações etc.

A rigor, essas exigências de moralidade, impessoalidade e publicidade não precisam estar previstas em lei. Decorrem imediatamente do *caput* do art. 37 da Constituição da República. Estão estampadas no art. 2º da Lei nº 9.784/99 (Lei de Processo Administrativo Federal) e irradiam-se por toda a Lei nº 8.429/92 (Lei de Probidade Administrativa).[23]

Porém, seria de todo adequado que o decreto presidencial que regulamentar a Lei nº 11.079/04 discipline a conduta administrativa, as consultas públicas e todo o processo pelo qual será recebido o projeto básico (e o executivo). Haveria uma uniformização do caminho a ser seguido para o recebimento e encaminhamento dos projetos básicos.

4.5 A questão da capacidade técnico-operacional

24 Nos termos da Lei nº 8.666/93, na fase interna da licitação a Administração deve apurar quais são os requisitos de ordem técnica

---

para o cenário brasileiro, Anna Maria Campos escreveu um precioso ensaio, cujo título é revelador: Public service accountability in Brazil: the missing concept (*In*: JABBRA, Joseph G.; DWIVEDI, O. P. (Eds.). *Public Service Accountability*: a Comparative Perspective. Connecticut: Kumarian Press, 1989).

[23] Por isso que a previsão do inc. III do art. 9º da Lei nº 8.666/93 aplica-se à larga, mesmo sem dispositivo literal na Lei nº 11.079/04. Aliás, nem sequer na Lei nº 8.666/93 precisaria estar previsto, pois decorre daquilo que Almiro do Couto e Silva sabiamente escreveu a propósito da Carta Magna brasileira: "a Constituição de 1988 é um documento barroco. Como a obra de arte barroca, que é rica em ornamentos e tem na opulência e no excesso seus traços mais característicos, assim também a Constituição sob a qual hoje vivemos insiste na riqueza, na abundância, na repetição, na reiteração em forma explícita do que nela já se contém e dela facilmente pode ser extraído pela interpretação". (Prefácio. *In*: GIACOMUZZI, José Guilherme. *A moralidade administrativa e a boa-fé da Administração Pública*. São Paulo: Malheiros, 2002).

(exprimidos nos respectivos acervos técnicos) e operacional (*staff* administrativo, disponibilidade de máquinas e operários etc.) que a obra exige. Isso dá concretude aos projetos básico e executivo, bem como os atributos que os interessados deverão demonstrar possuir, para poderem apresentar propostas de preços.

Não são permitidas imposições extraordinárias, impertinentes ou irrelevantes para a obra: somente podem ser ordenadas "exigências de qualificação técnica e econômica indispensáveis à garantia do cumprimento das obrigações" (Constituição, art. 37, inc. XXI). O edital há de celebrar os requisitos necessários e suficientes à perfeita execução da obra, positivados segundo uma lógica do razoável.

25 Em decorrência, a execução da obra ou serviço só pode ser atribuída à empresa que comprove ter condições técnicas e operacionais. Uma vez que as exigências do ato convocatório são apenas aquelas indispensáveis, a Lei de Licitações exige a prova de que o licitante tem capacidade para executar a obra (arts. 30, II, e 41 da Lei nº 8.666/93). Não pode haver dúvidas, pois a Administração tem de se precaver contra riscos na execução (e custos) da futura obra.

O rígido processo licitatório tem a sua razão de ser: impedir que os despidos de atributos técnicos imponham preços anticompetitivos. Vedar que a Administração acentue os riscos inerentes a qualquer obra, proibindo a contratação daqueles que não demonstrem dispor de todos os atributos reputados como indispensáveis à sua perfeita execução.

A vantagem da Administração não está apenas em pagar o menor preço. A rigor, esse é um dado cuja averiguação somente pode ser instalada depois de transposta a capacitação técnica. O atendimento do interesse público posto em jogo está na contratação daquele que, desde que comprove ser apto à execução da obra, ofereça o menor preço.

Por isso a qualificação técnica exige um julgamento objetivo, equânime e isonômico (Lei nº 8.666/93, art. 3º). Não é possível privilégios — pois, como leciona Carlos Ari Sundfeld, a isonomia "é a espinha dorsal da licitação. É condição indispensável da existência de competição real, efetiva, concreta. Só existe disputa entre iguais; a luta entre desiguais é farsa (ou, na hipótese melhor: utopia)".[24]

---

[24] *Licitação e contrato administrativo*. São Paulo: Malheiros, 1994. p. 20.

26 Já nesse momento, e à luz da Lei n° 8.666/93, surgem litígios de grande intensidade. Poucas são as licitações de porte que não contemplem discussões quanto ao acervo técnico e à capacidade operacional dos licitantes em face do edital. Temas e variáveis cuja compreensão ainda não encontraram estabilidade na jurisprudência. A título de ilustração, abaixo seguem algumas das áreas de mais intensos conflitos.

26.1 Embora a maioria da jurisprudência admita a exigência de comprovação de capacidade técnico-operacional (STJ, REsp n° 144.750, Min. Francisco Falcão, *DJ*, 25 set. 00; TRF – 1ª R., REO n° 2000.39.00014249-8, Des. Fed. Daniel Paes Ribeiro, *DJ*, 24 mar. 03), há alguns julgados que a reputam ilegal (TRF – 2ª R., REO n° 97.02.33493-4, Juiz Conv. Guilherme Diefenthaeler, *DJ*, 22 out. 03; TJSP, AC n° 31.927.5, Des. Antonio Villen, j. 05.08.98).

26.2 Também há controvérsia no que concerne à possibilidade de se estipular prazo de validade para os atestados de capacidade técnica. Alguns Tribunais entendem que a exigência ofenderia o contido no art. 30, §§1º e 5º, da Lei de Licitações (TRF – 5ª R., REO n° 99.05.23477-2, Des. Fed. Castro Meira, *DJ*, 1º jun. 01), ao passo que outros não vislumbram qualquer ilegalidade nela (TRF – 4ª R., AMS n° 2001.70.00.03647-5, Des. Fed. Edgard Lippmann Jr., *DJ*, 23 jan. 02).

26.3 Quanto à necessidade de que sejam apresentados outros documentos a acompanhar os atestados, muitas das decisões são antagônicas. Há os que entendem que o edital pode exigi-los, tal como a cópia de contrato já executado (TRF – 1ª R., AI n° 2000.01.00.036816-7/DF, Des. Fed. Selene Maria de Almeida, *DJ*, 25 nov. 03) e aqueles que reputam ilegal a exigência de documentos suplementares (STJ, REsp n° 316.755, Min. Garcia Vieira, *DJ*, 20 ago. 01).

26.4 No que concerne ao de registro dos atestados perante as entidades profissionais, o STJ já adotou posicionamentos divergentes. Em 1998, flexibilizando o contido no art. 30, §1º, da Lei n° 8.666/93, entendeu desnecessário o registro quando o Edital não formulasse tal exigência (AGA n° 177.845, Min. Humberto Gomes de Barros, *DJ*, 20 ago. 98). Porém, recentemente decidiu pela indispensabilidade do registro (STJ, REsp n° 324.498, Min. Franciulli Neto, *DJ*, 26 abr. 04).

26.5 Igualmente não é pacífica a questão dos percentuais de experiência anterior. Enquanto o Judiciário reconhece a possibilidade de se exigir comprovação de experiência anterior *equivalente* ou *superior* ao licitado (TJDF, AC nº 445.469-7, Des. Nancy Andrigui, *DJ*, 1º abr. 98; TJPR, MS nº 135.173-9, Des. Tadeu Costa, *DJ*, 30 jun. 03), o TCU reputou restritivas as exigências de atestados que consignem quantitativos mínimos (Decisão nº 343/2001, Min. Ubiratan Aguiar, *DOU*, 27 jun. 01), bem como reputou excessivo que o licitante comprovasse já ter executado serviços equivalentes a 75% daqueles necessários ao futuro contrato (Decisão nº 1.090/01, Min. Benjamin Zymler, *DOU*, 24 jan. 02).

26.6 Já a impossibilidade de se fixar o número de atestados que o licitante pode apresentar para comprovar sua capacitação técnico-operacional foi consignada pelo TCU (Decisão nº 528/2001, Min. Marcos Vilaça, *DOU*, 5 set. 01). Porém, há algum tempo, o posicionamento daquela Corte era cambiante. Ao lado de decisões que consideravam restritiva a exigência de apresentação de dois atestados (Decisão nº 134/98, Min. Lincoln Magalhães da Rocha, *DOU*, 7 ago. 98), havia outras que nela não vislumbravam qualquer ilegalidade (Decisão nº 217/97, Min. Fernando Gonçalves, *DOU*, 12 maio 97; Decisão nº 101/98, Min. Marcos Vilaça, *DOU*, 30 mar. 98).

26.7 Embora seja comum o TCU expedir determinações gerais para que os órgãos licitantes admitam o somatório dos quantitativos dos atestados (Decisão nº 576/01, Min. Marcos Vilaça, *DOU*, 3 set. 01), há decisão consignando que o exame dessa possibilidade vincula-se ao caso concreto e que, portanto, existirão situações nas quais o somatório não poderá ser admitido (Decisão nº 1.090/01, Min. Benjamin Zymler, *DOU*, 24 jan. 02).

27 O destino de tais litígios decorrentes da interpretação das exigências da Lei nº 8.666/93 comporta duas variantes básicas: ou uma ordem liminar decide a contratação ou impede o prosseguimento do certame e, com o passar do tempo, o inviabiliza. Com igual frequência existem provimentos jurisdicionais lançados depois de um longo prazo — declinando do próprio conhecimento da pretensão posta em juízo devido à perda do objeto (*v.g.*, no STJ: ROMS nº 14.938/PR, Min. Luiz Fux, *DJ*, 30 jun. 03, ROMS nº 10.736/BA, Min. Laurita Vaz, *DJ*, 29 abr. 02 e ROMS nº 6.920/AP, Min. Demócrito Reinaldo, *DJ*, 19 ago. 1996).

28 Se tais litígios caracterizam as grandes licitações de obras e serviços públicos, é incerta a sua reprodução quanto às PPPs. A Lei nº 11.079/04 contém algumas previsões que podem *atenuar* tais discussões infindáveis, mas que não garantem a sua *supressão*.

Por um lado, a complexidade dos projetos tende a afastar os aventureiros. Não será qualquer empresário que poderá participar.

Ao contrário: os projetos iniciais e os consórcios (e futuras sociedades de propósito específico) serão de longo prazo de elaboração, caros e necessariamente exigirão a presença de técnicos em engenharia financeira. Provavelmente, grandes consultorias e entidades financeiras participarão (senão direta, ao menos indiretamente). Logo, haverá um darwinismo licitatório inicial.

Nesse mesmo sentido, a Lei nº 11.079/04 exige garantias sérias para a proposta e para o contrato (arts. 5º, inc. VIII, 8º e 11, inc. I). Apenas poderão apresentar propostas aqueles que as assegurarem — e as garantias prestadas por terceiros (bancos, seguradoras etc.) certamente terão como pressuposto um exame mínimo da proposta.

Por outro lado, a Lei sabiamente prevê a possibilidade de saneamento de falhas, insuficiências ou correções formais (art. 12, inc. IV). Não é obrigatório que conste do edital (a Lei usa a expressão "o edital poderá prever"), mas é de todo adequado que a previsão seja aplicada aos certames de PPPs. Isso permite atenuar os debates e imprimir maior eficiência à licitação, que não desperdiçará tempo, energia e dinheiro com detalhes formais secundários.

Por fim, o art. 13 possibilita que o edital inverta as fases de habilitação e julgamento de preços. Mais uma vez, trata-se de alternativa discricionária da Administração, mas de todo recomendada. Caso o julgamento das propostas de preços (com as peculiaridades inscritas no art. 12, inc. II e III) anteceda a análise da proposta técnica, com certeza serão suprimidas muitas das discussões célebres na Lei nº 8.666/93. O que igualmente confere maior eficiência à licitação e afasta muitas das discussões acima descritas.

5 Os contratos administrativos de obras de infraestrutura e a respectiva execução

29 No que diz respeito à execução dos contratos de obras de infraestrutura frente à Lei nº 8.666/93, o cenário não é exatamente acolhedor. Em vista o que foi acima consignado, e além das incertezas inerentes a qualquer contrato, há uma multiplicidade de variáveis que acentuam o risco do negócio: os projetos básico e executivo podem ser carentes de informações e os pagamentos podem não ser tempestivos (ou mesmo não ocorrer).

Como escreveu Cintra do Amaral, a propósito da Lei nº 8.666/93: "Seria desejável que as obras públicas somente pudessem ser licitadas quando houvesse um projeto executivo, detalhado e atual, que assegurasse às partes uma maior confiabilidade. Embora isso não bastasse para garantir totalmente a boa execução da obra, pelo menos minimizaria as distorções que freqüentemente encontramos na prática. Uma modificação desse porte pressuporia, porém, uma transformação radical na legislação referente às contratações efetuadas pela Administração Pública, com a adoção de outros instrumentos, como, por exemplo, novos regimes de execução e implantação de um verdadeiro '*performance bond*', que assegurasse o cumprimento efetivo e integral das obrigações contratuais e não uma indenização pelo inadimplemento, indenização essa que, além do mais, está limitada na Lei nº 8.666/93 a percentuais irrisórios sobre o valor da contratação (art. 56, §§2º e 3º)."[25]

30 Fato é que a execução do contrato administrativo enfrenta incertezas, as quais sofrem com os rígidos limites da Lei nº 8.666/93. Quando muito, tais variações encontram alguma atenuação legal, podendo ser citadas aquelas do art. 65 da Lei de Licitações (o qual prevê a possibilidade de acréscimos ou supressões dos custos em até 25% do celebrado no contrato) e do art. 78 (autoriza modificações, suspensão da execução e mesmo a rescisão contratual).[26]

Além disso, e no que diz respeito ao vínculo pós-execução do contrato, o art. 618 do Cód. Civil estabelece o prazo de cinco anos para a responsabilização do empreiteiro "pela solidez e segurança do trabalho, assim em razão dos materiais, como do solo". Esse limite cronológico de responsabilização corresponde ao prazo *mínimo* de *prestação do serviço concedido* sob o regime da Lei nº 11.079/04 (art. 2º, §4º, inc. II). Logo, não há dúvida quanto à maior estabilidade do relacionamento entre os parceiros.

31 Não se olvide que os constantes inadimplementos da Administração frente aos tradicionais contratos administrativos de obra pública geraram uma panóplia de incidentes, processos, litígios e precatórios que versam sobre os mais variados assuntos: desde o pagamento do valor devido, passando pela correção monetária pelo atraso, os juros de mora e aqueles vinculados aos custos oriundos do

---

[25] Ao que o autor acrescenta os dilemas oriundos de desapropriações inacabadas, normas ambientais e o respectivo controle (*Comentando as licitações públicas*. Rio de Janeiro: Temas & Idéias, 2002. p. 69-70).

[26] Aprofundar nos comentários de Marçal Justen Filho, que contêm ampla abordagem de todas as variáveis do tema rescisão contratual (*Comentários...* cit., p. 555 *et seq.*) e Fernando Vernalha Guimarães, este no que diz respeito aos limites e consequências das alterações unilaterais dos contratos (*Alteração unilateral do contrato administrativo*. São Paulo: Malheiros, 2003. *passim*). Quanto ao limite de 25% e a sua transposição, v., por todos, Celso Antônio Bandeira de Mello (Extensão das alterações dos contratos administrativos: a questão dos 25%. *RBDP*, Belo Horizonte, n. 1, p. 43-66, abr./jun. 2003).

mercado financeiro — como bem demonstram os estudos de Hely Lopes Meirelles, Arnoldo Wald e Celso Antônio Bandeira de Mello.[27] Afinal, o que de usual se dá é o aumento das discussões judiciais e futuras indenizações — gerando um enorme déficit de caixa nas empresas e uma série de precatórios de valores vultosos. O que estimula um permanente estado de beligerância e desconfiança entre aqueles que deveriam ser parceiros em processos de longo prazo — aumentando desnecessariamente os custos e os desgastes das partes envolvidas.

32 Nesse sentido, a Lei nº 11.079/04 orienta-se como um instrumento que possibilita uma cooperação e integração entre os setores público e privado também no que diz respeito à execução do contrato. Por um lado, há uma integração de longo prazo entre os setores público e privado — e não uma sucessão de relacionamentos pontuais que se exaurem em curto prazo.

Por outro lado, e na justa medida em que haverá um compartilhamento de riscos e a existência de um Fundo Garantidor, possivelmente serão atenuados os riscos quanto ao inadimplemento público. Atenuando-se esses riscos, menores os custos e mais longas as projeções do lucro do negócio.

Por fim, a eficiente prestação do serviço concedido pressupõe a perfeita execução das obras que lhe servem de base. O parceiro privado não instalará o risco relativo à qualidade das obras — hipótese a qual impediria a prestação do serviço no prazo adequado para o retorno das elevadas inversões iniciais.

6 Quiçá um esboço de conclusões

33 O presente ensaio não se destina a estimular prognósticos sombrios para as licitações e contratos no setor de infraestrutura. Não visa a defender o sepultamento da Lei nº 8.666/93 e a sua sucessão/ substituição pela Lei nº 11.074/04. Cada um desses diplomas dirige-se a uma ordem de licitações e contratações administrativas. Certamente ambos conviverão em paz durante as próximas décadas.

Contudo, e apesar da importância desse setor econômico para o desenvolvimento sustentável da economia nacional e da sua

---

[27] *Estudos e pareceres de direito público.* São Paulo: Revista dos Tribunais, 1986. t. IX, p. 83 *et seq.*; Obra Pública – Contrato – Equilíbrio Econômico-Financeiro. *RDP*, São Paulo, n. 93, p. 69, jan./mar. 1990 e Contrato de Obra Pública com Sociedade de Economia Mista – Atraso no Pagamento de Faturas. *RDP*, São Paulo, n. 74, p. 103, abr./jun. 1985, respectivamente.

necessária inserção num planejamento desdobrado no tempo, fato é que as perspectivas do setor à luz da Lei nº 8.666/93 são quase sempre de curto prazo. De perene duração são os litígios. E essa ausência de comprometimento no tempo implica um desprezo pela perenidade dos resultados. "'Não há longo prazo' é um princípio que corrói a confiança, a lealdade e o compromisso mútuo".[28] Corrosão essa que estava nítida no setor de infraestruturas brasileiro.

Infelizmente, e mesmo desde antes da Lei nº 8.666/93, as obras públicas brasileiras albergavam um paradoxo da contemporaneidade: feitas para durar, não geravam confiança recíproca entre os contratantes. As empresas não se tornam parceiras do Estado (nem vice-versa), a *res publica* não recebe o tratamento adequado e o setor de infraestrutura acabou por se tornar um macro ponto de estrangulamento.

Por isso que a edição da Lei nº 11.074/04 pode ser vislumbrada como uma nova esperança, apesar de circunscrita a projetos específicos e que se revelem apropriados a esse gênero de concessão de serviço público.

Curitiba, fevereiro de 2005.

---

[28] SENNETT, Richard. *A corrosão do caráter*: conseqüências pessoais do trabalho no novo capitalismo. Rio de Janeiro: Record, 1999. p. 24.

Breves Notas sobre a Parte Geral da Lei das Parcerias Público-Privadas

Egon Bockmann Moreira

Sumário: 1 Introdução – 2 Ainda as normas gerais para licitação e contratação – **2.1** A natureza jurídica das normas gerais – **2.2** As normas gerais e o valor do piso contratual nas PPPs – **2.3** A "lei especial" de parceria público-privada – **3** A estrutura administrativa do Estado e a incidência da Lei nº 11.079/2004 – **3.1** Os fundos especiais e as PPPs – **3.2** As autarquias, as fundações (públicas e privadas) e as PPPs – **3.3** As empresas estatais e as PPPs – **3.4** A Emenda Constitucional nº 19/98, as licitações envolvendo empresas estatais e as PPPs – **3.5** As "demais entidades" e as PPPs – **4** Considerações finais

1 Introdução

As notas que abaixo seguem têm como finalidade pôr em foco e problematizar alguns dos temas pertencentes às disposições preliminares da Lei das parcerias público-privadas (Lei nº 11.079, de 30 de dezembro de 2004). Não obstante a lei ter sido promulgada há quase um ano, persistem algumas controvérsias a respeito de matérias essenciais à compreensão da sua *ratio legis*.

Por isso que se torna necessária a investigação a respeito de alguns tópicos gerais da Lei nº 11.079. Apenas com a discussão aberta poder-se-á consolidar a ideia inerente à intimidade das PPPs — a cooperação, recíproca e de longo prazo, entre pessoas privadas e poder público, visando ao atingimento de objetivos particulares afinados pelo tom do interesse comum.

O presente ensaio pretende propor algumas considerações em torno de apenas dois assuntos (as normas gerais e as pessoas autorizadas a celebrar PPPs), bem como as atribuições que podem os circundar. Como será visto abaixo, não tem a pretensão de apresentar soluções a esses problemas — mas a de propor incentivos para o debate.

2 Ainda as normas gerais para licitação e contratação

Logo em sua abertura, a Lei nº 11.079 fixa que o diploma se destina à instituição de "normas gerais" para a licitação e contratação de PPPs (art. 1º, *caput*). O que dá novo vigor ao debate sobre a natureza jurídica das normas gerais e quais normas podem ser (ou não) consideradas gerais, com as respectivas consequências.

2.1 A natureza jurídica das normas gerais

O tema remete ao *caput* do art. 22 da Constituição da República, norma constitucional de organização que fixa a competência da União em matéria legislativa (explícita e exclusiva).[1] Em termos de licitação e contratação administrativa, a União detém duas ordens de competências privativas: a excepcional, de editar normas gerais de incidência nacional, e aquela ordinária, de editar normas específicas, aplicáveis somente no nível federal (como se dá no caso do Capítulo VI da Lei nº 11.079).

A locução "normas gerais" está expressamente prevista no inc. XXVII do art. 22 da Constituição, o qual prevê que compete privativamente à União legislar sobre "normas gerais de licitação e contratação, em todas as modalidades, para as administrações públicas diretas, autárquicas e fundacionais da União, Estados, Distrito Federal e Municípios, obedecido o disposto no art. 37, XXI, e para as empresas públicas e sociedades de economia mista, nos termos do art. 173, §1º, III" (redação dada pela EC nº 19/98).

Essa expressão normativa tem uma específica razão de ser. Como se sabe, a Constituição estabelece a repartição das competências federativas (pressuposto da autonomia das pessoas políticas), qualificando-as como exclusivas, concorrentes e comuns. A outorga constitucional dessa combinação de capacidades normativas autônomas às diversas pessoas políticas da federação exigiu a sua recíproca estabilização. A previsão sobre as normas gerais visa a suprimir (ou atenuar) os potenciais conflitos que podem emergir de tamanho número de competências oriundas de um mesmo texto

---

[1] Sobre os conceitos de normas constitucionais organizatórias e de normas constitucionais de competência, v. J. J. Gomes Canotilho (*Direito constitucional e teoria da constituição*. 5. ed. Coimbra: Almedina, 2002. p. 535 *et seq*.). A respeito das normas gerais de licitação e contratação administrativa, indispensável é a consulta aos comentários de Marçal Justen Filho (*Comentários à lei de licitações e contratos administrativos*. 11. ed. São Paulo: Dialética, 2005. p. 13 *et seq*).

constitucional, especificamente nos temas que envolvam interesses nacionais (comuns às entidades federativas). As normas gerais têm exatamente esse caráter nacional, abrangendo todos os planos federativos. Por isso que não podem descer a detalhes nem se dissociar dessa finalidade normativa, o que implicaria invasão de esferas político-administrativas. Conforme discorreu Geraldo Ataliba, "só é coerente entender como próprio da norma geral a complementação da Constituição em que a atuação do mecanismo de harmonia entre as pessoas políticas o exija peremptoriamente. São, pois, exclusivamente as áreas de conflitos, desde que haja evidente lacuna no texto constitucional. De outra forma não é possível colocar o problema."[2]

A referência à expressão "normas gerais" tem triplo efeito: por um lado, a União está proibida de legislar sobre normas particulares ou descer a minúcias sobre a matéria (nada além do geral pode incidir sobre as demais esferas políticas). Por outro lado, os Estados, o Distrito Federal e os Municípios estão impedidos de legislar tanto acerca de normas gerais inaugurais como em sentido contrário às normas gerais (cuja competência é privativa da União). Por fim, as normas gerais não podem se afastar da teleologia dessa competência constitucional.

No que diz respeito às licitações e contratações administrativas, de há muito Alice Gonzalez Borges advertiu que "está consagrada a *competência legiferante* da União, centrada em *normas gerais de abrangência nacional*, imperativas para todas as ordens federadas, inclusive suas entidades de administração indireta; e a *competência própria, específica*, das ordens federadas, para complementar e suplementar as normas gerais, enriquecendo-as com pormenores e detalhes que as adaptem ao universo de suas próprias peculiaridades e necessidades específicas."[3]

Apesar da dificuldade da definição caso a caso, "a lógica impõe a constatação de que na competência da União não se inclui o tratamento de aspectos particulares, de detalhes de organização, de questões contingentes. As normas gerais contêm apenas os *princípios* da regulamentação da matéria, os *deveres básicos* dos indivíduos e do Estado e os *instrumentos* a serem utilizados pela Administração."[4]

---

[2] Normas gerais de direito financeiro e tributário e autonomia dos Estados e Municípios. *RDP*, São Paulo, n. 10. p. 45, 48, out./dez. 1969

[3] Normas gerais nas licitações e contratos administrativos. *RDP*, São Paulo, n. 96, p. 81, 82, out./dez. 1990.

[4] SUNDFELD, Carlos Ari. Sistema constitucional das competências. *RTDP*, São Paulo, n. 1, p. 272, 276, 1993.

Cabe também o alerta de Carlos Ari Sundfeld quanto aos decretos regulamentares: cada qual vincula só e tão somente a Administração interna à esfera política da autoridade que o emanou. A advertência foi lançada em face da Lei nº 8.666/1993, mas tem plena aplicabilidade ao diploma normativo ora em comento: "Em linha de conseqüência, um decreto editado pelo Presidente da República com o intuito de regulamentar a lei federal de licitações e contratos administrativos só pode dirigir-se aos próprios entes federais, que estão submetidos ao seu poder hierárquico ou tutelar, chefe que é do Poder Executivo Federal. Pelas mesmas razões, os Municípios não devem acatamento aos decretos regulamentares editados pelos Governos dos Estados cujo território integrem."[5]

Essa é a natureza jurídica das normas gerais. O que conduz à assertiva de que nem todos os artigos da Lei nº 11.079 conformam-se à previsão constitucional de "normas gerais". A constatação resulta na definição da natureza e âmbito de incidência de cada um de seus dispositivos. O texto do *caput* do art. 1º não tem o condão de conferir esse atributo genérico a todos os preceitos que a ele se seguem. Há dispositivos nitidamente específicos, que não podem ser compreendidos como normas gerais e cuja aplicação, portanto, não pode ser diretamente exercitada pelos (ou exigida dos) Estados, Distrito Federal e Municípios. Além disso, não será a previsão de algumas normas específicas, em especial no que diz respeito ao Capítulo VI, cujo título é "Disposições aplicáveis à União", que outorgará, *a contrario sensu*, a natureza de "gerais" às demais normas da Lei nº 11.079.

2.2 As normas gerais e o valor do piso contratual nas PPPs

Postas estas ideias, propõe-se o enfrentamento de uma única norma da Lei nº 11.079/2005: o inc. I do §4º do art. 2º, que veda a celebração de contratos de PPP com valor inferior a R$20.000.000,00 (vinte milhões de reais). Caso esta seja considerada uma norma geral, vincula a todos os entes federativos; caso não tenha essa natureza jurídica, existirá a possibilidade de normas estaduais, distritais ou municipais abrandarem (ou aumentarem) esse limite mínimo.

---

[5] *Licitação e contrato administrativo*. São Paulo: Malheiros, 1994. p. 34.

Em primeiro lugar, é o caso de serem descartados os argumentos (pró ou contra) referentes ao "tamanho" ou à "pobreza" de alguns Estados e Municípios. Essa tese não é jurídica. Carlos Ari Sundfeld bem qualificou esse enfoque de "retórica vazia".[6] Não há dúvidas quanto a isso: esse dado exógeno é mesmo um procedimento enfático para persuadir, despido de qualquer fundamento normativo.

Nesse sentido, tampouco parece possível vingar a tese de que seria uma norma geral em derivação da espécie contratual invocada e da magnitude da sua dimensão empresarial. Nem o volume nem a complexidade dos investimentos privados devem ser levados em consideração para a definição da natureza jurídica de uma norma geral. Claro que não se está a prestigiar a viabilidade de "terceirizações ocultas" ou de "subsídios às concessões tradicionais"; muito menos se defende a vulgarização ou o uso indevido das PPPs — pois todos esses também são argumentos metajurídicos.

A rigor, quem vai definir a validade e a eficiência da utilização do modelo contratual das PPPs é a Administração Pública — em vista as peculiaridades das demandas exigidas pelo interesse público posto à sua guarda. E quem vai assegurar a viabilidade do investimento sob a forma de PPPs é o parceiro privado. Os itens componentes dessa combinação das "peculiaridades das demandas públicas" com o "interesse do investidor privado" não se elevam ao nível de uma norma geral. Ou melhor: uma norma geral não se presta a regular o resultado que advirá dessa relação.

Por isso que a discussão permite uma outra abordagem.

O estudo elaborado por Carlos Ari Sundfeld segue avante no enfrentamento jurídico do tema e afirma ser norma geral a definição "tanto *das modalidades contratuais* existentes no Direito Brasileiro (...) como, por óbvio, *dos critérios para a sua aplicação* (objeto, prazo, valor etc.). O investimento mínimo de R$20 milhões, indicado no art. 2º, §4º, I, da Lei das PPPs, é um critério identificador do cabimento da concessão administrativa — donde tratar-se de norma geral."[7] O raciocínio é consistente, mas dele ouso discordar.

---

[6] Guia jurídico das parcerias público-privadas. *In*: SUNDFELD, Carlos Ari (Coord.). *Parcerias público-privadas*. São Paulo: Malheiros, 2005. p. 27.

[7] Guia jurídico das parcerias público-privadas, cit., p. 26-27. Alexandre Santos de Aragão adota conclusão semelhante, defendendo a natureza de norma geral do dispositivo (As parcerias público-privadas – PPP's no direito positivo brasileiro. *RDA*, Rio de Janeiro, 240/105, p. 122, nota 33, abr./jun. 2005). Já Juarez Freitas apenas indica tratar-se de "opção política de duvidosa correção federativa" (Parcerias público-privadas (PPP's): características, regulação e princípios. *IP – Interesse Público*, Belo Horizonte, n. 29, p. 13, 30, jan./fev. 2005).

Ora, ao prestigiar a ideia de que o conceito de norma geral abrange inclusive a quantificação numérica dos critérios eleitos pelo legislador ordinário para a aplicação de uma modalidade contratual, o intérprete afasta-se da razão de existir dessa espécie de normas. Reitere-se que a Constituição positivou a categoria normativa organizacional das normas gerais com a finalidade de atenuar a possibilidade de eventuais desarmonias políticas: essa é a tarefa para cujo desempenho é outorgada tal competência privativa à União. Esse desiderato não contempla a criação de modalidades contratuais estanques e minuciosas em todos os seus aspectos e critérios (incluindo-se aí o valor mínimo do investimento).

Mais do que isso: a fixação de uma cifra peremptória para investimentos mínimos estabeleceria um critério hermenêutico que alargaria uma restrição constitucional imposta aos Estados, Distrito Federal e Municípios. Isto é, as "normas gerais" previstas pela Constituição passariam a implicar a outorga à União de uma capacidade normativa de condicionamento da competência administrativa dos demais entes federais, relativamente ao valor dos investimentos admissíveis através de determinada espécie contratual. O valor mínimo da contratação é excludente (é proibida a celebração de contratos com valores menores). Em assim sendo, a matéria positivada na norma geral inibiria (senão suprimiria) a possibilidade de existirem contratos dessa ordem em determinados Estados e Municípios.[8] Nada contra a lei emanada pela União ter esse efeito dirigido à Administração federal. Mas essa exclusão não faz parte da função constitucionalmente atribuída às normas gerais: pode ser oriunda do próprio mercado, ou da disposição do administrador público, ou mesmo de uma norma local — mas não de uma "norma geral".

Assim, e compartilhando parcialmente da tese de Sundfeld, o que se defende ter a natureza de norma geral, imposta pela *rationale* inerente às PPPs, é a necessidade da fixação em lei de um piso para essa espécie de contratos: um ponto de partida que estimule os particulares a investir em projetos básicos a serem apresentados ao Poder Público e a participar de licitações instaladas pela Administração.

---

[8] Frise-se que não se está aqui a defender que as PPPs são contratos de irrestrita incidência, os quais resolveriam todos os problemas da infraestrutura brasileira. Esse seria mais um argumento retórico. Mas não se pode correr o risco de uma restrição positiva oriunda de uma cifra numérica definida unilateralmente e *a priori* pela União para todos os demais entes federativos. Esse *telos* não é próprio das normas gerais.

Tudo isso em termos proporcionais à complexidade do tipo contratual em exame. Logo, o dispositivo do inc. I do §4º do art. 2º da Lei nº 11.079 autoriza uma *interpretação conforme a Constituição*, fixando na categoria das normas gerais a imperiosidade de a lei local fixar um valor mínimo para essa modalidade contratual. A definição da necessidade de um valor mínimo fixado em lei para tais contratações constitui um dever do legislador ordinário (não do *quantum* a ser observado pelos Estados, Distrito Federal e Municípios).

2.3 A "lei especial" de parceria público-privada

Ao estabelecer "normas gerais" vinculadas a apenas uma espécie de licitação e contratação administrativa por ela criada, a Lei nº 11.709 caracteriza-se como *lei especial*. Nada há de contraditório ou paradoxal nessa constatação.

Conforme acima descrito, as normas gerais são uma fórmula através da qual o Poder Constituinte pretendeu possibilitar ao Legislador Ordinário a capacidade de suprimir *ex ante* os conflitos normativos em matérias nacionais que abranjam competências e interesses repartidos pelos entes federativos (e respectivas Administrações indiretas). Assim devem ser entendidas.

Outra coisa é a classificação da Teoria Geral do Direito quanto à distinção entre as leis gerais e as especiais. Apesar da coincidência da nomenclatura, trata-se de critério hermenêutico de transposição de antinomias dirigido à amplitude da matéria legislada, o qual envolve um conceito relacional: a consideração de uma lei em relação à outra. Como leciona José de Oliveira Ascenção: "Uma regra é especial em relação a outra quando, sem contrariar substancialmente o princípio nela contido, a adapta a circunstâncias particulares."[9]

Aprofundemos um pouco o conceito e a ideia à qual ele remete: o critério hermenêutico que governa o relacionamento entre as normas sucessivas no tempo. "O cânone da totalidade — doutrina Emilio Betti — impõe uma perene referência das partes ao todo e por essa razão também uma referência das normas singulares ao seu complexo orgânico: portanto, impõe uma atuação unitária das avaliações legislativas e uma decisão uniforme de todos aqueles conflitos de interesses que, medidos segundo essas avaliações, mostram possuir, por assim dizer, uma idêntica localização.

---

[9] *O direito*: introdução e teoria geral. 4. ed. Lisboa: Verbo, 1987. p. 486.

A aplicação do cânone em comento nada mais é do que as velhas regras escolares sobre conflito entre normas contraditórias com a prevalência da *lex posterior* sobre a *lex anterior* ou da *lex specialis* sobre a *lex generalis*: 'lex posterior derogat legi priori', com a reserva de que 'lex posterior generalis non derogat legi priori speciali'."[10]

É nítido que a *mens legis* da Lei nº 11.079 diz respeito à configuração de um novo e especial instituto jurídico (as parcerias público-privadas, sua licitação e contratação), pois ordena num só diploma normativo um específico conjunto de preceitos jurídicos que apenas a esse instituto são singulares. Com isso a Lei instalou uma dissociação específica entre as parcerias público-privadas e as demais licitações e contratações administrativas (incluindo-se aí as concessões e permissões). Apesar das semelhanças que podem ser apontadas (tanto no plano licitatório como naquele contratual), fato é que foi criado um novo regime jurídico, mediante a positivação de um conjunto de preceitos normativos específicos, visando a um fim diverso daqueles já positivados em outras normas (ou conjunto de normas). Isso tanto no cenário das licitações como naquele das contratações administrativas.

Aplica-se à leitura da Lei das PPPs a previsão do art. 2º, §§1º e 2º, da Lei de Introdução ao Código Civil (Decreto Lei nº 4.657/1942). A Lei nº 11.079 *revoga* as disposições das leis anteriores quando expressamente o declare ou quando seja com elas incompatível ao tratar do mesmo tema. Além disso, as "disposições gerais ou especiais a par das já existentes" não revogam nem modificam as leis anteriores. Trata-se daquilo que Wilson de Souza Campos Batalha qualifica de *princípio da coexistência harmônica das leis*: "Evidentemente, a norma geral não envolve a supressão de norma estabelecida para determinada espécie e *vice-versa*; salvo, é claro, quando a revogação for expressa, ou quando houver patente contradição entre uma e outra de maneira a inferir-se a impossibilidade de coexistirem ambas."[11]

Assim, e quando menos, a Lei nº 11.079 é *especial* em relação à Lei nº 8.666/1993 (Lei de Licitações e Contratos Administrativos); Lei nº 8.987/1995 (Lei de Concessão e Permissão de Serviços Públicos); Lei nº 9.074/1995 (Outorga e Prorrogações de Concessão e Permissão de Serviços Públicos); Lei nº 9.307/1996 (Lei da Arbitragem) e Lei nº

---

[10] *Interpretazione della legge e degli atti giuridici*. 2. ed. Milano: Giuffrè, 1971. p. 119.
[11] *Lei de introdução ao Código Civil*. São Paulo: Max Limonad, 1957. v. I, p. 122.

10.735/2003 (Programa de Incentivo à Implementação de Projetos de Interesse Social – PIPS).

Porém, a Lei nº 11.079 *não se configura* como norma especial em relação a outros diplomas — sobremaneira no que diz respeito à Lei Complementar 101/2000. Não traz (nem o poderia) novas disposições que contrariem ou especifiquem a Lei de Responsabilidade Fiscal. Em sendo normas com diferentes campos normativos de incidência, os preceitos que se reportam à Lei Complementar nº 101/2000 apenas dizem respeito aos limites de aplicabilidade da própria Lei nº 11.079. Trata-se de condicionantes normativas externas reconhecidas, incorporadas e explicitadas pelo diploma das PPPs, a fim de evitar desdobramentos negativos quando de sua aplicação.

3 A estrutura administrativa do Estado e a incidência da Lei nº 11.079/2004

O *caput* do art. 1º e seu parágrafo único reportam-se ao campo orgânico-estrutural de incidência da Lei nº 11.079, em toda a grandeza dos três Poderes vinculados a cada uma das pessoas políticas públicas. O parágrafo único minudencia a disposição principal da cabeça do artigo e deixa claro que o diploma normativo aplica-se a todos e a cada um dos órgãos da Administração direta, como também aos "fundos especiais, às autarquias, às fundações públicas, às empresas públicas, às sociedades de economia mista e às demais entidades controladas direta ou indiretamente pela União, Estados, Distrito Federal e Municípios".

A Lei nº 11.079 outorga competência para que todas essas pessoas (de Direito Público e de Direito Privado) promovam a sua aplicação, através da licitação e da contratação de parcerias público-privadas. "Competência *não se presume*; entretanto, uma vez assegurada, entende-se conferida com a amplitude necessária para o exercício do poder ou desempenho da função a que se refere a lei."[12] Todas as pessoas e órgãos aos quais se refere o parágrafo único do art. 1º podem (devem) exercitar as competências gerais que lhes são atribuídas por esta Lei. Cabe ao legislador vinculado a cada uma das esferas políticas estabelecer as normas especiais que permitirão a instalação de parcerias público-privadas (as empresas

---

[12] MAXIMILIANO, Carlos. *Hermenêutica e aplicação do direito*. 9. ed. Rio de Janeiro: Forense, 1984. p. 285.

públicas e as sociedades de economia mista exigem abordagem específica, nos termos do art. 173, §1º e inc. III, da Constituição — que será feita abaixo). Não será válida a promoção de licitações e contratações envolvendo as parecerias público-privadas definidas na Lei nº 11.079 sem a preexistência da lei estadual, distrital ou municipal que defina as respectivas normas específicas. Caso não sejam editadas as regras que permitam dar aplicação prática às normas gerais da Lei nº 11.079, a respectiva pessoa política não poderá celebrar as parcerias público-privadas nos termos da Lei nacional. Nesse passo, note-se que o legislador foi mais claro do que aquele da Lei nº 8.666 — vez que a Lei nº 11.079/2004 contém um capítulo essencial à existência das PPPs que se aplica com exclusividade à União (os arts. 14 a 22, dentre outros, não incidem, de forma alguma, aos Estados, Distrito Federal e Municípios).

A legislação brasileira — em especial os arts. 37, incs. XIX e XX, e 173, §1º, da Constituição e o Decreto-Lei nº 200/1967 — acerca da estrutura administrativa do Estado estabeleceu a distinção entre Administração direta (ou central) e Administração indireta (ou descentralizada). Tal divisão deve-se especialmente à natural impossibilidade de atingimento dos fins de interesse público através de uma gigantesca estrutura monolítica. As atribuições da Administração são tamanhas e tão diversas entre si que a *desconcentração* e a *descentralização* são atitudes necessárias para o bom funcionamento da máquina administrativa.

Em Direito Administrativo, desconcentrar importa a construção de uma hierarquia interna à Administração Pública e uma gama decrescente de atribuições, deveres e responsabilidades. No Direito brasileiro, em nível federal o ápice dessa estrutura é ocupado pela Presidência da República (Constituição da República, art. 76 ss.). A mesma concepção é reproduzida frente às administrações estaduais e municipais, cujos cargos máximos são os de Governador de Estado e Prefeito Municipal (Constituição, arts. 28 e 29).

Já a descentralização implica a criação de pessoas jurídicas distintas do Estado-Administração e a transferência para elas de certas atribuições específicas. Determinado feixe de encargos públicos é retirado da estrutura administrativa interna do Estado e conferido a uma entidade diversa, criada especificamente para deles curar. Tais pessoas não podem ser titulares de atribuições estranhas ou inéditas à Administração central, pois detêm justamente uma parcela do dever-poder outrora atribuído à "entidade-mãe", nem tampouco podem ir além da gama de competências que seu ato criador delimita.

A Administração indireta brasileira resultante da descentralização é formada por pessoas jurídicas externas ao Poder Executivo central: as autarquias, fundações, empresas públicas e sociedades de economia mista (Constituição da República, art. 37, inc. XIX). São entidades submetidas ao regime jurídico de direito público (autarquias e fundações de direito público) ou de direito privado (fundações de direito privado, sociedades de economia mista e empresas públicas), autônomas à Administração direta, criadas pelo Estado para o cumprimento de específicas atribuições de interesse público.[13]

3.1 Os fundos especiais e as PPPs

Já os fundos especiais previstos no parágrafo único do art. 1º da Lei nº 11.079 são alocações financeiras às quais se confere uma unidade funcional, eis que destinadas por lei à promoção e ao custeio de atividades específicas. Constituem uma universalidade de receitas vinculada a uma despesa predefinida. De usual não têm personalidade jurídica e são administrados por um órgão ou entidade administrativa (ou mesmo um órgão coletivo) com o objetivo do atingimento de certas finalidades previstas em seu ato constitutivo. As receitas podem ter origem pública ou mesmo privada (através de doações nacionais ou estrangeiras).

"Em princípio — nos comentários de Marçal Justen Filho — a expressão indica certas rubricas orçamentárias ou mera destinação de verbas. O 'fundo' não se constitui em sujeito de direito autônomo. Trata-se de um conjunto de bens e recursos, de titularidade de um certo sujeito. Portanto, o fundo é objeto de direito, não sujeito. Eventualmente, poderá atribuir-se personalidade jurídica autônoma a um fundo."[14]

O art. 71 da Lei nº 4.320/1964 (Normas Gerais de Direito Financeiro para Elaboração e Controle dos Orçamentos e Balanços da União, dos Estados, dos Municípios e do Distrito Federal) define fundos especiais como "o produto de receitas especificadas que por lei se vinculam à realização de determinados objetivos ou serviços,

---

[13] Nos termos e para os fins da Lei de Processo Administrativo federal (nº 9.784/1999), o *nomen juris* "entidade" significa "a unidade de atuação dotada de personalidade jurídica" (art. 1º, §2º, incs. I e II).

[14] *Comentários...*, cit., p. 30.

facultada a adoção de normas peculiares de aplicação." Porém, lembre-se que o inc. IV do art. 167 da Constituição veda "a vinculação de receita de impostos a órgão, fundo ou despesa, ressalvadas a repartição do produto da arrecadação dos impostos a que se referem os arts. 158 e 159, a destinação de recursos para as ações e serviços públicos de saúde, para manutenção e desenvolvimento do ensino e para realização de atividades da administração tributária, como determinado, respectivamente, pelos arts. 198, §2º, 212 e 37, XXII, e a prestação de garantias às operações de crédito por antecipação de receita, previstas no art. 165, §8º, bem como o disposto no §4º deste artigo" (redação dada pela EC nº 42/2033).

Logo, a criação do fundo especial pressupõe a definição de uma ação estatal de grande importância coletiva, que exija a alocação de recursos específicos em médio ou longo prazo. A especificidade dos objetivos a serem atingidos pela Administração não só permite, como exige, a alocação financeira prévia e a certeza da disponibilidade dos recursos. Esse é o escopo do fundo especial: é um instrumento administrativo-financeiro que visa a garantir recursos necessários à implementação de um determinado programa de ação de relevante interesse público.

Nos termos do inc. IX do art. 167 da Constituição é vedada "a instituição de fundos de qualquer natureza, sem prévia autorização legislativa". Em decorrência, o fundo deve ser instituído por lei, na qual devem ser previstos: (*i*) o seu motivo e a sua finalidade; (*ii*) as receitas pertinentes e respectivas fontes (públicas e/ou privadas); (*iii*) a entidade ou o órgão competente para sua administração e para a qual os recursos serão alocados; (*iv*) as normas para aplicação de suas receitas; (*v*) a respectiva prestação de contas.

Caso o fundo não tenha personalidade jurídica e seja só e tão somente um instrumento de administração financeira não poderá, ele mesmo, firmar contratos. A participação num dos polos da relação contratual pressupõe personalidade jurídica da parte. Logo, quem ocupará a posição de contratante (parceiro público, melhor dizendo) será a entidade à qual a lei atribuiu a administração do fundo especial.

3.2 As autarquias, as fundações (públicas e privadas) e as PPPs

Autarquias são pessoas jurídicas de Direito Público interno, integrantes da Administração indireta, criadas por lei, com o objetivo de desenvolver atividades administrativas típicas e específicas. Atividades típicas porque possuem capacidade para atuar exclusivamente na esfera administrativa: não exercem atividades econômico-empresariais. Específicas porque o rol das suas atribuições vem previsto legislativamente, sua atividade administrativa é restrita ao atingimento dos objetivos fixados nas leis que lhes dão origem. Possuem administração, pessoal, receitas e patrimônio próprios. São entes autônomos, mas não independentes, pois são vinculados à pessoa da Administração direta que lhes deu origem e submetidos ao controle tutelar (exercido pontualmente, nos limites da autorização legal, sem subordinação hierárquica direta). Nessa medida, somente é possível que a autarquia seja vinculada a uma única pessoa jurídica de Direito Público, de quem será uma entidade descentralizada. Criadas por lei, as autarquias são "instituídas" por ato do Poder Executivo, através de regulamento administrativo, usualmente sob a forma de decreto.

As fundações são entidades jurídicas constituídas pela afetação de determinado patrimônio a um fim específico. Não derivam de uma associação de pessoas e capitais, mas da estratificação, personificação e funcionalização de um conjunto de bens, direitos e deveres. Uma fundação pública origina-se da criação legislativa de uma pessoa jurídica da Administração indireta, conferindo destino específico a determinada parcela do patrimônio público. À semelhança das autarquias, as fundações públicas são pessoas jurídicas de Direito Público interno criadas por lei, integrantes da Administração indireta, com o objetivo de desenvolver atividades administrativas típicas e específicas. Rigorosamente, trata-se de uma espécie do gênero "autarquias". Nas exatas palavras de Celso Antônio Bandeira de Mello: "as autarquias se classificam em apenas dois tipos no que concerne a suas estruturas: corporações públicas e fundações públicas ou instituições públicas".[15]

As autarquias e fundações são definidas no art. 37, inc. XIX, da Constituição (com redação dada pela EC nº 19/98) e no Decreto-Lei nº 200/1967. A Lei nº 7.596, de 10.04.87 alterou dispositivos do Decreto-Lei nº 200/67, definindo fundação pública como "a entidade dotada de personalidade jurídica de direito privado, sem fins lucrativos, criada em virtude de autorização legislativa, para o desenvolvimento de atividades que não exijam execução por órgãos

---

[15] *Natureza e regime jurídico das autarquias.* São Paulo: Revista dos Tribunais, 1967. p. 382.

ou entidades de direito público, com autonomia administrativa, patrimônio próprio gerido pelos respectivos órgãos de direção, e funcionamento custeado por recursos da União e de outras fontes". Não há dúvidas de que já há algum tempo o legislador ordinário tem insistido na criação de fundações públicas de Direito Privado. Ademais, o art. 41, inc. V, do Código Civil, estabelece que são pessoas de Direito Público interno as "demais entidades de caráter público criadas por lei" (além da União, Estados, Distrito Federal, Territórios, Municípios e autarquias). O que poderia gerar a seguinte leitura simplista: na medida em que depois da EC nº 19/1988 a fundação é "autorizada" (e não "criada") por lei, não haveria fundações classificáveis como pessoas jurídicas de Direito Público. Ora, a prevalecer esse entendimento, teríamos uma entidade de caráter público, oriunda de uma afetação específica de bens públicos, submetida ao regime constitucional de Direito Público, mas paradoxalmente submetida pela legislação civil ao regime de Direito Privado. O Código Civil há de ser interpretado conforme a Constituição e não vice-versa.

A doutrina tem tentado compatibilizar esses pseudoconflitos normativos. É de se mencionar a construção de Diogo de Figueiredo Moreira Neto, para quem o texto constitucional alberga entidades de Direito Público as quais podem ser classificadas como autarquias fundacionais: "*entidades instituídas por lei, com personalidade jurídica de direito público*, que recebem a denominação 'fundações' pelo fato de assemelharem-se, de algum modo, a fundações de direito privado." Além disso, haveria "entidades paraestatais que revestem a forma de *fundações*, sendo, portanto, *pessoas jurídicas de direito privado*, nas quais, recursos total ou parcialmente públicos são *personificados* e *afetados* a atividades específicas impróprias do Estado, notadamente no campo do ordenamento social, por delegação legal."[16]

Nesse passo, a Lei nº 11.079/2004 foi clara ao consignar que apenas as "fundações públicas" podem promover as parcerias público-privadas. Ao adjetivar as fundações às quais ela se aplica, a Lei limita a sua incidência. O qualificativo restringe, pois acrescenta ao significado genérico do substantivo "fundações" uma determinada característica ("públicas"), diminuindo a extensão do conceito denotado pelo substantivo. Solução diversa existiria caso

---

[16] *Curso de direito administrativo*. 12. ed. Rio de Janeiro: Forense, 2001. p. 248, 256. Aprofundar em Adilson Abreu Dallari, Fundações privadas instituídas pelo Poder Público. *Revista de Informação Legislativa*, Brasília, n. 110, p. 199, abr./jun. 1991.

o legislador houvesse optado pela locução "fundações públicas e privadas" ou apenas "fundações", sem o qualificativo "públicas" (como o fez a EC nº 19/1998), ou ainda caso nada tivesse mencionado acerca das fundações. Por isso mesmo nem se diga que as fundações privadas estariam abrangidas na amplitude da previsão final "demais entidades controladas direta ou indiretamente". Nesse caso o hermeneuta estaria pretendendo inserir algo que a letra da lei excluiu, atribuindo uma vastidão ainda maior para uma expressão por si só genérica.

3.3 As empresas estatais e as PPPs

Num primeiro momento, causa espécie a cogitação acerca de parcerias *público*-privadas que tenham em seu polo ativo as empresas públicas e as sociedades de economia mista — pessoas jurídicas de Direito Privado, submetidas ao regime jurídico próprio das empresas privadas por literal determinação constitucional (art. 173, §1º, inc. II). Mais do que isso: as empresas públicas e as sociedades de economia mista são criadas por lei para a exploração de atividade econômica "quando necessária aos imperativos de segurança nacional ou a relevante interesse coletivo". Existem visando a um objetivo especificado no diploma legal que lhes deu origem. Envolvem a alocação dos recursos públicos (e também privados) tidos como necessários e suficientes à *eficiência* do desempenho de suas tarefas (Constituição, art. 37, *caput*).

Ora, as parcerias público-privadas envolvem uma específica *rationale* econômica: há determinados investimentos públicos necessários (máxime os de infraestrutura) para os quais o Estado não dispõe de verbas (nem em curto nem em médio prazo). Essa escassez de verbas públicas resulta não da absoluta impossibilidade de emissão (com os efeitos do aumento de moeda circulante, da *taxation without representation* etc.) ou da real capacidade de angariação de recursos públicos, mas sim dos altos custos estatais unidos ao dever de obediência à responsabilidade fiscal: "ação planejada e transparente, em que se previnem riscos e corrigem desvios capazes de afetar o equilíbrio das contas públicas" (Lei nº 101/2000, art. 1º, §1º — a Lei de Responsabilidade Fiscal).[17]

---

[17] Para uma visão mais ampla e abrangente a respeito da Lei de Responsabilidade Fiscal e as PPPs, indispensável é a consulta ao ensaio de Vera Monteiro, Legislação de parceria público-privada no

Tudo isso conjugado com a possibilidade de tais obras e serviços serem submetidos a paradigmas da administração privada — com a premissa de que, para configurar uma PPP, a rentabilidade original (endógena e autônoma) desse investimento não seria atrativa para a iniciativa privada. Isto é, caso subordinado ao regime das clássicas concessões de serviços públicos (ou mesmo às privatizações *stricto sensu*), não geraria lucros (porque não há demanda, preços ou quantidades suficientes; porque os preços rentáveis não podem ser praticados devido à baixa capacidade econômica dos usuários etc.). Logo, fez-se necessário um novo diploma normativo — o qual permitisse uma atenuação dos fatores de atratividade negativa que tais investimentos geravam. Para isso, instituiu-se o Estado como um parceiro que não fará o desembolso imediato de verbas nem realizará aportes de recursos administrativos (pessoal, bens etc.), mas participará da composição parcial da rentabilidade dos investimentos privados — submetendo os parceiros privados a fronteiras de eficiência e também ao atingimento do interesse público posto em jogo.

Já nessa muito estreita síntese da razão de ser das parcerias público-privadas, surge a questão: por que criar pessoas de direito privado com vultosas verbas públicas, direcionadas à realização de específica atividade econômica sob a racionalidade administrativa privada (às vezes sob regime concorrencial), para depois permitir que tais entidades valham-se de parceiros privados para implementar as soluções que em lei lhes foram atribuídas como dever?

O enfrentamento do dilema exige um aprofundamento quanto à natureza jurídica das empresas estatais, bem como no que diz respeito aos efeitos que nelas produziu a Lei de Responsabilidade Fiscal.

Empresas públicas e sociedades de economia mista são pessoas jurídicas de Direito Privado integrantes da Administração indireta, criadas em decorrência de autorização legal, destinadas à prestação de serviço público ou ao exercício de atividade econômica em sentido estrito. A partir da EC nº 19/1998, as empresas públicas e sociedades de economia mista dependem de mera "autorização" legislativa e são criadas através de ato do Poder Executivo (art. 37, XIX). A autorização deverá sempre contemplar uma precisa entidade, com atributos e fins próprios. Não é possível ao Legislativo

---

Brasil – aspectos fiscais desse novo modelo de contratação. *In*: SUNDFELD, Carlos Ari (Coord.). *Parcerias público-privadas*, p. 80-113.

facultar a criação indiscriminada de sociedades de economia mista e empresas públicas (nem de suas subsidiárias, como dispõe o inc. XX do art. 37 da Constituição). O patrimônio das empresas públicas é totalmente público, ao passo que o das sociedades de economia mista é público e privado. Os bens públicos afetados para tais entidades possuem destinação estatutária específica. As empresas públicas não possuem uma única forma societária, usualmente se subsumindo ao conceito de "sociedade unipessoal" — formadas que são por uma única pessoa jurídica de Direito Público. Logo, o poder de controle é detido pela pessoa instituidora.

Já as sociedades de economia mista devem ter a configuração de sociedades anônimas, regidas pela Lei nº 6.404/1976 (art. 235 *et seq.*). Porém, o poder de controle societário é de titularidade da Administração direta. Ainda que eventualmente não detenha maioria na composição do capital social, o exercício do poder de controle deve ser do ente público que deu origem à companhia.[18]

São essas as características básicas das sociedades de economia mista e das empresas públicas — as quais não se prestam a resolver o dilema da submissão delas à Lei das PPP. Ao que tudo indica, a solução para o impasse está justamente na Lei de Responsabilidade Fiscal e na equalização normativa dos gastos governamentais. Isso porque o art. 1º, §2º e §3º, inc. I, "a", torna a Lei nº 101/2000 obrigatória também para "as respectivas administrações diretas", fundos, autarquias, fundações e empresas estatais dependentes". O art. 2º da Lei nº 101/2000 generaliza e amplia o tratamento, envolvendo todos os entes da federação e respectivas empresas controladas e dependentes.

Apesar da variação terminológica (empresas controladas e dependentes), a doutrina reputa que todas as empresas estatais são subordinadas aos preceitos da Lei nº 101/2002. Como leciona Régis Fernandes de Oliveira, "o legislador quis dar a maior amplitude possível, sem praticar qualquer exclusão. Ao contrário, pretendeu ser abrangente. Nem por isso fica de fora qualquer entidade.

---

[18] Escapa aos lindes deste ensaio a questão dos acordos de acionistas que outorguem poder de controle ao sócio privado em empresas públicas. A esse respeito, v. o texto de Carlos Ari Sundfeld (A participação privada nas empresas estatais. *In*: Sundfeld, Carlos Ari (Coord.). *Direito administrativo econômico*. São Paulo: Malheiros, 2000. p. 264 *et seq.*) e os comentários de Luiz Daniel Rodrigues Haj Mussi a acórdão do STJ (Acordo de acionistas na sociedade de economia mista: comentários a acórdão do Superior Tribunal de Justiça. *Revista de Direito Público da Economia – RDPE*, Belo Horizonte, n. 9, p. 239-252, jan./mar. 2005).

Todas aquelas que compõem a Administração Indireta e também a Descentralizada, criadas por lei, ou aquelas que recebem recursos públicos, sem qualquer exceção acham-se atingidas pelo texto."[19] Em decorrência, tanto nas sociedades de economia mista como nas empresas públicas, todo o dinheiro empregado para a execução de obras ou serviços, bem como para as compras, subsume-se ao conceito de despesas previsto no art. 15 *et seq.* da Lei de Responsabilidade Fiscal. A despesa das estatais submete-se ao orçamento, ao equilíbrio e metas fiscais. Logo, é interessante ao Poder Executivo atenuar também as despesas das empresas estatais — fazendo com que os pesados investimentos de infraestrutura não gerem impacto imediato no orçamento.

Esse caminho tortuoso talvez explique a razão de ter sido outorgada às sociedades de economia mista e às empresas públicas a possibilidade da celebração de parcerias público-privadas. As estatais não necessitariam fazer aportes imediatos ou empréstimos, mas recorreriam aos parceiros privados. Assim, num primeiro momento, diminuiriam as despesas. Em contrapartida, depois ficarão obrigadas ao controle da execução do contrato e a prestações pecuniárias diferidas no tempo.

De qualquer forma, se assim for, a PPP será mais um instrumento de administração financeira que, ao fim e ao cabo, pode frustrar a *ratio essendi* das estatais. Originalmente criadas para a implementação de soluções administrativas de interesse público, tais pessoas jurídicas correm o risco de tornarem-se gigantes em sua estrutura administrativa e anãs quanto à execução de seu escopo primário — transformando-se em grandes cartórios pós-modernos.

3.4 A Emenda Constitucional nº 19/98, as licitações envolvendo empresas estatais e as PPPs

Também no que diz respeito às empresas estatais, a Lei nº 11.079 reportar-se expressamente ao texto da Lei nº 8.666. Tal como acima descrito, a incidência das normas de licitação é geral, sendo derrogada apenas em certos dispositivos. O que faz surgir o problema das licitações envolvendo empresas estatais que explorem atividades econômicas.

---

[19] *Responsabilidade fiscal*. São Paulo: Revista dos Tribunais, 2001. p. 24. No mesmo sentido são os comentários de Carlos Valder do Nascimento (*In*: MARTINS, Ives Gandra da Silva; NASCIMENTO, Carlos Valder do (Org.). *Comentários à Lei de Responsabilidade Fiscal*. São Paulo: Saraiva, 2001. p. 108).

Nos termos do art. 173, §1º, inc. III, da Constituição, as licitações e contratos das empresas públicas e sociedades de economia mista que explorem atividade econômica submeter-se-ão a legislação específica. Já as entidades prestadoras de serviços públicos devem obediência irrestrita à Lei nº 8.666 (Constituição, art. 37, inc. XXI, c/c Lei nº 8.666/1993, arts. 1º, parágrafo único, e 119). Apesar de a nova redação do inc. XXVII do art. 22 da Constituição (derivada da EC nº 19/1998) prever dois estratos legislativos para as licitações e contratações públicas — um geral, referente à Administração direta e indireta; outro especial, "para as empresas públicas e sociedades de economia mista, nos termos do art. 173, §1º, III" —, a previsão especial não terá incidência em face das entidades que não "explorem atividade econômica da produção ou comercialização de bens ou de prestação de serviços" (art. 173, §1º). Ou seja, a futura "lei particular" não será aplicada às prestadoras de serviços públicos.

Na apurada síntese de Marçal Justen Filho: "as entidades da Administração indireta permanecerão sujeitas ao regime da Lei nº 8.666 até a edição de novas regras. No futuro, haverá dois regimes básicos, um destinado à Administração direta, autárquica e indireta prestadora de serviços públicos (aí incluída a atuação de suporte à Administração) e outro para as entidades privadas exercentes de atividade econômica. O regime especial para essas últimas não consistirá na liberação pura e simples para realização de contrações, sem observância de limites ou procedimentos determinados".[20]

Apurando um pouco o estudo, é de se frisar que há várias decisões do TCU diferenciando as "atividades-meio" das "atividades-fim" das entidades públicas exploradoras de atividade econômica — exigindo a licitação apenas para aquela primeira categoria. Isso porque as atividades-fim seriam "objeto de contratos tipicamente comerciais sujeitos às leis do mercado, pois formalizam a execução do objeto social da empresa. Tais transações não se confundem com as demais, ligadas ao funcionamento das atividades-meio das organizações tais como compra de imobilizado ou de material de almoxarifado, para as quais se deve respeitar o princípio constitucional da prévia licitação".[21]

De qualquer forma, a nova redação dada pela EC nº 19/1998 ao art. 22, inc. XXVII, c/c art. 173, §1º, vem gerando controvérsias

---

[20] *Comentários...*, cit., p. 17. Aprofundar em Celso Antônio Bandeira de Mello (*Curso de direito administrativo*. 19. ed. São Paulo: Malheiros, 2005. p. 196 *et seq*).

[21] TCU – Pleno, Processo nº 10.124/95, excerto do relatório do Min. Iram Saraiva, *RDA*, Rio de Janeiro, 213/308, jul./set. 1998.

— inclusive quanto à aplicabilidade da Lei nº 8.666/1993 às empresas estatais. Como leciona Cintra do Amaral, "a lei a que se refere o §1º do art. 173 da Constituição deverá estabelecer o estatuto jurídico das empresas estatais que exercem *atividade econômica*. Mas a interpretação sistemática da constituição leva ao entendimento de que, *por força do disposto no inciso XXVII do art.* 22, o inciso III desse parágrafo abrange também as empresas estatais que prestam *serviço público*, assim como aquelas que exercem atividade de *suporte à Administração Pública* (empresas de planejamento, desenvolvimento, processamento de dados, urbanismo, pesquisa, etc.)." Logo, para o autor, a ausência desse diploma normativo exigido pelo texto constitucional desde 1998 "deixa uma dúvida no mínimo inquietante: a Lei nº 8.666/93 continua juridicamente aplicável às empresas estatais (sociedades de economia mista e empresas públicas)? Pessoalmente entendo que não."[22]

Problema que permanece frente às licitações que envolvam parcerias público-privada. A toda evidência, a Lei nº 11.079 não é aquela lei à qual se refere o texto constitucional. Logo, as incertezas permanecem.

3.5 As "demais entidades" e as PPPs

Como fecho do parágrafo único do art. 1º, a Lei nº 11.079 vale-se da expressão aberta "demais entidades controladas direta ou indiretamente pela União, Estados, Distrito Federal e Municípios" — o que remete à categoria doutrinária das "entidades atípicas": aquele conjunto de pessoas jurídicas que contam com participação societária estatal, porém não foram criadas por lei nem tampouco derivam de qualquer autorização legislativa. Nesse conceito encaixam-se aquelas denominadas por Celso Antônio Bandeira de Mello de "empresas estatais clandestinas", vez que surgiram "sem autorização legislativa de qualquer espécie".[23]

Também são atípicas as pessoas jurídicas cujo poder de controle o Estado assume devido à liquidação de débitos públicos (penhora de quotas ou ações, falência etc.), sendo incorporadas de forma coativa ao patrimônio público.

Isso significa a firme intenção da lei de ter uma ampla incidência, a todas as pessoas jurídicas submetidas ao poder de controle

---

[22] *Comentando as licitações públicas*. Rio de Janeiro: Temas & Idéias, 2002. p. 16.

[23] *Curso...*, cit., p. 62-63.

pelos mais diversos instrumentos societários, desde a detenção da maioria do capital social (inclusive nas subsidiárias) até a ação *golden share*, passando pelos acordos de acionistas. O que gera uma especial atenção quanto à perenidade desses instrumentos de controle. Ora, as parcerias público-privadas não podem durar menos do que cinco anos (art. 2º, §4º, inc. II).[24] Nessa medida, é requisito para a sua implementação nas "demais entidades" que os instrumentos de controle societário prevejam expressamente um prazo mínimo de vigência superior a tal lapso. Por exemplo, não será possível a condução de uma PPP caso a entidade promotora seja controlada pelo Estado através de um acordo de acionistas com prazo indeterminado ou com prazo cujo termo final encerrar-se-á antes do quinto ano da celebração do contrato de parceria público-privada.

Constatação que envolve outros desdobramentos, no que diz respeito às privatizações e à cessão da posição contratual pública nas PPPs. Na medida em que a configuração do polo ativo exige uma complexidade de elementos (inclusive no que tange às parcelas de riscos assumidas pelos parceiros), parece impossível a cessão do contrato para terceiros, pois haveria um sério desnaturamento da contratação. Isso significa que a celebração das parcerias público-privadas implicará restrição à privatização das empresas que figurarem em seu polo ativo — a não ser que permanecesse intacto não só o contrato, mas também o controle societário público no que diz respeito à PPP (quem sabe através de uma *golden share* — mas só esta seria uma garantia muito pequena). O que autoriza a cogitação, numa hipótese remota, da necessidade da rescisão contratual, acompanhada da plena e prévia indenização do parceiro privado (lucros cessantes e danos emergentes) como pressuposto à futura privatização.

4 Considerações finais

No caso brasileiro as PPPs configuram mais um dos resultados da simbiose entre três fenômenos contemporâneos: a crise fiscal (a ausência de recursos públicos para investimentos essenciais) combinada com um cenário cogente de responsabilidade fiscal (a impossibilidade de gastos sem controle) e com a retirada do Estado

---

[24] Não será adentrado no tema quanto à natureza da norma que define o prazo mínimo do período de prestação de serviço — apenas semeia-se a dúvida.

do cenário econômico (incluindo-se aí também a prestação direta dos serviços públicos). Tem-se que a ideia de parcerias público-privadas não autoriza a consideração autônoma de cada uma dessas premissas, mas exige a compreensão unívoca desses três fenômenos complexos.

Por outro lado, o núcleo duro das PPPs tampouco reside apenas na expertise privada para o desenvolvimento de atividades econômicas. Isso poderia ser resolvido com a instalação de empresas estatais eficientes (o exemplo da Petrobras é flagrante). A racionalidade das PPPs está na real impossibilidade da realização de todos os investimentos públicos necessários ao desenvolvimento nacional.

Na medida em que não mais é possível o aporte primário de recursos significativos por parte do Estado (nem mesmo em setores essenciais a relevantes interesses coletivos), é necessária a captação de recursos privados para tais investimentos. Melhor dizendo, é necessário que sejam instalados os incentivos econômicos adequados à captação de investimentos privados em tais setores.

As PPPs existem em setores econômicos os quais não geram um interesse primário e autônomo para os agentes privados. Em contrapartida, são setores que exigem firmes investimentos em razão do interesse público.

Ora, num sistema capitalista os agentes econômicos administram os seus recursos segundo decisões individuais e autônomas. Realizam as suas escolhas econômicas primárias de acordo com a respectiva disponibilidade de recursos e perspectiva de rentabilidade. Na justa medida em que uma determinada escolha econômica implica o descarte de todas as outras, cabe àquele que pretende captar os investimentos de terceiros fornecer os respectivos e proporcionais incentivos. Todas as decisões empresariais envolvem essa ordem de consideração: os investimentos sempre levam em conta os benefícios que motivam a decisão a ser implementada.

Mas quais são os dados que compõem esses benefícios? Ainda que num rápido esboço, deve-se levar em conta a confiabilidade das informações, a rentabilidade do investimento e a estabilidade das projeções no tempo. Cenários que porventura conjuguem assimetria de informações, incerteza quanto às rendas que podem ser geradas e a certeza da instabilidade *ex post* não autorizam quaisquer investimentos. Quando muito, apenas os de alto risco (os quais são tipicamente voláteis).

Por isso que qualquer investimento privado pressupõe um mínimo de segurança e previsibilidade. O capital segue na direção de uma estimada margem de lucro, dentro de determinadas expectativas econômicas. O que, para se configurar, exige solidez quanto às regras do jogo. Constatação que se acentua nos investimentos em setores de infraestrutura (rodovias, ferrovias, energia etc.), os quais envolvem uma longa maturação para a rentabilidade.

Assim, se para o empresário privado as PPPs significam a ampliação do seu universo de investimentos, mediante a inserção em setores dantes inviáveis (novos mercados, construídos "a golpes de regulação", para utilizarmos a preciosa expressão cunhada por Maria Manuel Leitão Marques, João Paulo Simões de Almeida e André Matos Forte),[25] para o Estado essas parcerias representam a solução para problemas de escassez de recursos públicos (e, subsidiariamente, de administração de negócios públicos).

Essas peculiaridades exigem não só uma nova concepção do relacionamento entre Poder Público, investidores privados e usuários, mas também da relação interna ao contrato. Tal como as demais concessões de serviços públicos, as PPPs devem ser orientadas por um comprometimento fiel entre o Poder Concedente (parceiro público) e o concessionário (parceiro privado), na qual este presta um serviço no interesse coletivo, mas com o fim legítimo de obter lucro proporcional às peculiaridades do investimento.

Em suma, e tal como Eduardo Paz Ferreira e Marta Rebelo escreveram a propósito das PPPs em Portugal, essas inovações "se inserem num pano de fundo que é o da progressiva transformação das relações entre o Estado e os privados no domínio da actuação económica, consubstanciando mais uma forma de colaboração entre os dois universos para a prossecução de fins de interesse geral."[26]

Logo, as parcerias público-privadas têm como ideia central a *colaboração* entre o ente público e as pessoas privadas — que assim deve ser compreendida desde o início pelos partícipes e pelos usuários. Cada contrato de PPP representa a caracterização concreta de uma parceria específica, assim definida desde o seu ato inaugural, que visa a adequar reciprocamente o interesse público e o interesse

---

[25] Regulação sectorial e concorrência. *Revista de Direito Público da Economia – RDPE*, Belo Horizonte, n. 9, p. 187, 190, jan./mar. 2005.

[26] O novo regime jurídico das parcerias público-privadas em Portugal. *Revista de Direito Público da Economia – RDPE*, Belo Horizonte, n. 4, p. 63, 64, out./dez. 2003.

do empresário privado. Essa compreensão de uma racionalidade cooperativa é algo de novo, que necessita ser consolidado no Direito brasileiro.[27] Por isso que se fez necessária a promulgação da Lei nº 11.079/2004 e por isso que é tão necessário o seu estudo e a apresentação de pontos de discussão.

Curitiba, dezembro de 2005.

---

[27] A respeito da "lógica da cooperação" em contrapartida à "lógica da substituição" e "lógica da subsidiariedade", v. o nosso A experiência das licitações para obras de infra-estrutura e a nova Lei de Parcerias Público-Privadas. *In*: SUNDFELD, Carlos Ari (Coord.). *Parcerias público-privadas*, cit., p. 115-118.

RISCOS, INCERTEZAS E CONCESSÕES DE SERVIÇO PÚBLICO[*]

Egon Bockmann Moreira

Sumário: 1 Introdução – 2 Desempenho da concessão "por conta" do concessionário – 3 Desempenho da concessão, riscos e incertezas – 4 A releitura da expressão "por sua conta e risco" – 5 Considerações finais

1 Introdução

A expressão legal "por sua conta e risco", outrora tão celebrada em sede de concessão de serviços públicos brasileiros (Lei nº 8.987/1995, art. 2º, incs. II, III e IV), tem sofrido alguns reveses interpretativos.[1] No sentido tradicional, ela retrata a conjugação do dever de investimento com a repartição entre a *álea ordinária* e a *álea extraordinária* do contrato de concessão de serviço público, referindo-se ao equilíbrio econômico-financeiro e sua imunidade

---

[*] Este texto é parte de um projeto mais amplo que o autor desenvolve a propósito das concessões comuns de serviço público. Agradeço a leitura, críticas e sugestões bibliográficas da Dra. Andreia Cristina Bagatin. Os erros e omissões porventura persistentes são de responsabilidade exclusiva do autor.

[1] Ao que tenho notícia, a primeira crítica foi a de M. Justen Filho (As diversas configurações da concessão de serviço público. *Revista de Direito Público da Economia – RDPE*, ano 1, n. 1, p. 95-136, jan./mar. 2003; *Teoria geral das concessões de serviço público*. São Paulo: Dialética, 2003. p. 76-95, 382-422). A investigação foi expandida nos estudos de M. A. Perez (*O risco no contrato de concessão de serviço público*. Belo Horizonte: Fórum, 2006. p. 101-184); L. F. X. Borges e C. das Neves (Parceria público-privada: riscos e mitigação de riscos em operações estruturadas de infra-estrutura. *Revista do BNDES*, Rio de Janeiro, n. 23, p. 73-118, jun. 2005. Disponível em: <http://www.bndes.gov.br/conhecimento/revista/rev2305.pdf>. Acesso em: 20 ago. 2007); M. B. Pinto (Repartição de riscos nas parcerias público-privadas. *Revista do BNDES*, Rio de Janeiro, v. 13, n. 25, p. 155-182, jun. 2006. Disponível em: <http://www.bndes.gov.br/conhecimento/revista/rev2506.pdf>. Acesso em: 20 ago. 2007); e M. P. Ribeiro e L. N. Prado (*Comentários à Lei de PPP*. São Paulo: Malheiros, 2007. p. 48-50, 103-125). A doutrina estrangeira aponta expressões semelhantes, porém nem sempre equivalentes à brasileira (p. ex., *"riesgo y ventura"*; *"rischio e pericolo"*; *"risque et péril"* e *"free & clear of all incumbance"*). A respeito do tema no Direito europeu (sobretudo espanhol), v. VILLAR PALASÍ, J. L.; VILLAR EZCURRA, J. J. El principio de riesgo y ventura. *In*: GÓMEZ-FERRER MORANT, R. (Dir.). *Comentario a la ley de contratos de las administraciones públicas*. 2. ed. Madrid: Civitas, 2004. p. 525-559.

quanto às alterações extraordinárias clássicas (fato do príncipe, força maior etc.). Em contrapartida, e na medida em que ao empresário é atribuída a gestão do negócio, ele leva consigo as variações usuais de qualquer empreendimento (inadimplemento do usuário, incrementos dos custos etc.).

Essa é a compreensão — lógica e juridicamente consistente — que levou a algumas interpretações restritivas frente aos desafios contemporâneos e gerou as correspondentes críticas, mormente no que diz respeito à repartição dos riscos e incertezas do empreendimento. Tais divergências permitem o esboço de uma nova compreensão do texto legal.

Em primeiro lugar, este pequeno ensaio examinará o que se pode entender pela primeira parte da expressão ("por conta"), para depois enfrentar a atribuição do "risco" ao concessionário. Então, tratará dos riscos e incertezas da sociedade contemporânea, pretendendo diferenciá-los em sede de concessão de serviços públicos (com as respectivas consequências no que diz respeito às ideias de álea ordinária e extraordinária). Ao final, serão propostas três perspectivas para a aplicação da locução "por sua conta e risco": a consideração da carga concorrencial do setor em que é desenvolvido o serviço; a necessária precisão dos dados iniciais do contrato; a investigação acerca da especificidade dos riscos e incertezas peculiares a cada um dos contratantes nas concessões de serviços públicos. Com essas ponderações pretende-se uma leitura contemporânea da expressão legal.

2 Desempenho da concessão "por conta" do concessionário

A primeira parte da locução não tem o condão de gerar controvérsias. Como em qualquer empreendimento sério, o interessado há de avaliar com precisão qual é o volume de receita que torne possível arcar com o planejamento, a execução do projeto e seus custos — estes compreendidos desde a sua avaliação física e jurídica até a execução propriamente dita e respectiva margem de desvio nas projeções.[2]

Quando a lei dita que o concessionário deve demonstrar a capacidade de desempenho do serviço público *por sua conta*, faz uma derivação em sentido figurado da palavra "conta" — a fim de

---

[2] Cf. C. BUARQUE. *Avaliação econômica de projetos*. 23. tiragem. Rio de Janeiro: Elsevier, 1984. *passim*.

significar o processo que abrange a obrigação contratual de projetar e realizar o investimento (capital, tecnologia e recursos humanos), conjugado como o dever de prestar o serviço adequado e responder por suas próprias ações. Para utilizar uma palavra intraduzível, trata-se de *accountability*: a legítima capacidade de agir e a transparência de seus processos, conjugados com a responsabilização do agente.[3]

Com lastro no projeto básico e nos dados econômico-financeiros divulgados pelo poder concedente, além daqueles de acesso público conjugados com a sua *expertise*, o interessado desenvolve as projeções empresariais e se candidata a provar que pode tornar-se responsável pela prestação daquele serviço. Caso na licitação ele demonstre que detém tais atributos (técnicos e econômico-financeiros) e faça a melhor oferta (Lei nº 8.987/1995, artigo 15 e incisos), será sagrado vencedor. Deverá implementar e desempenhar *por sua própria conta* a gestão do serviço posta ao seu encargo.

3 Desempenho da concessão, riscos e incertezas

Já a atribuição do *risco* do negócio ao concessionário exige uma reflexão mais apurada. Considerações à parte da natural amplitude da ideia,[4] fato é que a evolução tecnológica conferiu uma certa

---

[3] O termo *accountability* foi (mal) traduzido para o português como "responsabilização" — palavra que induz a apenas um dos ângulos da questão (L. C. Bresser-Pereira vale-se dela no seu *Reforma do Estado para a cidadania*: a reforma gerencial brasileira na perspectiva internacional. São Paulo: ENAP: 34, 1998. *passim*). *Accountability* significa muito mais do que "ficar sujeito às conseqüências de condutas próprias ou alheias", pois se projeta em outras dimensões (cronológicas e substanciais). Como O. P. Dwivedi e J. G. Jabbra frisam, a perspectiva do termo *accountability*, no contexto de políticas e administração públicas, exige a inclusão de ao menos cinco elementos: organizacional ou administrativo, legal, profissional, político e moral. "Within this context a broadly conceived definition can be constructed: public service accountability involves the methods by which a public agency or a public official fulfills its duties and obligations, and the process by which that agency or the public official is required to account for such actions" (Public service responsibility and accountability. *In*: DWIVEDI O. P.; JABBRA, J. G. (Ed.). *Public service accountability*: a comparative perspective. Connecticut: Kumarian Press, 1988. p. 5).

[4] O tema "risco" não é nem um pouco pacífico. Suas pesquisas dão-se tanto nas relações do Direito com a Economia (por todos: CALABRESI, G. *The cost of accidents*: a legal and economical analysis. New Haven: Yale University Press, 1970. *passim*) como nas Ciências Sociais (por todos: BECK, U. *La sociedad del riesgo*: hacia una nueva modernidad. Trad. J. Navarro Perez, D. Juménez e M. R. Borrás. Barcelona: Paidos, 2006. *passim*; LUHMANN, N. *Risk*: a sociological theory. 3. reimpressão. Trad. de R. Barret. New Brunswick: Aldine Transaction, 2007. *passim*; GIORGI, R. de. *Direito, democracia e risco*: vínculos com o futuro. Porto Alegre: Sergio Fabris, 1998. *passim*) e na economia pura e de finanças (por todos: KNIGHT, F. *Risk, Uncertainly, and Profit*. Nova Iorque: Dover, 2006. *passim*; KEYNES, J. M. *A Treatise on Probability*. Reimpressão. Mineola: Dover Phoenix, 2004. *passim*; BERNSTEIN, P. L. *Desafios aos deuses*: a fascinante história do risco. Trad. I. Korytowski. Rio de Janeiro: Campus, 1997. *passim*; e MANDELBROT, B.; HUDSON, R. L. *The (mis)behavior of markets*: a fractal view of risk, ruin & reward. Nova Iorque: Basic Books, 2004 — este sobretudo nas p. 3-24, 79-87, 271-274). Para o Direito, merece especial atenção o "risco" *vs.* o "perigo" e a "segurança" na Administração Pública (ESTEVE PARDO, J. De la policía administrativa a la gestión de riesgos. *REDA*, Madrid, Civitas, n. 119, p. 323-346, jul./sept. 2003), no meio ambiente, máxime o "princípio

sofisticação a este termo usado pela Lei nº 8.987/1995. Como defendido na tese central de U. Beck, houve uma mutação na *natureza dos riscos* que o homem contemporâneo enfrenta: o progresso social e científico-tecnológico trouxe consigo várias situações de risco (riscos produzidos), que não existiam em épocas anteriores (quando havia basicamente riscos naturais) e que não mais experimentam os mesmos limites de outrora (espaciais, temporais ou sociais). Por óbvio, da constatação não estão excluídas as concessões de serviços públicos, pois estas conjugam uma expectativa no mínimo quaternária: jurídica, econômica, social e tecnológica. Há riscos e incertezas em todos esses ângulos do contrato.

Em termos chãos, para a economia, *risco* é a possibilidade de o investidor ganhar ou perder dinheiro: a análise do custo-benefício do empreendimento e de sua previsibilidade (os resultados podem ser ou não aqueles desejados). Como os dados presentes definem as escolhas futuras, sem a assunção de riscos e a implementação fática de decisões ousadas, não há atividade econômica capitalista. A contrapartida do lucro configura o incentivo para a organização produtiva dos recursos disponíveis.

Conquanto não exista a certeza no mundo dos investimentos, quanto maior o risco, maior a rentabilidade (o lucro dividido pelo valor investido). "No estudo de projetos, a certeza é uma situação que nunca é alcançada. A partir de um certo ponto, aprofundar qualquer estudo exige um custo muito elevado."[5] Logo, o que há em todos os projetos de investimento são *níveis de risco*, maiores ou menores, cuja prospecção pode ser mais barata, mais cara ou muitíssimo mais cara (haverá um momento em que o elevado custo impedirá a investigação mais apurada, gerando a aplicação de variantes conservadoras). E não há garantia alguma quanto a decisões isentas de risco para o futuro — o crescimento da bolha cultural-tecnológica apenas amplia a superfície do risco.[6]

---

da precaução" (V. PEREIRA DA SILVA. *Verde cor de direito*: lições de direito do ambiente. Coimbra: Almedina, 2002. p. 65-75; SUNSTEIN, C. R. *Laws of Fear*: Beyond the Precautionary Principle. Cambridge: Cambridge Univ. Press, 2005. *passim*); na regulação (FRADE, C.; MARQUES, M. M. Leitão. Risco e insegurança alimentar: da (in)segurança da escassez à (in) segurança da abundância. *Revista de Direito Público da Economia* – *RDPE*, Belo Horizonte, ano 2, n. 7, p. 73-96, jul./set. 2004) e nos seguros (TIMM, L. B.; ALVES, F. K. Custos de transação no contrato de seguro: proteger o segurado é socialmente desejável?. *Revista de Direito Público da Economia* – *RDPE*, Belo Horizonte, ano 5, n. 19, p. 125-158, jul./set. 2007).

[5] BUARQUE, C. *Avaliação econômica de projetos*. 23. tiragem. Rio de Janeiro: Elsevier, 1984. p. 27.

[6] Como frisou N. LUHMANN: "If there are no guaranteed risk-free decisions, one must abandon the hope that more research and more knowledge will permit a shift from risk to security. Practical experience tends to teach us the opposite: the more we know, the better we know what we do not

Dessa forma, na justa medida em que não há decisões empresariais em regime de certeza absoluta (nem sob o manto de leis probabilísticas), supõe-se que o investidor somente deva aplicar seu dinheiro num projeto quando conseguir esquadrinhar o grau do risco assumido, a fim de desenvolver instrumentos que sejam capazes de mitigar os efeitos daninhos dele (seguros, coberturas contratuais, derivativos etc.) — os quais, além de não terem o condão de extinguir o risco, integrarão os custos do projeto. Ou seja, não há só um preço a ser pago pela previsão analítica dos riscos, mas existe outro, igualmente devido, derivado da sua inserção no empreendimento. Essa compreensão depende da quantidade e da fidelidade das informações disponíveis previamente ao investimento.

As constatações anteriores permitem uma conclusão preliminar: o risco e a sua avaliação não pertencem ao mundo do Direito. Não há nada de jurídico no seu estudo. O risco trata de fatos que podem ou não acontecer: se não se derem (ou se derem em grau — direta ou indiretamente — atenuado), o investimento se realiza em sua plenitude e o investidor aufere os resultados esperados. Se o risco incidir em absoluto, só haverá prejuízo. O que o mundo do Direito detém em relação ao fato risco é a possibilidade de desenvolver instrumentos jurídicos que inibam a sua incidência (p. ex., normas da ABNT para a execução de obras) e/ou possibilitem a administração dos efeitos dele decorrentes (p. ex., seguros), bem como a atribuição subjetiva da gestão daquela parcela do negócio que pode dar margem ao risco e respectiva responsabilização pelo evento (alocação contratual). Estes instrumentos jurídicos serão mais ou menos eficientes a depender do risco que esteja em jogo e da capacidade de sua avaliação. Mas sublinhe-se: as normas jurídicas não têm o condão de inibir a ocorrência do evento risco (e muito menos das incertezas, como será visto adiante).[7]

A despeito de todas as decisões econômicas serem projetadas para o futuro, no caso das concessões de serviço público (sobretudo

---

know, and the more elaborate our risk awareness becomes. The more rationally we calculate and the more complex the calculations become, the more aspects come into view involving uncertainty about the future and thus risk" (*Risk*: a Sociological Theory. 3. reimpressão. Trad. de R. Barret. New Brunswick: Aldine Transaction, 2007. p. 28).

[7] No mesmo sentido, M. P. Ribeiro e L. N. Prado: "O máximo que as normas, que os contratos, podem fazer em relação aos riscos é distribuí-los, atribuí-los. Ou seja, estabelecer quem arcará com as conseqüências deste ou daquele risco, desta ou daquela ocorrência. [...] A verdadeira questão em relação a esse assunto é saber em que medida se justifica economicamente manter o risco com o Poder Público ou com o usuário (que arca com ele, por exemplo, quando o evento resulta em aumento das tarifas) ou, ainda, transferi-lo ao parceiro privado, pois este, certamente, cobrará um preço pela assunção do risco" (*Comentários à Lei de PPP*. São Paulo: Malheiros, 2007. p. 105, nota 28).

as que exigem execução de obra pública), o componente risco se incrementa não só porque o prazo é muito extenso e o aporte de capital é maciço num primeiro momento, mas também devido ao componente ético ínsito à prestação de serviços essenciais. Um projeto de concessão de serviços públicos não apenas convive com os riscos e as incertezas inerentes a empreendimentos com forte carga socioeconômica, mas igualmente produz outros tantos. A decisão de investimentos em projetos públicos de 15, 20 ou 30 anos exige mecanismos superlativos (de inibição e de reparação), que assegurem não só a estabilidade do serviço, mas também a dos rendimentos. Afinal de contas, "é inevitável encarar-se uma relação contratual duradoura como uma fonte de incertezas e riscos, que atingem a onerosidade e até a bilateralidade dos nexos obrigacionais, reclamando das partes supervisão mútua, reajustamentos, reforço de garantias, revisão de expectativas ou índices de realização ou de satisfação, eventualmente até renegociação da base contratual".[8]

Tudo isso num setor que congrega demandas de um grande número de cidadãos (usuários ou não), a maioria dos quais sem excedentes financeiros, mas cujo bem-estar depende de tais serviços. Os serviços concedidos permanecem *públicos*; não são singelas atividades econômicas desenvolvidas ao bel-prazer de investidores. Não se trata de capital cuja aplicação resulte em direitos e deveres disponíveis, livremente pactuados em relações privadas de coordenação. Nem de longe se trata de um mercado similar ao financeiro, em que o aplicador pode utilizar instrumentos de gestão de risco e se conformar com perdas mais severas. Constatações que autorizam um exame mais apurado do que se pode entender por risco nas concessões.

Adentrando num raciocínio com tons econômicos mais fortes, vale o recurso à célebre classificação de F. Knight, que dissocia os "riscos" das "incertezas": estas não são mesuráveis; enquanto que aqueles podem ser estimados e projetados.[9] A prévia determinação

---

[8] F. ARAÚJO. Uma análise econômica dos contratos – Parte I: A abordagem econômica, a responsabilidade e a tutela dos interesses contratuais. *Revista de Direito Público da Economia – RDPE*, Belo Horizonte, ano 5, n. 18, p. 102, abr./jun. 2007.

[9] *Risk, uncertainly, and profit*. Nova Iorque: Dover, 2006, em especial nas p. 19-20 e 197-263. Sobre a função tradicional do conceito de risco na economia, sua determinação e variáveis, v. FRIEDMAN, M.; SAVAGE, J. C. The utility analysis of choices involving risk. *The Journal of Political Economy*, LVI (4), p. 279-304, Aug. 1948; J. E. KRIER. Risk assessment. *In*: NEWMAN, P. (Ed.). *The new Palgrave Dictionary of Economics and the Law*. Nova Iorque: Palgrave Macmillna, 2002. v. 3, p. 347-350, e KARNI, E. Attitudes towards risks. *In*: NEWMAN, P. (Ed.). *The new Palgrave Dictionary of Economics and the Law*. Nova Iorque: Palgrave Macmillna, 2002. v. 1, p. 114-121 – estes dois últimos com extensas referências bibliográficas.

dos riscos permite a sua quantificação econômica (a apreciação dos custos deles oriundos e do preço a ser pago para a sua prevenção e/ou indenização). Não obstante ser incerta a sua ocorrência, os riscos são determináveis e quantificáveis. Fixada esta premissa, volte-se aos contratos de concessão: na medida do possível, os riscos devem ter uma expressão numérica e ser encarados como um item dos custos que compõem a proposta do licitante. A sua nitidez torna-os passíveis de uma melhor avaliação e alocação mais fina. Os riscos *devem ser* conhecidos e estimados: isso é imposto a ambos os contratantes (poder concedente e concessionário), em prol da estabilidade do projeto (e dos usuários). Já as incertezas também exigem cautela, mas não são nem determináveis nem quantificáveis: elas fazem jus ao nome.

Claro que esse problema é de solução muitíssimo mais complexa do que a estampada nessas assertivas genéricas. Como G. Calabresi demonstrou, há sérias dificuldades tanto na capacidade de conjecturar (e quantificar) os riscos como naquela de os controlar.[10] A estimativa dos riscos, sua dissociação das incertezas, bem como a avaliação dos respectivos custos e a sua atribuição e controle não são dados nem estáveis nem aferíveis com absoluta precisão.

A percepção dessas peculiaridades agrava-se na relação concessionária. De uma forma mais acentuada do que nos demais contratos públicos, as concessões são negócios mui incompletos, pois têm a essência qualificada por elementos naturalmente variáveis: os fatos a serem enfrentados quando de sua execução; o comportamento do poder concedente, concessionário e usuários; a dependência a fatores exógenos; o longo prazo; as variações mercadológicas globais etc.[11] Numa perspectiva simplista, haveria incremento da eficiência na prestação do serviço se ao concessionário fossem transferidos só aqueles riscos que ele pode administrar com maior facilidade (p. ex., os riscos de engenharia para o empreiteiro), atribuindo-se ao concedente a supervisão de tal gerenciamento. Porém, este ângulo é limitado e abrange apenas um dos critérios tradicionais de distribuição de riscos, de eficácia questionável.[12]

---

[10] *The cost of accidents*: a legal and economical analysis. New Haven: Yale University Press, 1970. p. 55-64 (o autor trata de riscos, acidentes e seguros voluntários — o que torna ainda mais preciosa a constatação quanto à inviabilidade de o interessado avaliar os seus próprios riscos).

[11] A respeito da Teoria dos Contratos Incompletos, v. ARAÚJO, F. *Teoria econômica dos contratos*. Coimbra: Almedina, 2007. p. 147-189; PINHEIRO, A. C.; SADDI, J. *Direito, economia e mercados*. Rio de Janeiro: Elsevier, 2005. p. 117-120.

[12] Como Calabresi acentua (*The cost of accidents*: a legal and economical analysis. New Haven: Yale University Press, 1970. p. 17-23), a "distribuição dos riscos" é nada mais do que um dos quatro mitos que dificultam a compreensão do tema (os outros três são "evitar os acidentes a qualquer

Além disso, e a depender do serviço concedido, quem incrementa a taxa de risco (aqui compreendida como a incerteza que o capital vai enfrentar no investimento) é, paradoxalmente, o próprio poder concedente. A falta de uma cultura nacional relativa a projetos de longo prazo, unida a pressões populares (e respostas populistas dos governantes), faz com que serviços que alberguem demandas sociais (água, energia, transportes etc.) acabem por ser alguns dos mais arriscados. Isso exige o desenvolvimento firme e minucioso de estudos técnicos, cláusulas contratuais e "compromissos regulatórios"[13] que tentem blindar o projeto não só contra alterações arbitrárias por parte do poder concedente, mas também em face da garantia de sua futura mutabilidade (esta tida como essencial à segurança do contrato).

É igualmente importante sublinhar que o tema abrange não só a proteção *ex post* da equação econômico-financeira do contrato de concessão, mas se instala num momento bastante anterior. O exemplo extremo da diminuição do valor da tarifa por ato do concedente revela que pouco ou nada adianta ao concessionário obter uma sentença judicial que reconheça o desequilíbrio depois de uma instrução processual lenta e custosa. Muitas vezes, basta prestar o serviço em desequilíbrio durante um mês para frustrar todo um complexo projeto de investimentos de 30 anos. A *futura* e *eventual* indenização pelos danos sofridos não soluciona o *agora* da concessão; serviços que são indispensáveis precisam de elementos e garantias que permitam a definição *ex ante* de sua estabilidade.

No cenário atual, se é verdade que as informações das variáveis do negócio são, em termos relativos, mais limitadas e estáveis frente a um serviço tradicional prestado em regime de monopólio (p. ex., transporte ferroviário), o mesmo não pode ser dito daqueles que sofreram um impacto tecnológico mais avassalador — justamente alguns dos que possuem maior capilaridade social (p. ex., telecomunicações). Demais disso, em dias de mercados mundiais não se pode circunscrever os riscos de uma concessão de serviço público às circunstâncias locais do seu titular (p. ex., gás, portos e aeroportos). A atual magnitude do tema (geográfica, tecnológica,

---

custo"; "leis econômicas que fornecem respostas absolutas" e "o necessário liame financeiro existente entre agressores e vítimas"). Ao seu tempo, a distribuição dos riscos abrangeria três significados distintos: o "espraiamento das perdas" ("risk spreading" method), a "capacidade de pagamento" ("deep pocket" method) e a "redução dos custos imediatos dos acidentes" ("general deterrence or market approach").

[13] A locução é de FARACO, A. D.; COUTINHO, D. R. Regulação de indústrias de rede: entre flexibilidade e estabilidade. *Revista de Economia Política*, São Paulo, v. 27, n. 2, p. 261-280, abr./jun. 2007.

social) fez com que ele próprio ultrapassasse as fronteiras que até há pouco tempo lhe eram tradicionais.

4 A releitura da expressão "por sua conta e risco"

Por tais razões pretende-se uma releitura do texto legal "por sua conta e risco", que envolva tanto a dificuldade na definição dos riscos como a necessidade da eficaz, nítida e prévia distribuição da sua titularidade e respectivos efeitos. A reconstrução dessa expressão legal deve torná-la apta a dividir (e eventualmente garantir e/ou recompor) com eficiência mesmo as eventuais incertezas constatadas depois da assinatura do instrumento contratual — e que não se circunscrevam aos tradicionais "fatos do príncipe" ou "fatos da Administração". A restrita álea ordinária de uma concessão de serviço público em regime de monopólio estatal no século XIX não é equivalente àquela experimentada em regime concorrencial neste século XXI.[14] Talvez o seja numa perspectiva reducionista, que pretenda sintetizá-la a um par de variáveis. Mas não o é em mercados competitivos globais: gostemos ou não deles, fato é que por enquanto neles vivemos e aqui os riscos e as incertezas são muito maiores e mais complexos. Também por esses motivos o tema da locução "por sua conta e risco" merece ao menos *três ordens* de *novas considerações*.

A *primeira reflexão* diz respeito à avaliação do risco do concessionário em face da carga concorrencial do serviço concedido. Como em todas as economias de rede, os serviços públicos que ocupam esse setor são tão mais úteis e rentáveis quanto maior a sua aceitação — o que incrementa a agressividade competitiva para a ampliação do número de usuários. Isso sobrecarregado pela constatação de que essa concorrência é gerada a "golpes de regulação" e se dá em setores "cuja estrutura é hostil à livre concorrência" — enfim, áreas nas quais "não basta declarar a concorrência, é preciso construí-la".[15]

---

[14] A própria palavra "álea" fica descolada daqueles eventos passíveis de prévia avaliação econômica. Nessa justa medida, os riscos e as suas consequências nada têm de aleatório: não mais dependem da sorte ou do azar para ocorrer de forma absolutamente imprevista e gerar danos desconhecidos (tema tratado por: TIMM, L. B.; ALVES, F. K. Custos de transação no contrato de seguro: proteger o segurado é socialmente desejável?. *Revista de Direito Público da Economia – RDPE*, Belo Horizonte, ano 5, n. 19, p. 125-158, jul./set. 2007). Ao contrário, os riscos são sim previsíveis e quantificáveis. Ou melhor: se há eventos com esses atributos quando da assinatura do contrato, são sim riscos e não incertezas. Se os contratantes não os avaliam (e agem mal quando não o fazem), trata-se de um outro problema, com consequências muito mais graves.

[15] As expressões entre aspas são, respectivamente, de MARQUES, M. M. Leitão; ALMEIDA, J. P. S. de; FORTE, A. M. Regulação sectorial e concorrência. *Revista de Direito Público da Economia – RDPE*,

Por serem múltiplos os riscos nesses serviços (mormente nas concessionárias que são companhias abertas), eles hão de ser detectados, distribuídos e mitigados ao máximo pelos instrumentos legais e contratuais disponíveis (seguros, cláusulas *take-or-pay, performance bonds* etc.), bem como supervisionados com firmeza pelo poder concedente (unido às autoridades regulatória e de defesa da concorrência).

Tal como nos setores bancário, securitário e de medicamentos (que serviços públicos não são, mas devem ser submetidos à forte regulação intrusiva), exige-se do poder público uma fiscalização ativa, pena de o desconhecimento (culposo ou doloso) do risco gerar o seu incremento e um sem-número de lesões aos usuários, bem como instalar uma crise sistêmica em setores constitucionalmente tidos por essenciais. Aliás, ideal seria se a supervisão se desse por meio de um terceiro, imparcial ao contrato — cujos custos seriam compostos entre concedente e concessionário. Por outro lado, cumpre ao poder concedente articular-se com a autoridade regulatória e com a responsável pela defesa da concorrência — a fim de estabelecer critérios de eficiência na prestação do serviço (inclusive para compartilhar os resultados com o usuário) e zelar pelo bom uso do poder econômico nesses mercados privilegiados.

A *segunda nota* relaciona-se à necessidade do apuramento na avaliação prévia dos riscos inerentes ao empreendimento, para que estejam consolidados de forma minuciosa quando do lançamento do edital (e assim atenuados pelos meios legais e contratuais). Quem ignora ou despreza um risco apenas o incrementa. E os riscos poderão ser conhecidos — e incluídos (ou não) nos custos — somente se for adotada uma prática preventiva de transparência que conduza ao mais próximo possível da simetria de informações. Como frisou Cintra do Amaral: "Não basta à Administração abrir a licitação. É indispensável atrair a iniciativa privada para o esquema da parceria. Para isso é necessário fornecer parâmetros confiáveis, que permitam ao interessado emitir um juízo empresarial quanto à viabilidade da concessão ao longo do prazo — necessariamente longo — a ser fixado no edital para a prestação do serviço".[16]

O edital pautará a proposta dos interessados e a quantidade primal de informação que permitirá uma contratação fidedigna.

Belo Horizonte, ano 3, n. 9, p. 130, jan./mar. 2005; DUTRA, P. Concorrência em mercado regulado. *In*: DUTRA, P. *Livre concorrência e regulação de mercados*. Rio de Janeiro: Renovar, 2003. p. 283; e FRISON-ROCHE, M. A. Os novos campos da regulação. Tradução de T. Morais da Costa. *Revista de Direito Público da Economia – RDPE*, Belo Horizonte, ano 3, n. 10, p. 199, abr./jun. 2005.

[16] *Concessão de serviço público*. 2. ed. São Paulo: Malheiros, 2002. p. 50.

As audiências e os processos de debate público acerca do ato convocatório firmam o primeiro momento na alocação dos riscos. Se o edital omitir ou errar algum dado que tenha impacto causal sobre o risco da concessão (por dolo, negligência ou ignorância — tanto faz), e caso isso não seja detectável *ictu oculi* pelos interessados (a quem se atribui o ônus de pedir esclarecimentos ou impugnar o edital),[17] as consequências de sua futura instalação não poderão ser atribuídas ao concessionário. Como defende M. A. Perez, a expressão legal *por sua conta e risco*, "referindo-se à esfera de responsabilidades do concessionário, na verdade não transfere normativamente *todos* os riscos da concessão ao concessionário, mas tão-somente aqueles que o negócio (o contrato), em função de suas condicionantes econômico-financeiras, estabelecer".[18]

Uma vez identificados e estimados, os riscos serão divididos entre poder concedente e concessionário, nos termos do edital, proposta e contrato. De fato, os riscos são sempre distribuídos: tanto melhor se o forem de maneira expressa. A dúvida quanto a quem é o "titular" deste ou daquele risco apenas incrementa o respectivo custo: definir amigavelmente hoje custa muito menos do que descobrir litigiosamente amanhã. Claro que não se estará diante de uma certeza *ex ante* de eventos; mas sim do esquadrinhamento de probabilidades e atenuação das consequências e responsabilidades. É essencial que as partes definam como se dará a administração de tal ou qual risco; onde serão inseridos os custos; quem o supervisionará e quem será responsável por suas sequelas. O critério para essa atribuição variará caso a caso, com lastro na motivação fática e jurídica que permita um compartilhamento mais eficiente (em termos jurídicos e econômicos). Mas esta conclusão merece duas ressalvas.

A primeira delas diz respeito à divergência doutrinária quanto à validade (ou não) da expressa distribuição de riscos em

---

[17] Cf. MOREIRA, E. B. O edital e os 'esclarecimentos à licitação' (Lei nº 8.666/1993, art. 40, VIII). *RTDP*, São Paulo, n. 32, p. 101-106, 2000.

[18] *O risco nos contratos de concessão de serviço público*. Belo Horizonte: Fórum, 2006. p. 131. Mais adiante (p. 146-171), o autor propõe uma classificação dos riscos da concessão: 1. econômico-financeiros (imprevisibilidade, competição, modelagem econômico-financeira, modelo tarifário, comerciais e financiamento); 2. técnicos (projeto e tecnológicos); 3. jurídicos (fato do príncipe, fato da administração, regulatório, ambiental e judicial) e 4. políticos (disputas eleitorais, movimentos sociais e interesses paroquiais). Já para L. F. X. Borges e C. das Neves as questões mais importantes relativas à mitigação de riscos seriam: *a)* risco político; *b)* risco de construção; *c)* risco cambial e outros riscos financeiros; *d)* risco comercial e *e)* risco operacional (Parceria público-privada: riscos e mitigação de riscos em operações estruturadas de infra-estrutura. *Revista do BNDES*, Rio de Janeiro, n. 23, p. 73-118, jun. 2005. Disponível em: <http://www.bndes.gov.br/conhecimento/revista/rev2305.pdf>. Acesso em: 20 ago. 2007).

sede de contratos de concessão de serviços públicos comuns (isto é, os que não são PPPs). Há autores de nomeada que, com lastro no artigo 37, inciso XXI, da Constituição da República, e no artigo 65, inciso II, letra "d", da Lei nº 8.666/1993, não acolhem essa repartição nem mesmo em contratos de PPPs.[19] Sempre com todo o respeito que tais teses merecem, faz-se necessário consignar que há sim autorização normativa para a alocação dos riscos, ínsita à compreensão sistemática da Constituição da República e da Lei nº 8.987/1995.[20] Afinal de contas, o tema dos riscos pertence ao mundo real e é inerente a qualquer contrato. Mais ainda: fato é que eles e suas consequências serão atribuídos a um dos dois contratantes (ou a terceiros). Se o contrato não dispuser a propósito, impossibilitará as projeções adequadas e implicará um incremento dos custos, pois um dos itens essenciais à segurança contratual restará *in albis*. Haverá uma gestão ineficiente de recursos e bens públicos (mediata e imediatamente públicos). Quanto menos se tratar dos riscos, maiores os custos e menos administráveis os prejuízos decorrentes — em violação à continuidade da prestação do serviço e à modicidade tarifária. Claro que não se poderia cogitar da aplicação irrestrita do *deep pocket method* (CALABRESI), atribuindo-se-os todos à Administração. Nem tampouco se poderia pensar numa definição aleatória dos sujeitos responsáveis — pois se há determinados riscos e incertezas que são íntimos a cada um dos contratantes, outros existem que não dizem respeito a nenhum deles (p. ex., má gestão administrativa = concessionário; modificação unilateral do contrato = concedente; terremotos = incerteza).

---

[19] Cf. BANDEIRA DE MELLO, C. A. *Curso de direito administrativo*. 22. ed. São Paulo: Malheiros, 2007. p. 714-719, 752-753; VALLE FIGUEIREDO, L. *Curso de direito administrativo*. 8. ed. São Paulo: Malheiros, 2006. p. 117 (referindo-se às PPPs). No sentido de que a repartição de riscos não contraria a Constituição e está contemplada nas Leis nº 8.987/1995 e nº 11.079/2004, v. MODESTO, P. Reforma do Estado, formas de prestação de serviços ao público e parcerias público-privadas. *In*: SUNDFELD, C. A. (Org.). *Parcerias público-privadas*. São Paulo, Malheiros, 2005. p. 477-478, nota n. 37. Em específico quanto à partilha de riscos em PPPs, v. RIBEIRO, M. P.; PRADO, L. N. *Comentários à Lei de PPP*. São Paulo: Malheiros, 2007. p. 120-125; PINTO, M. B. Repartição de riscos nas parcerias público-privadas. *Revista do BNDES*, Rio de Janeiro, v. 13, n. 25, p. 155-182, jun. 2006. Disponível em: <http://www.bndes.gov.br/conhecimento/revista/rev2506.pdf>. Acesso em: 20 ago. 2007.

[20] Em sentido semelhante, M. B. PINTO, para quem na Lei nº 8.987/1995 "o administrador público não está obrigado a repartir riscos entre as partes de forma clara e objetiva, como determina a Lei de PPP. Parece igualmente que os contratos de concessão comum não serão inválidos se não dispuserem a respeito de repartição de riscos. Mas será que é *vedado* ao administrador público repartir riscos de uma forma clara e objetiva, conforme os ditames da eficiência? [...] A resposta a essa questão pode ser obtida lendo-se atentamente a Lei nº 8.987/95 e legislação correlata. Dessa leitura, verifica-se que não há na Lei de Concessões qualquer dispositivo que impeça a repartição objetiva de riscos entre as partes" (Repartição de riscos nas parcerias público-privadas. *Revista do BNDES*, Rio de Janeiro, v. 13, n. 25, p. 155-182, jun. 2006. Disponível em: <http://www.bndes.gov.br/conhecimento/revista/rev2506.pdf>. Acesso em: 20 ago. 2007).

Porém, e ao contrário de uma definição "instintiva", "implícita" ou "tradicional" da distribuição dos riscos, o que se faz necessário é uma decisão técnica motivada de quais são os eventos e proposições que devem ser levados em conta para a boa execução do projeto em longo prazo e qual técnica de alocação permitirá atenuar a sua incidência e respectivos efeitos deletérios. Afinal de contas, para que serve um contrato e qual é a utilidade da Lei de Concessões? Ambos se prestam a conferir legibilidade e segurança institucional a determinados projetos de investimento funcionalizados pelo interesse público. Se for para a Administração Pública, o empresário privado e o projeto de investimentos ficarem à deriva dos riscos, em perene crise de identidade, melhor que cada um permaneça na sua posição anterior.

A segunda ressalva está em que o mundo dos fatos é implacável, por melhor e mais minucioso que seja o instrumento contratual. O contrato de concessão não é — e nem pode ser — um repositório exauriente dos riscos e das incertezas do empreendimento. Aqueles não mais se rendem a previsões probabilísticas; estas não são sequer passíveis de detecção quantitativa. Além disso, se existem riscos oriundos do Poder Público, há outros que são íntimos ao empresário, que só ele tem condições de avaliar e aferir. Existem várias informações que o mercado fornece e o investidor tem conhecimento mais apurado. Também tais dados vão compor os *trade-offs* que resultarão na proposta. Mais do que isso, há assimetria de informações entre concessionário e poder concedente: este terá ciência dos dados cuja divulgação aquele julgar adequado (ou cuja publicidade seja cogente). A despeito desse dever de publicidade, só o concessionário terá conhecimento do núcleo duro do seu projeto de investimentos. Seria por demais ingênuo imaginar que os investidores revelariam ao poder concedente (e aos concorrentes nesses mercados de alta competitividade) todas as minúcias de suas propostas. Logo, remanesce ao futuro concessionário uma parcela significativa do risco do negócio: aquele que diz respeito ao exercício autônomo da liberdade de empresa, íntimo às variantes endógenas do projeto de investimento por si elaborado.

Feitas estas ressalvas quanto à segunda nota, pode-se apresentar a *terceira observação* quanto às novas ideias a propósito do risco no contrato de concessão: ela refere-se à compreensão da especialidade de cada uma das pessoas que serão afetadas pelos riscos da relação jurídica "concessão de serviço público" (poder concedente e concessionário; usuários e terceiros). A depender do tipo de serviço outorgado, das peculiaridades do contrato e do fato gerador da responsabilidade, haverá um vínculo maior ou menor do poder concedente. Uma deve ser a lógica naqueles serviços que envolvam a utilização e o melhoramento de bens públicos; outra nos que sejam desenvolvidos por meio de atividades empresariais em infraestruturas privadas. Por exemplo, o interesse (jurídico e econômico) e a responsabilidade do poder concedente na concessão de água e saneamento são muito mais intensos de seus equivalentes em concessões de telefonia móvel na assim chamada "Banda B". Tantas são as variáveis e suas combinações que somente um exame do caso concreto permitirá uma solução adequada.[21] Será a compreensão dos fatos pertinentes àquele contrato de concessão que ensejará a interpretação e a aplicação do dispositivo legal.

Em suma, não é válido defender como universal a tese abstrata de que o contrato de concessão se prestaria a transferir, de forma estanque, do concedente para o concessionário a possibilidade de malogro da prestação de um serviço público (ou vice-versa). A concessão não implica a instalação de esferas autônomas e excludentes entre o ente público e a pessoa privada prestadora, inclusive no que diz respeito às consequências da gestão dos riscos do empreendimento. Ao contrário: o serviço será sempre público e assim deve ser fornecido ao usuário. Em que pese a necessidade da definição e distribuição dos riscos, isso não pode implicar o caos no serviço — como se fosse possível ao concedente afirmar que a persistência na péssima prestação ou na não implementação de metas devem-se a um risco mal administrado pelo concessionário. A má gestão administrativa e o insucesso nos investimentos do concessionário são uma coisa; outra é permitir que tais desvios comprometam a prestação do serviço ou causem danos aos usuários.

---

[21] Para o STF é pacífica a ausência de interesse da União em demandas que envolvam usuários *vs.* concessionárias de telefonia ou de energia elétrica (RE-AgR nº 526.145-CE, Rel. Min. Eros Grau, *DJ*, 25 maio 2007; AI-AgR nº 597.052-BA, Rel. Min. Sepúlveda Pertence, *DJ*, 23 mar. 2007; AI-AgR nº 388.982-ES, Rel. Min. Carlos Velloso, *DJ*, 25 out. 2002, e RE nº 119.428-MS, Rel. Min. Aldir Passarinho, *DJ*, 3 ago. 1990). O STJ firmou que não há legitimidade da União nem da agência reguladora nas ações que envolvam custos dos contratos de telefonia (CC nº 47.107-SC, Rel. Min. Luiz Fux, *DJ*, 1º ago. 2005), mas decidiu que o concedente pode figurar como assistente simples de concessionária de transporte de passageiros (EDROMS nº 14.865-RJ, Rel. Min. Luiz Fux, *DJ*, 24 fev. 2003) e que há responsabilidade solidária em temas de Direito Ambiental (REsp nº 28.222-SP, Rel. Min. Eliana Calmon, *DJ*, 15 out. 2001). O TRF da 4ª Região responsabilizou a União por acidente em pistas de aterrissagem de aeronaves objeto de permissão (AR nº 9204335947-RS, Rel. Juiz José Germano da Silva, *DJ*, 28 jan. 1998). Em contrapartida, indeferiu a denunciação da lide à União feita por concessionária de energia elétrica em ação de repetição de indébito (AG nº 9004259139-PR, Rel. Juíza Marga Barth Tessler, *DJ*, 18 nov. 1996). Sob a óptica deste artigo, as decisões tratam de alocação de riscos.

Se é inconteste que a possibilidade de prejuízos é inerente a toda e qualquer atividade empresarial, também há de ser pacífico que a probabilidade de quebra deve ser minorada ao máximo no caso das concessões de serviço público. É *dever estatutário* (não mero ônus, frise-se) do poder concedente a fiscalização adequada da concessão, máxime dos riscos atribuídos ao concessionário. Se alguém há de experimentar os danos oriundos de uma gestão equivocada dos riscos do negócio, esse alguém jamais poderá ser o cidadão-usuário.

Ora, numa concessão a gestão do serviço público é atribuída ao concessionário. Ao concedente cabe zelar pela qualidade e estabilidade do serviço prestado. Por isso que se deve definir previamente o conjunto de instituições (normas jurídicas, pessoas públicas e privadas etc.) necessárias à boa e contínua prestação desse serviço ao usuário. Também a responsabilidade pelo bom êxito do projeto deve ser compartilhada, no que diz respeito à gestão dos riscos, respectiva supervisão e resultados. É dever do poder concedente regular, fiscalizar e punir os desvios — inclusive com a intervenção ou, em casos extremos, a decretação da caducidade da concessão (Lei nº 8.987/1995, artigos 32 e 38).

Além disso, não é de se imaginar que o equilíbrio econômico-financeiro do contrato torne o projeto (ou o concessionário ou o poder concedente ou o usuário) imune a riscos e incertezas. Estes dois eventos podem acontecer ou não, sendo que os primeiros podem ter esta ou aquela curva estatística; mas todos sempre permanecem no mundo dos fatos. Já a equação econômico-financeira diz respeito à relação endocontratual entre receitas e encargos, com a garantia de sua estabilidade cronológica. Lembre-se que o desenvolvimento tradicional dessa equação (doutrinário, legislativo e jurisprudencial) é oriundo de contratos públicos sinalagmáticos, comutativos e estáveis de curto prazo (máxime a empreitada de obras públicas) — ou, quando muito, de contratos de concessão pactuados em tempos findos. Esta relação interna ao contrato pode ser ou não afetada pelos riscos e incertezas do negócio (e a recíproca é verdadeira). O equilíbrio atingido pelos riscos e incertezas será depois recomposto, mas jamais terá o condão de nem sequer atenuar a incidência deles — quando muito, distribui alguns deles. Por isso que o conceito de segurança da estabilidade do contrato não transborda para o tema da definição, alocação, gestão e consequências dos riscos. A partilha de riscos e o equilíbrio econômico-financeiro são temas diversos entre si, que se desdobram em diferentes momentos lógico-jurídicos.[22]

5 Considerações finais

As provocações anteriores têm como finalidade estimular o debate a propósito da expressão "por sua conta e risco", constante da Lei brasileira de concessão de serviços públicos (Lei nº 8.987/1995). O tema é próprio de ser tratado em sede de concessões comuns, mas o seu foco principal há de ser as parcerias público-privadas (Lei nº 11.079/2004). Lá as discussões são mais ricas, pois uma parceria público-privada pressupõe a clareza dos riscos e a atribuição da respectiva titularidade. Mas fato é que ambas as espécies de concessões de serviços públicos são projetos de longo prazo que albergam riscos e incertezas — e nenhuma dessas duas realidades aceita o desprezo. Caso o projeto desdenhe delas, ignorando a sua efetiva dimensão fática e/ou supondo que um mero procedimento de reequilíbrio contratual é apto a eliminá-las, aí sim haverá uma certeza — e não mais um outro risco. Certeza quanto à morte anunciada do projeto.

Curitiba, outubro de 2007.

---

[22] Em sentido semelhante, v. RIBEIRO, M. P.; PRADO, L. N. *Comentários à lei de PPP*. São Paulo: Malheiros, 2007. p. 105, nota n. 28.

Os Consórcios Empresariais e as Licitações Públicas (Considerações em Torno do Art. 33 da Lei 8.666/93)

Egon Bockmann Moreira

Sumário: 1 Introdução – 2 O conceito de consórcio – 3 Os consórcios e a Lei de Licitações – 4 A possibilidade da participação através de consórcios: interpretação restrita – 5 O termo de compromisso de constituição do consórcio – 6 Forma societária dos consorciados – 7 Consórcios "homogêneos" e consórcios "heterogêneos" – 8 A "empresa líder" do consórcio – 9 Consórcio entre empresas brasileiras e estrangeiras: a liderança – 10 Legitimidade do consórcio em juízo: a capacidade de ser parte – 11 Qualificação técnica e econômico-financeira do consórcio – 12 A licitação, os consórcios e empresas do mesmo grupo econômico – 12.1 Consórcio entre empresas de um mesmo grupo econômico: o caso das *holdings* e controladas – 12.2 Consórcio entre empresas de um mesmo grupo econômico: o caso das coligadas – 12.3 Consórcios entre empresas de um mesmo grupo econômico e a licitação "por lotes" – 13 Responsabilidade solidária dos consorciados – 14 Constituição e registro do consórcio prévios à assinatura do contrato – 15 Ressalva final: os consórcios e o risco da cartelização

1 Introdução

Já há muito tempo a doutrina do Direito Administrativo discorre acerca do fenômeno apelidado de "fuga" para o Direito Privado.[1] Esse acontecimento envolveria uma atenuação dos limites

---

[1] A expressão remonta a Fritz Fleiner, ao descrever a intensificação da atividade econômica do Estado alemão depois da I Guerra Mundial: "Esta huída del Estado y el Municipio al Derecho privado lleva consigo la reglamentación del aprovechamiento según este Derecho" (*Instituciones de derecho administrativo*. Trad. Sabino A. Gendin. Barcelona: Ed. Labor, 1933. p. 263). Aprofundar em Almiro do Couto e Silva (Os indivíduos e o Estado na realização de tarefas públicas. *In*: BANDEIRA DE MELLO, Celso Antônio (Coord.). *Estudos em homenagem a Geraldo Ataliba*. São Paulo: Malheiros, 1997. v. 2, p. 74 *et seq.*) e Maria João Estorninho (*A fuga para o direito privado*. Coimbra: Almedina, 1999).

(normativos, estruturais, orgânicos etc.) da Administração Pública, com o fito de conferir maior agilidade e flexibilidade à tutela do interesse público. Isso porque as fronteiras ortodoxas do Direito Público não permitiriam um desempenho eficiente da ampla gama de tarefas socioeconômicas atribuídas ao Estado-Administração.

Essa escapadela normativa tem lugar tanto na criação de pessoas empresariais da Administração indireta (sociedades de economia mista e empresas públicas), como na própria privatização *lato sensu*, passando pelo acolhimento e prestígio a modelos empresariais desenvolvidos pelos empresários privados, quando da celebração de contratos administrativos. Esta terceira hipótese dá-se não só através da celebração de contratos administrativos outrora típicos do direito privado (franquia e terceirizações, p. ex.), mas mediante a interação contratual com figuras societárias *sui generis*, como é o caso do consórcio empresarial.

Mas frise-se a ressalva de que permanece íntegra a racionalidade da *res publica* a orientar a atividade administrativa do Estado. As mudanças funcionais (e mesmo estruturais) não têm o condão de macular tal compreensão. Devem estar presentes as exigências consolidadas ao longo do tempo para a administração da coisa pública, no sentido de se firmar um paradigma ótimo da ação estatal em benefício do cidadão.

Logo, tais instrumentos de Direito Privado devem ser concebidos como *subordinados* ao regime de Direito Público (quando menos à respectiva *rationale*), o qual incide com força de *norma especial*, a disciplinar de forma específica e peculiar a interação daquilo que foi desenvolvido pelos particulares ao interno das suas relações mercantis.

O consórcio é uma dessas formas societárias peculiares desenvolvidas pelo Direito Mercantil e acolhidas pelo Direito Administrativo com ressalvas e uma específica compreensão. Isso porque o consórcio envolve uma associação entre empresas, disciplinada em lei, porém despojada das características próprias das pessoas jurídicas (vez que pessoa jurídica não é).

Interessa ao presente estudo as previsões da Lei de Licitações (art. 33) e da Lei de Concessões (art. 20), as quais permitem que consórcios participem de licitações e depois firmem contratos administrativos. A fim de aprofundar o tema, este ensaio pretende integrar a compreensão de Direito Privado do consórcio ao regime jurídico de Direito Público das Leis de Licitação e de Concessões.

2 O conceito de consórcio

O consórcio é o modo de organização empresarial disciplinado pelo art. 278 e ss. da Lei nº 6.404/76 (Lei de Sociedades Anônimas). Trata-se de uma integração horizontal entre empresas, a estabelecer uma relação de coordenação de interesses autônomos, visando a um fim específico e comum. Não envolve a constituição de uma pessoa jurídica distinta dos consorciados (o consórcio não tem personalidade jurídica). Destina-se a um objetivo certo e dirigido, na busca de benefícios individuais às pessoas que o constituem.

No consórcio, como a origem etimológica do nome dá a entender (*consortium*, participação e comunhão de várias pessoas numa *mesma sorte*), os consorciados e suas vontades estão num primeiro plano. Melhor dizendo: *todos* os consorciados estão num primeiro plano. A essência do instituto está na autonomia recíproca daqueles que se associam e compartilham de um mesmo objetivo empresarial (sem que isso implique qualquer desprezo ao patrimônio e aos custos envolvidos).

Através do contrato de consórcio (também conhecido por *contrato consorcial* ou *ato consorcial*), determinado número de pessoas formaliza uma associação de interesses, visando a criar obrigações recíprocas e específicas condições que possibilitem o atingir de determinada finalidade empresarial comum (que provavelmente não seria alcançada através da capacidade individual de cada uma delas — seja por motivos de ordem técnica, seja devido a razões econômico-financeiras).

Não há subordinação entre as empresas que constituem o consórcio, mas conjugação de esforços e cooperação administrativa. O contrato de consórcio deve estabelecer uma forma específica quanto às deliberações coletivas (*quorum*, distribuição de receitas, aporte de investimentos, atribuições, administração etc.) — mas isso não significa a definição de uma hierarquia entre as empresas componentes. O que se dá é a definição do modo de operar o empreendimento consorcial.

Segundo o conceito de Modesto Carvalhosa, o consórcio constitui "uma *comunhão de interesses e de atividades* que atende a específicos objetivos empresariais, que se originam nas sociedades consorciadas e delas se destacam".[2] Na pena de Waldírio Bulgarelli,

---

[2] CARVALHOSA, Modesto. *Comentários à Lei de Sociedades Anônimas*. 2. ed. São Paulo: Saraiva, 2003. v. 4, t. II. p. 386.

consórcio é a "união de empresas para determinados fins, conservando cada uma a sua personalidade jurídica e autonomia patrimonial".[3]

3 Os consórcios e a Lei de Licitações

A fim de incrementar a competitividade, o art. 33 da Lei de Licitações permite que o edital admita a oferta de propostas através de consórcios. Assim, torna-se possível que empresas diversas, detentoras de atributos específicos, conjuguem interesses e formulem uma proposta unitária para a Administração.

Os consórcios que participam de licitações são, na classificação de Carvalhosa, *consórcios instrumentais*: o objetivo de sua constituição é o de "habilitar as consorciadas — com a soma de seus recursos e aptidões — a contratarem com terceiros serviços e obras".[4] É o meio através do qual as empresas potencializam reciprocamente os seus atributos, somando esforços a fim de atingir o objetivo comum (a contratação administrativa e a execução da obra, serviços ou mesmo a concessão de serviço público).

Com definiu Celso Antônio Bandeira de Mello, é uma "associação de empresas que conjugam recursos humanos, técnicos e materiais para a execução do objeto a ser licitado. Tem lugar quando o vulto, complexidade ou custo do empreendimento supera ou seria dificultoso para as pessoas isoladamente consideradas".[5]

Em vista a crescente complexidade das licitações (em especial aquelas que envolvem concessões), tem sido usual nos editais a possibilidade da associação consorcial. Porém, fato é que a participação em licitações através de consórcios permanece a suscitar dúvidas. Algumas delas serão examinadas a seguir.

4 A possibilidade da participação através de consórcios: interpretação restrita

O *caput* do art. 33 é claro ao estabelecer o caráter condicional da participação de consórcios: "*Quando permitida* na licitação a participação de empresas em consórcio...". Isto é, apenas ao

---

[3] BULGARELLI, Waldírio. *Manual das sociedades anônimas*. 3. ed. São Paulo: Atlas, 1984. p. 266.

[4] *Comentários à Lei de Sociedades Anônimas*. v. 4, t. II, cit., p. 386.

[5] *Curso de direito administrativo*. 17. ed. São Paulo: Malheiros, 2004. p. 545-546.

se implementar o antecedente necessário previsto na norma (a permissão) será possível apresentação da proposta através de um consórcio. Condição que se revelará no ato convocatório: o edital tem que autorizar expressamente a constituição de consórcios específicos para o objeto licitado.

A autorização para a participação de consórcio reveste-se de natureza discricionária: cabe à Administração, em vista das peculiaridades do certame, decidir acerca da matéria. O que se dará, por óbvio, no momento interno da criação e definição do edital. Carlos Ari Sundfeld[6] e Marçal Justen Filho[7] alertam para casos nos quais, tendo em vista o prestígio à competitividade, torna-se necessária a autorização. Ou seja, os característicos do certame (técnicos ou financeiros) podem impor a participação via consórcios. Caso contrário, frustrar-se-ia o objetivo primaz do certame.

Na medida em que é imprescindível que a participação de empresas em consórcio seja literalmente prevista no edital, não é preciso que a negativa venha expressa no ato convocatório. Basta que o edital silencie a respeito dessa hipótese e omita-se no que diz respeito à exigência do inc. II do art. 33 (indicação da empresa líder e condições de liderança fixadas no edital). Mesmo porque o edital deve, obrigatoriamente, discriminar as condições de liderança dos consórcios: caso não o faça, é nula a previsão.

Caso a Administração admitisse a participação em certames através de consórcio de empresas sem previsão expressa no edital, haveria uma discriminação, restritiva à competitividade, e uma violação à isonomia. Isto é, apenas algumas empresas formariam, *sponte propria*, os respectivos consórcios (assumindo o risco por eventual indeferimento). As demais, que da leitura do edital concluíssem pela impossibilidade devido à ausência de autorização administrativa, veriam suprimidas alternativas empresariais e correspondentes vantagens na competição.

Porém, é importante ressaltar que tal compreensão não é pacífica. Em sentido contrário, Carlos Pinto Coelho Motta (com lastro na doutrina de Eliana Leão) reputa que "entendimento defensável é o de que o *silêncio* do edital quanto à admissibilidade de consórcio *não pode ser entendido como vedação ou impedimento*".[8] Segundo os

---

[6] *Licitação e contrato administrativo*. São Paulo: Malheiros, 1994. p. 131.

[7] *Comentários à Lei de Licitações e contratos administrativos*. 10. ed. São Paulo: Dialética, 2004. p. 354.

[8] *Eficácia nas licitações e contratos*. 9. ed. Belo Horizonte: Del Rey, 2002. p. 315.

autores, haveria a necessidade de proibição expressa vedando a participação através de consórcios.

De qualquer forma, a ausência poderia ser transposta através de esclarecimentos ao edital? Isto é, caso o edital seja omisso e o interessado formule um pedido relativo à participação de consórcios, a Administração poderia agregar tal condição ao certame? Tal nos parece possível apenas se for republicado o edital e reabertos todos os prazos. O permissivo do art. 40, inc. VIII, deve ser compreendido em consonância ao art. 21, §4º: qualquer modificação no edital exige a sua republicação, "exceto quando, inquestionavelmente, a alteração não afetar a formulação das propostas".[9] A toda evidência, a possibilidade (ou não) da participação de consórcios afeta a formulação das propostas. Logo, a republicação é imperiosa.

5 O termo de compromisso de constituição do consórcio

O inc. I do art. 33 permite a participação na licitação através da comprovação do *termo de compromisso de consórcio*. Trata-se de acordo formal lavrado em instrumento público ou privado, através do qual as empresas signatárias obrigam-se reciprocamente (e perante a Administração, uma vez apresentado o termo na licitação) a, caso sagrada vencedora a respectiva proposta, constituir o consórcio nos termos ali estabelecidos. É um contrato preliminar, uma promessa de constituição e registro futuros de um consórcio, caso a proposta seja adjudicada. As empresas signatárias assumem a condição de *promitente-consorciadas*.

A subscrição do termo de compromisso deverá ser realizada pelo diretor da respectiva empresa (ou sócio-gerente), detentor de poderes específicos quanto à prática desse ato. No caso das sociedades anônimas, a Lei nº 6.404/76 exige que o ato seja praticado através do "órgão competente para autorizar a alienação de bens do ativo permanente" (art. 279, *caput*). Nas demais espécies societárias, a análise dependerá da previsão do respectivo contrato social. Por isso que a proposta deverá ser acompanhada do respectivo "ato constitutivo, estatuto ou contrato social em vigor" (Lei nº 8.666/93, art. 28, II) de todas as empresas participantes, no qual conste a definição da pessoa (órgão) competente para a prática do ato consorcial.

---

[9] V. o nosso O Edital e os 'esclarecimentos relativos à licitação' (Lei 8.666/1993, art. 40, inc. VIII). *RTDP*, 32/101-106. São Paulo: Malheiros, 2000.

O termo de compromisso é documento que deverá acompanhar a proposta e ser submetido ao conhecimento dos demais licitantes. Não é, nem pode ser, uma peça sigilosa. Além disso, o termo não poderá ser singelo documento de promessa, despido das regras básicas que conformarão o futuro consórcio. Quando menos, deverá prever: o nome do consórcio; as empresas participantes e a respectiva "empresa líder"; a licitação que lhe deu origem; a duração e o endereço do consórcio; as obrigações e responsabilidades a serem assumidas pelo futuro consórcio (e as relativas a cada uma das consorciadas); a forma de administração do consórcio, bem de repartição das futuras despesas e resultados; a representatividade social de cada uma das empresas consorciadas e o modo de deliberação dos interesses comuns (Lei nº 6.404/76, art. 279).

Nesse sentido, há previsão expressa no art. 462 do Código Civil.[10] Há de ser observada não apenas a indicação da empresa líder, mas também os requisitos do art. 279 da Lei nº 6.404/76 e o art. 32 da Lei nº 8.934/94.

6 Forma societária dos consorciados

A Lei de Licitações e a Lei de Sociedades Anônimas não restringem a constituição de consórcios para empresas com determinada forma societária. Qualquer que seja a respectiva natureza jurídica, elas podem integrar-se reciprocamente numa associação consorcial (sociedades limitadas, sociedades anônimas, empresas públicas, sociedades de economia mista, sociedades em comandita etc.).

Carlos Ari Sundfeld vai além e sustenta a viabilidade de o consórcio ser constituído entre pessoas físicas, pois, apesar de o art. 33 mencionar "apenas o consórcio de empresas", "isso não descarta o consórcio de pessoas físicas, quando o objeto o admita, como nos concursos".[11] Segundo Carvalhosa, a peculiaridade residiria em que "tais consórcios serão de *natureza civil*, pelo caráter eminentemente profissional de que se revestem".[12]

Porém, Carvalhosa reputa que "poderá o Poder Público, em caso de licitação, exigir que todas as consorciadas, para se

---

[10] "Art. 462. O contrato preliminar, exceto quanto à forma, deve conter todos os requisitos essenciais ao contrato a ser celebrado".

[11] *Licitação e contrato administrativo*, cit., p. 131, nota 43.

[12] *Comentários à Lei de Sociedades Anônimas*. v. 4, t. II, cit., p. 403.

matricularem no certame, revistam a forma anônima".[13] Com a devida *venia*, divergimos dessa compreensão: a exigência, sobre ser restritiva à competitividade e não ter fundamento normativo adequado, careceria de razoabilidade. Qual o motivo de fato que autorizaria a Administração a restringir de forma tão radical a competitividade num certame? Por que apenas sociedades anônimas? Por que excluir a participação de todas as demais empresas interessadas, com lastro unicamente na forma societária adotada? Haveria agressão ao art. 37, XXI, da Constituição, e 3º, da Lei de Licitações: a previsão limitadora seria nula.

O consórcio formado entre sociedades de economia mista ou empresas públicas e outras empresas privadas tende a gerar uma nova ordem de reflexões. Isso porque as empresas estatais devem obediência à Lei de Licitações (ou ao respectivo ato normativo interno), a fim de associar-se com terceiros. Mais do que isso: haveria uma potencial futura contratação. Constatação que se agrava se cogitarmos de concessões públicas, cuja lei autoriza o edital a exigir a constituição de uma sociedade específica (o que deflagraria os efeitos do art. 37, inc. XX, da Constituição).

7 Consórcios "homogêneos" e consórcios "heterogêneos"

Marçal Justen Filho elaborou uma classificação que visa a aclarar a ampliação dos limites de composição dos consórcios. Na medida em que as licitações podem reportar-se a exigências complexas, que envolvam capacidade técnica unida a aportes significativos de recursos e peculiaridades logístico-operacionais diferenciadas, é possível que os consórcios sejam constituídos por empresas de setores econômicos e empresariais diversos entre si.

Ou seja, não é necessário que todos os componentes de um consórcio façam parte de uma mesma categoria empresarial, nem que tenham objeto empresarial idêntico (ou sequer semelhante). Trata-se da distinção entre "consórcios homogêneos" e "consórcios heterogêneos": "A diferença não consta do direito posto, mas é útil para compreender melhor a função dos consórcios. Em alguns casos, os consórcios reúnem empresas de objeto similar, que se associam para conjugação de recursos ou experiências equivalentes — homogêneas. Já em outras hipóteses, cada empresa atua em determinado

---

[13] *Idem*, p. 403.

segmento de atividade e o consorciamento objetiva propiciar a união de qualificações distintas e inconfundíveis — heterogêneas".[14]

A previsão quanto à forma de composição dos consórcios não precisa estar prevista no edital. Se estiver, só será válida caso diga o óbvio, admitindo a participação dos consórcios homogêneos e dos heterogêneos. Contudo, se autorizar apenas a formação de consórcios homogêneos, será nula: a uma, porque não há previsão legal que autorize tal discriminação; a duas, porque a liberdade empresarial não poderia ser coarctada através de ato administrativo dessa ordem (que operaria em violação ao art. 1º, inc. IV, e 170 da Constituição).

8 A "empresa líder" do consórcio

O inc. II do art. 33 fala em "empresa responsável" pelo consórcio e respectivas "condições de liderança", enquanto que o §1º do mesmo artigo trata da "liderança" do consórcio. Porém, do que se trata essa "liderança" e quais os poderes e deveres da "empresa líder"?

A previsão não diz respeito à necessidade de ser estabelecida uma relação de subordinação entre as empresas consorciadas — o que seria antagônico à própria *ratio* dos consórcios. Nem "liderança" nem a "responsabilidade" dizem respeito à definição de um controle interno ao consórcio. A norma vale-se dos termos no sentido de *representação* do consórcio frente à Administração.

A exigência relaciona-se com a previsão do art. 279 da Lei nº 6.404/76, significando uma "personalidade judicial e negocial, que se expressa pela existência de uma representação e de uma administração, com capacidade negocial e processual, ativa e passiva".[15] À empresa líder é outorgado um mandato por todas as consorciadas, com específicos poderes de administração e representação do consórcio perante terceiros. O *consórcio* (e não as empresas consorciadas) é representado pela empresa líder.

Ou seja, a Lei de Licitações exige que os consorciados indiquem qual pessoa representará o grupo frente ao órgão licitante, bem como frente a terceiros (e mesmo frente ao Judiciário). Na medida em que é da essência dos consórcios a ausência de personalidade

---

[14] *Comentários à lei de licitações e contratos administrativos*, cit., p. 354.
[15] CARVALHOSA, Modesto. *Comentários à Lei de Sociedades Anônimas*. v. 4, t. II, cit., p. 385.

jurídica, não se poderia cogitar de uma solução que dificultasse a interação administrativa com os licitantes. A previsão do art. 33, inc. II e §1º, dirige-se à definição de quem será a pessoa responsável pelo contacto formal do consórcio com a Administração e com os demais licitantes.

A Lei de Licitações prevê, ainda, que as "condições de liderança" deverão ser expressamente fixadas no edital. Assim, se e quando o edital permitir a participação através de consórcio, deverá prever com minúcias quais os direitos, deveres e atribuições que deverão ser concentrados na e exigidos da empresa líder. Trata-se de exigência legal que se irradia inclusive quanto à validade da respectiva cláusula do edital.

Mas é importante a ressalva de que se trata de condições administrativas, negociais e processuais. Não é possível ao edital criar exigências suplementares ou exclusivas para a empresa líder do consórcio. Não é viável que o edital fixe o dever de ser estabelecida uma relação de subordinação interna ao consórcio, nem é juridicamente válido que o edital limite o exercício da liderança a empresas com qualificações extraordinárias.

Na medida em que o consórcio é uma relação horizontal, sem hierarquia ou ascendência, e na medida em que as pessoas dele integrantes aportam qualidades autônomas e específicas a fim de serem conjugadas e apreciadas em conjunto, não pode o edital fixar deveres ou atributos (técnicos ou financeiros) extraordinários a serem preenchidos com exclusividade pela empresa líder. Exigências dessa ordem desvirtuariam a razão de ser do próprio art. 33 da Lei de Licitações e revestir-se-iam de nulidade.

9 Consórcio entre empresas brasileiras e estrangeiras: a liderança

O §1º do art. 33 prevê que, na hipótese de haver um consórcio constituído por empresas brasileiras e estrangeiras, será obrigatória que a liderança seja outorgada e exercida por uma empresa brasileira.

Marçal Justen Filho reputa inconstitucional tal exigência, pois violaria o princípio da livre empresa e a respectiva liberdade comercial. A regra teria criado uma exigência incompatível não só com a liberdade de empresa celebrada constitucionalmente (arts. 1º, inc. IV, e 170), mas igualmente ofensiva ao espírito da Lei de Licitações.

"Afinal, se a Administração é autorizada a contratar com empresa estrangeira, nas licitações internacionais, não há fundamento para vedar-se de modo absoluto a liderança de empresas estrangeiras em hipóteses de contratação de consórcios".[16]

Outros autores reputam que essa previsão foi derrogada pela extinção dos privilégios para a empresa brasileira, derivada da supressão do art. 171 da Constituição através da Emenda nº 6/95.[17]

10 Legitimidade do consórcio em juízo: a capacidade de ser parte

O art. 12 do Código de Processo Civil disciplina o "comparecimento em juízo das pessoas jurídicas e dos grupos de pessoas ou massas de bens que, embora sem personalidade jurídica, estão equiparadas às pessoas jurídicas".[18] E o inc. VII desse dispositivo prevê que "as sociedades sem personalidade jurídica" serão representadas em juízo (ativa e passivamente) "pela pessoa a quem couber a administração de seus bens".

Ou seja, e na doutrina de Cândido Rangel Dinamarco, a lei "confere mera *personalidade judicial* a alguns outros entes que, sem serem pessoas físicas ou jurídicas em sentido integral, são admitidas no processo como parte".[19]

Frise-se que o CPC não disciplina apenas a legitimidade processual das sociedades irregulares e/ou a daquelas de fato. A legislação processual refere-se apenas a "sociedades sem personalidade jurídica", sem nenhum qualificativo. Ora, uma vez constituído e devidamente registrado na respectiva Junta Comercial, o consórcio torna-se "de direito" (não de fato) e "regular" (não é irregular). Mesmo o contrato preliminar consubstanciado no termo de constituição "juridiciza" o consórcio. Não é uma "sociedade" (mas sim um "consórcio") e, por disposição legal expressa, é constituído sem personalidade jurídica. Existe juridicamente de forma regular

---

[16] *Comentários à Lei de Licitações e contratos administrativos*, cit., p. 355.

[17] MEIRELLES, Hely Lopes. *Licitação e contrato administrativo*. 12. ed. São Paulo: Malheiros, 1999. p. 85, nota 19 e PEREIRA JUNIOR, Jessé Torres. *Comentários à Lei das Licitações e contratações da Administração Pública*. 6. ed. Rio de Janeiro: Renovar, 2003. p. 393.

[18] TORNAGHI, Hélio. *Comentários ao Código de Processo Civil*. 2. ed. São Paulo: Revista dos Tribunais, 1976. v. I, p. 123.

[19] *Instituições de direito processual civil*. São Paulo: Malheiros, 2001. v. II, p. 281.

e pode interagir em processos judiciais, pois se encontra albergado pela previsão do art. 12, inc. VII, do CPC.

Na lição de Carvalhosa: "o consórcio tem legitimidade ativa e passiva, podendo acionar e ser acionado. O pressuposto é que o consórcio representa em juízo as empresas que o constituem, naquilo que é objeto do respectivo contrato associativo".[20]

A representação do consórcio é atribuída, por força do próprio termo de compromisso ou instrumento constitutivo (Cód. Civil, art. 462, Lei nº 6.404/76, art. 279, inc. IV, c/c Lei nº 8.666/93, art. 33, inc. II), à empresa líder. É razoável que a indicação da empresa líder seja acompanhada de cláusula que outorgue com clareza os termos do mandato atribuído ao representante do consórcio (o que pode vir previsto desde o edital, quando da definição das "condições de liderança").

11 Qualificação técnica e econômico-financeira do consórcio

O inc. III do art. 33 autoriza, para efeitos de qualificação técnica, "o somatório dos quantitativos de cada consorciado" e, no que diz respeito à qualificação econômico-financeira, "o somatório dos valores de cada consorciado". Aliás, esse preceito está na razão de ser do consórcio: a adição dos quantitativos permite que as empresas unam esforços em torno de um objetivo comum — agregando reciprocamente os respectivos atributos pessoais.

Na qualificação técnica os atestados individuais assumem valor absoluto: a qualificação do consórcio advirá da soma simples dos atestados de cada um dos consorciados (independentemente da sua cota de participação). O que deve ser compreendido de forma ponderada, nos exatos limites da razão de ser da exigência (e da autorização ao somatório). Não se pode imaginar que a soma de muitos atestados de pequenas obras resulte numa capacidade técnico-operacional equivalente à capacidade de execução de uma obra grandiosa. A soma de muitas piscinas jamais resultaria numa hidrelétrica.

Já a qualificação econômico-financeira exige que o somatório tenha por base os valores de cada um dos consorciados, considerados

---

[20] *Comentários à Lei de Sociedades Anônimas.* v. 4, t. II, cit., p. 405.

de forma proporcional à respectiva participação no consórcio. Não envolve uma soma simples, mas guardadas as proporções expressamente definidas no ato consorcial (ou termo de compromisso). A lei refere-se a "somatório dos valores", expressão que remete ao conceito de quantidade monetária (ou outra determinação quantitativa) consignada numericamente nos documentos requeridos pelo art. 31 da Lei.

Apenas no caso da qualificação econômico-financeira a Lei nº 8.666/93 autoriza que a Administração exija, "para o consórcio, um acréscimo de até 30% (trinta por cento) dos valores exigidos para licitante individual" (art. 33, inc. III). Isto é, o edital poderá estabelecer que o *consórcio* como um todo represente, na média ponderada da participação dos respectivos componentes, acréscimo nos valores relativos à qualificação econômico-financeira de *até 30%* daquilo exigido para cada um dos licitantes individuais. Ao se referir a "valores exigidos", a Lei limita a possibilidade da imposição ao somatório dos índices e números oriundos da qualificação econômico-financeira. O que se pretende é atenuar o risco da Administração quando da contratação de consórcios formados por pessoas que porventura não apresentem os índices adequados para, individualmente, executar o contrato (apesar da regra da solidariedade).

Em sentido contrário, Marçal Justen Filho reputa que a autorização do acréscimo se aplica a ambas as qualificações: técnica e econômico-financeira.[21]

Note-se que o acréscimo é proibido nos casos de consórcios formados, em sua totalidade, por micro e pequenas empresas (a Lei nº 9.317/96 define as microempresas e empresas de pequeno porte, para fins fiscais).

Além disso, e uma vez que os participantes do consórcio mantêm a respectiva personalidade jurídica, é necessária a apresentação de todos os demais documentos ordinários pertinentes à habilitação, previstos no art. 27 e ss. da Lei nº 8.666/93.

Por fim, uma pequena ressalva: a Lei utiliza o termo "admitindo-se", quanto aos somatórios. Isso poderia significar que o edital estaria autorizado a suprimi-los? Não nos parece possível essa leitura. Trata-se antes de uma prerrogativa atribuída aos licitantes. A Lei diz que os consórcios devem ser aceitos contemplando a

---

[21] *Comentários à Lei de Licitações e contratos administrativos*, cit., p. 355.

possibilidade da soma dos quantitativos de cada consorciado, observadas as peculiaridades quanto à qualificação técnica e aquelas quanto à qualificação econômico-financeira. Essa é a regra que deve ser obedecida pelos atos convocatórios.

12 A licitação, os consórcios e empresas do mesmo grupo econômico

A Lei proíbe a participação de uma empresa consorciada, "na mesma licitação, através de mais de um consórcio ou isoladamente" (art. 33, inc. IV). Por óbvio, incertezas não há quanto à hipótese literal da previsão: uma empresa a concorrer consigo mesma, apresentando duas (ou mais) propostas — quer compondo mais de um consórcio, quer sozinha e num consórcio.

Nesse caso, haveria uma clara violação à competitividade. Se uma determinada empresa tem o interesse (e a capacidade) de apresentar duas propostas, sozinha e/ou em mais de uma associação (unindo-se a empresários diversos), a sua intenção somente pode ser a de frustrar a formulação de propostas mais vantajosas para a Administração — neutralizando a concorrência. Os custos de transação envolvidos na constituição de mais de um consórcio e na formulação de mais de uma proposta afastam razoabilidade à competição consigo mesmo (ainda que indireta).

Porém, a proibição tem outros desdobramentos. Isso porque a organização empresarial em grupos econômicos envolve várias alternativas, dentre as quais avultam de importância para as licitações as *holdings* e as sociedades coligadas.

12.1 Consórcio entre empresas de um mesmo grupo econômico: o caso das *holdings* e controladas

A *holding* é a forma de organização do poder de controle empresarial através de um instrumento legal que permite a constituição de uma pessoa externa (a controladora) à controlada. Em termos simplistas, é a organização vertical do controle de várias empresas numa só. O que pode se desdobrar no processo qualificado por Berle e Means como *pyramiding*: ser controlador de uma empresa que, ao seu tempo, controla uma outra, que controlará outra — num processo que pode ser repetido por muitas vezes, criando uma estrutura empresarial ampla e complexa.[22] Segundo os autores, nas *holdings* o controle das subsidiárias, sobre ser absoluto, é objeto de informações escassas — "até a informação descoberta pode vir a ser tão cega que será ininteligível".[23]

A *holding* pode ser *pura* ou *mista*. "Há *holding pura* quando o seu único escopo é exercitar a atividade de *holding* (participação e controle), ainda que parte do patrimônio venha a ser investido em bens que não ações ou participação social. Fala-se em *holding mista* quando, ao lado da atividade de participação financeira e de controle, a sociedade exerce uma atividade industrial, sem que a primeira deva institucionalmente prevalecer".[24]

O *caput* do art. 278 da Lei de Sociedades Anônimas admitiu que o consórcio seja constituído por sociedades sob o mesmo controle ou não. É permitido que a constituição do consórcio dê-se entre empresas do mesmo grupo econômico e/ou entre controlador e controlado. Fato esse que levou à conclusão de Bulgarelli, no sentido de que "a lei afasta o consórcio brasileiro da figura de coordenação clássica, que em geral é formado por sociedades sem subordinação, com o fito de colaboração econômica, com duração não eventual".[25]

Modesto Carvalhosa é incisivo: "O controle acionário comum (art. 265) será inteiramente irrelevante. Serão idênticos quanto à natureza, função e características os consórcios entre as sociedades sob controle comum e as independentes".[26]

Logo, a lei societária brasileira admite o consórcio que se caracterize pela relação hierárquica, com subordinação entre as empresas consorciadas (o que, no caso de uma *holding*, envolveria a modalidade *mista*). Nada demais frente ao Direito Comercial e, quanto a isso, não há problemas frente à Lei de Licitações: controlador e controlado podem formar um só consórcio a fim de participar do certame licitatório. A discussão residirá caso controlador e controlado pretendam formar consórcios diferentes e concorrer entre si, mediante a apresentação de propostas diversas.

---

[22] BERLE, Adolf A.; MEANS, Gardiner C. *The Modern Corporation & Private Property*. 5. impr. New Brunswick: Transaction Publishers, 2003. p. 69.

[23] *Idem*, p. 183.

[24] LEÃES, Luiz Gastão de Barros. *Direito comercial*. São Paulo: J. Bushatsky, 1976. p. 131.

[25] *Manual das sociedades anônimas*, cit., p. 266.

[26] *Comentários à Lei de Sociedades Anônimas*. v. 4, t. II, cit., p. 404.

Nesse caso, em vista da previsão do inc. IV do art. 33 parece-nos impossível que empresas que desfrutem de uma integração vertical subordinante participem numa mesma licitação através da formulação de propostas diversas. O titular do poder de controle (a *holding*) não concorre com a empresa controlada. Ao contrário: esta se subordina aos desígnios daquele.

Acentua-se a falha de mercado conhecida como "assimetria de informações": a dificuldade de a Administração (e demais licitantes) ter acesso fidedigno não só aos dados das concorrentes, mas em especial às informações internas ao relacionamento entre *holding* e controladas. O que envolve a definição das propostas e o porquê da competição entre duas empresas de um mesmo grupo econômico (o que multiplica os custos internos à participação numa mesma licitação). Ora, uma empresa controladora tem um conhecimento profundo das atividades da controlada, etapas de produção e estrutura dos custos — ao mesmo tempo em que a Administração e demais licitantes não dispõem dessas informações: subordinam-se aos limites da proposta. Portanto, desde logo se desenha o vício de compartilhamento de informações entre licitantes.

Assim, e quando menos, é próximo do impossível que não ocorra troca de informações entre *holding* e controlada. O que importa violação ao art. 94 da Lei de Licitações: onde está a garantia do sigilo da proposta feita por uma empresa controlada em face da controladora?

12.2 Consórcio entre empresas de um mesmo grupo econômico: o caso das coligadas

Outra dimensão assume a participação através de propostas diversas (em consórcios ou individualmente) de empresas coligadas, pertencentes ao mesmo grupo econômico. Nas coligadas existe um vínculo *de capital* entre as empresas, sem a dependência ou hierarquia que caracterizam as relações de controle. O art. 243, §1º, da Lei nº 6.404/76 dispõe que são coligadas "as sociedades quando uma participa, com 10% ou mais, do capital da outra, sem controlá-la".

A riqueza da imaginação da atividade de planejamento empresarial é tão grande que se torna próximo do impossível uma avaliação, *in abstracto* e exaustiva, quanto à concorrência entre empresas coligadas. Porém, certo é que haverá hipóteses de organização horizontal de empresas em que não tenha incidência o inc. IV do art. 33.

Para Adilson Dallari, "não há identidade de situações na participação de uma empresa com duas propostas e na participação de duas empresas de um mesmo grupo econômico", pois "se duas empresas de um mesmo grupo econômico fazem propostas distintas, isso pode decorrer das peculiaridades de cada uma delas". Afinal de contas, "cada empresa integrante de um grupo econômico tem personalidade jurídica própria".[27]

12.3 Consórcios entre empresas de um mesmo grupo econômico e a licitação "por lotes"

Renato Mendes faz uma importante advertência quanto à previsão em comento: "a proibição normativa não tem aplicação se o objeto for dividido em itens ou lotes e o julgamento for cindido".[28]

A licitação por lotes envolve a aglutinação de vários certames sob a regência de um só ato convocatório, envolvendo a formulação de propostas, diversas e autônomas, para cada um dos itens que compõem o edital (Lei nº 8.666/93, art. 23, §1º). Isso pode se dar por motivos de economia ou em razão da dimensão da obra, ou mesmo para estimular a concorrência *ex ante*. Por exemplo, uma licitação para a construção de uma rodovia com grande extensão deve ser desdobrada em vários lotes, de molde a ampliar a participação e a competitividade, bem como a fim de possibilitar a perfeita execução do total da obra em curto espaço de tempo.

Nesse caso, o que se dá é a junção formal de várias licitações num só edital, que comporta propostas diversas para lotes diversos e julgamentos específicos (muitas vezes envolvendo a impossibilidade de o licitante vencedor prosseguir no certame, depois de sagrado vencedor num dos lotes). Não se pode dizer, *a priori*, que haverá quebra do sigilo das propostas, nem tampouco que será inviabilizada a competitividade.

Desta forma, é viável a participação de uma mesma empresa em mais de um consórcio numa mesma licitação, desde que em lotes (ou itens) diferentes e observados os limites expressos do edital.

---

[27] *Aspectos jurídicos da licitação*. 5. ed. São Paulo: Saraiva, 2000. p. 10.
[28] *Lei de Licitações e contratos anotada*. 3. ed. Curitiba: Znt, 1998. p. 94, nota 592.

13 Responsabilidade solidária dos consorciados

A Lei de Licitações e Contratos Administrativos constitui uma *lei especial* em relação à Lei de Sociedades Anônimas. O que importa a definição de peculiaridades na regência específica dos consórcios, extraordinárias em face da legislação comercial (e civil). O legislador alterou o modo de regular os consórcios apenas quanto ao objetivo restrito e especial da sua participação em licitações públicas. Aliás, esta é a previsão do §2º do art. 2º da Lei de Introdução ao Código Civil, como esclarece a doutrina de Maria Helena Diniz: "O *critério da especialidade* (*lex specialis derogat legi generali*) visa a consideração da matéria normada, com o recurso aos meios interpretativos. Entre a *lex specialis* e a *lex generalis* há um *quid specie* ou uma *genus au speci*. Uma norma é especial se possuir em sua definição legal todos os elementos típicos da norma geral e mais alguns de natureza objetiva ou subjetiva, denominados *especializantes*. A norma especial acresce um elemento próprio à descrição legal do tipo previsto na norma geral, tendo prevalência sobre esta, afastando-se assim o *bis in idem*, pois o comportamento só se enquadrará na norma especial, embora também previsto na geral (*RJTJSP*, 29:303)".[29]

Nessa medida, o inc. V do art. 33 da Lei nº 8.666/93 prevê uma garantia superlativa à Administração, através da "responsabilidade solidária dos integrantes pelos atos praticados em consórcio, tanto na fase de licitação quanto na de execução do contrato". Isto é, e ao contrário do previsto na Lei nº 6.404/76, existe regra de plena solidariedade entre os consorciados. Mais do que isso: norma de ordem pública que é, essa solidariedade não é derrogável pela vontade das partes e a Administração não pode a ela renunciar (através do edital, *v.g.*).

Ora, a solidariedade existe "quando, na mesma obrigação, concorre mais de um credor, ou mais de um devedor, cada um com direito, ou obrigado, à dívida toda" (Cód. Civil, art. 264). Lendo-se o dispositivo nos termos da Lei de Licitações: a apresentação da proposta através de um consórcio de empresas implica a responsabilidade de todas e de cada uma delas por todos os atos praticados na licitação e na futura execução do contrato.

---

[29] *Lei de Introdução ao Código Civil Brasileiro Interpretada*. São Paulo: Saraiva, 1994. p. 72.

Por exemplo, imagine-se um consórcio heterogêneo, formado por uma instituição financeira, uma empreiteira e uma empresa de TI (Tecnologia de Informação). Os danos porventura causados pela empresa de TI à execução do contrato serão integralmente apuráveis diretamente frente a qualquer um dos consorciados, de forma direta (excluindo-se a responsabilidade subsidiária).

No caso do inc. V do art. 33, a solidariedade emana diretamente da Lei, em consonância à previsão do art. 265 do Código Civil.[30] No mais, aplicam-se as regras civis quanto ao pagamento e exigibilidade interna aos consorciados (art. 277 e 283).

14 Constituição e registro do consórcio prévios à assinatura do contrato

Caso vença a proposta apresentada por consórcio que havia celebrado apenas um termo de compromisso, ele fica obrigado a constituir o consórcio antes da celebração do contrato (art. 33, §2º).

O consórcio a ser constituído assemelha-se a uma *joint venture* ou a uma sociedade de propósito específico (SPE): trata-se da conjugação de esforços empresariais comuns, com o fito de desempenhar uma determinada tarefa, usualmente num prazo certo. Ou seja, envolve a coordenação de interesses não duradouros.

Nada impede que o consórcio vencedor venha a se transformar numa SPE *sponte propria* dos consorciados: extingue-se o consórcio, que é imediatamente sucedido em direitos e obrigações pela SPE (desde que mantidas as mesmas garantias, responsabilidades e condições técnicas da proposta vencedora). Altera-se o modo de constituição societária, mas permanece íntegro o resultado da licitação.

Porém, o edital não poderá exigir que o consórcio licitante constitua-se numa empresa, a fim de firmar o contrato. A Lei de Licitações não autoriza esse *plus*, que violaria o princípio da legalidade. Os consorciados não podem ser obrigados, exclusivamente pelo edital, a ir além da forma consorcial e formar uma nova empresa (pouco importa a forma societária). A exceção (a confirmar a regra) está na Lei de Concessões.

---

[30] "Art. 265. A solidariedade não se presume, resulta da lei ou da vontade das partes".

O art. 20 da Lei de Concessões (Lei nº 8.987/95) prevê de modo expresso a possibilidade de o ato convocatório impor a obrigatoriedade da constituição de empresa específica para a execução do serviço. Com lastro no edital, o poder concedente determina que o consórcio vencedor se constitua numa empresa (personalidade jurídica, patrimônio, sede, administração etc. próprios). Isso se explica devido ao fato de que as concessões, de ordinário, envolvem contratos com prazos muito longos: são investimentos de longa maturação, a exigir uma estabilidade subjetiva e objetiva durante décadas (p. ex., o art. 19 da Lei nº 9.074/95 dispõe acerca da *prorrogação* das concessões de energia elétrica então vigentes pelo prazo de até 20 anos). O que seria antitético ao conceito clássico de consórcio, que envolve a conjugação de interesses em curto ou, quando muito, em médio prazo — sem a permanência duradoura que caracteriza uma concessão de serviços públicos.

O consórcio vencedor deverá ser formalmente constituído e registrado *antes* da assinatura do contrato administrativo. O registro deverá ser feito na respectiva Junta Comercial, nos termos da Lei de Registros Públicos de Empresas Mercantis (Lei nº 8.934/94, art. 32, II, "b", regulamentada pela Instrução Normativa nº 74/98, do Departamento Nacional de Registro do Comércio – DNRC).

Daí a necessidade de um lapso razoável entre a divulgação do resultado da licitação e a celebração do respectivo contrato, a fim de que o consórcio tenha condições operacionais de promover a respectiva constituição e registro. De qualquer forma, caso se dê eventual atraso em decorrência de fato de terceiro (procedimento burocrático frente à Junta Comercial, p. ex.), o consórcio vencedor não poderá ser penalizado por isso — cabendo a proporcional dilação do prazo para a celebração do contrato administrativo.

Note-se que o termo de compromisso tem a natureza jurídica de um contrato preliminar, submetido a condição específica (a vitória na licitação). O que gera desdobramentos quanto aos deveres e obrigações dos promitente-consorciados e da Administração.

Em relação à Administração, incide uma *proibição legal*: ela está impedida de assinar o contrato caso o consórcio não seja constituído e registrado (ou a SPE superveniente). Há o dever de apenas assinar o contrato com o grupo horizontal de empresas, observados os estreitos limites do termo de compromisso, da proposta e do edital. Não há alternativa discricionária: a não constituição e registro equivale à recusa em assinar o contrato, incidindo o art. 81 da Lei nº 8.666/93.

Quanto às empresas promitente-consorciadas, a vitória na licitação tem a natureza jurídica de uma condição, com incidência não só do art. 121 do Cód. Civil.[31] Internamente para os licitantes, a implementação da condição instaura a possibilidade de exigência recíproca do termo de compromisso, com aplicação do princípio da boa-fé objetiva. Isto é, *inter partes*, torna-se possível exigir que seja firmado o documento constitutivo do consórcio. Caso haja recusa, incide o art. 465 do Código Civil (perdas e danos). Não parece possível a incidência do art. 464 do mesmo diploma (o juiz suprindo a vontade da parte inadimplente), pois a isso se opõe a natureza da obrigação.

15 Ressalva final: os consórcios e o risco da cartelização

Não há dúvidas de que os consórcios envolvem o aumento do risco da cartelização de interesses econômicos: empresas que se associam visando a estabelecer óbices impróprios à legítima concorrência. Esse é um dilema que de há muito atormenta a doutrina e a jurisprudência. O que emerge com clareza da doutrina de Ascarelli, trazida à colação por Luiz Gastão de Barros Leães, para quem "os consórcios visam a disciplinar a *recíproca concorrência* dos empresários que deles participam".[32]

Como alerta Carvalhosa, "o consórcio constitui a principal modalidade de *cartelização* de atividades setoriais. Diferentemente dos monopólios individuais — trustes — o consórcio pode objetivar a constituição de um monopólio *coletivo*. Este se constitui pela regulamentação associativa da *conduta* mercadológica das empresas até então concorrentes".[33]

Alerta que deve ser compreendido sem qualquer preconceito, pois nem todas as associações comerciais implicarão a construção de estruturas econômicas desviantes, violadoras da livre concorrência. Ao contrário, exige-se o "reconhecimento do óbvio" apontado por Calixto Salomão Filho: "Nem todas as formas de cooperação econômica entre empresas implicam limitação da concorrência entre

---

[31] "Art. 121. Considera-se condição a cláusula que, derivando exclusivamente da vontade das partes, subordina o efeito do negócio jurídico a um fato futuro e incerto".

[32] *Direito comercial*, cit., p. 128.

[33] *Comentários à Lei de Sociedades Anônimas*. v. 4, t. II, cit., p. 393.

seus membros. Existem casos em que certas limitações são apenas coadjuvantes necessários para a obtenção de resultados economicamente positivos, como o progresso tecnológico ou mesmo a melhor eficiência das empresas".[34]

Por outro lado, nem sempre os consórcios em licitações envolvem empresas representantes de um mesmo setor econômico (reitere-se a classificação quanto aos consórcios homogêneos e heterogêneos). Por exemplo, é usual a associação entre empresas do setor financeiro (ou equivalente) com empresas de alta tecnologia e empresas do setor de obras públicas. Mesmo quando o consórcio se dá entre empresas de um mesmo setor econômico, pode envolver conhecimentos técnicos específicos e não compartilhados (mediante a conjugação e potencialização recíproca de acervos técnicos).

Mais do que isso: há determinadas obras e serviços que *exigem* tal associação, a fim de minorar os custos para a Administração e possibilitar a escorreita execução do contrato num prazo adequado ao interesse público posto em jogo.

---

[34] *Direito concorrencial*: as estruturas. 2. ed. São Paulo: Malheiros, 2002. p. 318.

A Lei de Responsabilidade Fiscal e Convênios entre Entes da Federação

Leila Cuéllar

Sumário: 1 Fundamentos e objetivos da Lei de Responsabilidade Fiscal – 2 Convênios entre entes da Federação – 3 A Lei de Responsabilidade Fiscal e as transferências voluntárias entre entes da Federação – 4 Considerações finais

1 Fundamentos e objetivos da Lei de Responsabilidade Fiscal

A reforma do Estado e a melhoria das formas de gestão pública tornaram-se tema fundamental dos anos 90, visto que a crise do Estado dos anos 80 e o processo de globalização em curso — que impõem a necessidade de aumentar a eficiência estatal — mostraram ser necessário reconstruir o Estado e não apenas reduzi-lo ao mínimo. Diante dessas demandas, a Administração Pública burocrática mostrou-se obsoleta e as burocracias públicas estão sendo levadas cada vez mais a adotar uma abordagem gerencial. Aprofundar um agir consciente e eficaz é uma característica essencial em muitas áreas e organizações, mas, na área pública, tornou-se um imperativo.[1]

Talvez a causa principal da grande crise econômica dos anos 80 tenha sido a crise do Estado, caracterizada pela perda da capacidade de coordenar o sistema econômico de forma complementar ao mercado. Esta crise, observa Bresser Pereira, define-se como crise fiscal, crise do modo de intervenção do Estado e como crise da forma

---

[1] Assim se manifestam Luiz Carlos Bresser Pereira e Peter Spink. *In*: BRESSER PEREIRA, Luiz Carlos; SPINK. Peter (Org.). *Reforma do Estado e Administração Pública gerencial*. Rio de Janeiro: Fundação Getúlio Vargas, 1998. p. 13.

burocrática pela qual o Estado é administrado.[2] Diante deste quadro, conclui o autor, a solução não é provocar o definhamento do Estado, mas reconstruí-lo, reformá-lo, tornando-o mais forte.[3]

Assim, os anos 90 foram os anos da reforma do Estado em todo o mundo, inclusive no Brasil.

Segundo Helio Saul Mileski, "a reforma do Estado passou a ser um instrumento indispensável para consolidar a estabilização e assegurar o crescimento sustentado da economia", o que levou o Governo Federal a elaborar o Plano Diretor da Reforma do Aparelho do Estado, em que há alusão à ideia de reforma ou reconstrução do Estado, de molde a resgatar sua autonomia financeira e sua capacidade de implementar políticas públicas.[4]

O objetivo da reforma do Estado, portanto, consiste na construção de um Estado que "responda às necessidades de seus cidadãos, um Estado democrático, no qual seja possível aos políticos fiscalizar o desempenho dos burocratas e estes sejam obrigados por lei a lhes prestar contas, e onde os eleitores possam fiscalizar o desempenho dos políticos e estes também sejam obrigados por lei a lhes prestar contas".[5]

Nesse mesmo sentido opina Adam Przeworski, para quem a reforma do Estado "deve ser concebida em termos de mecanismos institucionais pelos quais os governos possam controlar o comportamento dos agentes econômicos privados, e os cidadãos possam controlar os governos".[6]

Um dos objetivos da reforma do Estado, por conseguinte, é "construir instituições que dêem poder ao aparelho do Estado para fazer o que deve fazer e o impeçam de fazer o que não deve fazer".[7]

De modo mais específico, pode-se dizer que a reforma do Estado possui dois objetivos básicos: facilitar o ajuste fiscal,

---

[2] BRESSER PEREIRA, Luiz Carlos. *Da Administração Pública burocrática à gerencial*. In: BRESSER PEREIRA, Luiz Carlos; SPINK, Peter (Org.). *Reforma do Estado...*, p. 239.

[3] BRESSER PEREIRA, Luiz Carlos. *Gestão do setor público*: estratégia e estrutura para um novo Estado. In: BRESSER PEREIRA, Luiz Carlos; SPINK, Peter (Org.). *Reforma do Estado...*, p. 23. Sobre este tema, confira-se também em BRESSER PEREIRA, Luiz Carlos. *Crise econômica e reforma do Estado no Brasil*: para uma nova interpretação da América Latina. Tradução de Ricardo Ribeiro e Martha Jalkauska. São Paulo: Editora 34, 1996. p. 19-21

[4] Novas regras para a gestão e a transparência fiscal: Lei de Responsabilidade Fiscal. *Interesse Público*, São Paulo, n. 7, p. 44, 45, 2000.

[5] PEREIRA. *Gestão...*, p. 36.

[6] *Sobre o desenho do Estado*: uma perspectiva agent x principal. Tradução de Carolina Andrade. In: BRESSER PEREIRA, Luiz Carlos; SPINK, Peter (Org.). *Reforma do Estado...*, p. 68.

[7] PRZEWORSKI, Adam. *Op. cit.*, p. 39.

particularmente nos Estados e Municípios, onde existe um claro problema de excesso de quadros; tornar mais eficiente e moderna a Administração Pública, voltando-a para o atendimento dos cidadãos.[8]

Dentre as reformas constitucionais definidas como prioritárias pelo atual governo federal estão a Reforma Administrativa (iniciada com a Emenda Constitucional nº 19/98), a Reforma Previdenciária (determinada pela Emenda Constitucional nº 20/98) e a Reforma Fiscal (cujo marco legislativo é a Lei Complementar nº 101/2000, Lei de Responsabilidade Fiscal). Este conjunto de reformas compõe a denominada reforma do Estado.

Em razão das repercussões de sucessivas crises internacionais sofridas pela economia brasileira, a meta do governo, especialmente em relação à Reforma Fiscal, é recuperar a credibilidade de sua política econômica, por intermédio de um conjunto de medidas de ajuste fiscal.

Como bem frisado por Rogério Werneck, "O aprofundamento da crise obrigou o governo a perceber que a recuperação da credibilidade e a superação da própria crise requerem modificações que não podem ficar restritas aos pacotes de medidas de corte tradicional".[9] Assim, paralelamente às medidas de aumento de receita e corte de gastos, o governo vem promovendo um conjunto de outras iniciativas, dentre as quais merece destaque a Lei Complementar nº 101/ 2000 — Lei de Responsabilidade Fiscal, que dispõe sobre princípios e normas de finanças públicas e estabelece um regime de gestão fiscal responsável.

De outro lado, é interessante notar que, além de necessária, a reforma fiscal também é uma das exigências do Fundo Monetário Internacional. O Comitê Interino do FMI apresenta o seguinte argumento em prol da reforma:

> Graças a sua experiência na área de gestão das finanças públicas e a universalidade de seus países-membros, o FMI está bem situado para liderar a promoção de uma maior transparência fiscal. Assim, o Comitê Interino procura estimular os países-membros a aplicarem o presente Código de Boas Práticas para a Transparência Fiscal. Este código baseia-se nos seguintes objetivos primordiais: definição clara das funções e responsabilidades do governo; abertura na

---

[8] Assim se manifesta BRESSER PEREIRA. *Da administração...*, p. 257.

[9] Responsabilidade Fiscal. Extraído do resumo do artigo publicado na *Revista Anbid* em 12/98.

preparação e execução do orçamento, bem como na prestação das contas orçamentárias; e avaliação independente da integridade das informações fiscais. O Código define os princípios e práticas que os governos devem adotar para cumprir estes objetivos. Estes princípios e práticas se inspiram nos conhecimentos obtidos pelo FMI sobre as práticas de gestão financeira pública dos países-membros. O Código facilitará a vigilância das políticas econômicas pelas autoridades nacionais, mercados financeiros e instituições internacionais.[10]

Portanto, e à parte de quaisquer considerações de natureza política, a Lei de Responsabilidade Fiscal integra o conjunto de medidas impostas pelo FMI ao país, com o escopo de instituir um regime fiscal responsável, visando a reduzir o déficit público, controlar as contas públicas e estabilizar o montante das dívidas interna e externa, em relação ao PIB.

Vinculada ao Programa de Estabilidade Fiscal (PEF), que almeja a redução do déficit público através, precipuamente, das reformas fiscal, administrativa e previdenciária, a Lei Complementar nº 101 "estabelece normas delineadoras das metas da Administração Pública, definindo a responsabilidade da gestão fiscal do administrador público, proibindo, destarte, a renúncia de receitas, o aumento irresponsável das despesas públicas, precipuamente no que pertine àquelas efetuadas com pessoal ativo e inativo, pensionistas e aposentados".[11]

A Lei de Responsabilidade Fiscal pode ser definida como um código de conduta para os administradores públicos, que passarão a obedecer as normas e limites para administrar as finanças, prestando contas sobre quanto e como gastam os recursos da sociedade. Corresponde a um instrumento apto a acabar com o desequilíbrio fiscal do país. Trata-se, em suma, da criação de um novo regime baseado no equilíbrio intertemporal das contas públicas, na eficiência e transparência dos gastos.

As normas contidas na Lei de Responsabilidade Fiscal alcançam todos os entes da Federação (União, Estados, Distrito Federal e Municípios), seus Poderes e suas entidades da Administração direta e indireta (salvo as empresas que não dependem do Tesouro do ente ao

---

[10] MILESKI, Helio Saul. *Op. cit.*, p. 45, 46.

[11] ALVES, Benedito Antônio; GOMES, Sebastião Edilson R.; AFFONSO, Antônio Geraldo. *Lei de Responsabilidade Fiscal comentada e anotada*. São Paulo: Juarez de Oliveira, 2000. p. 1.

qual se vinculam), responsabilizando todos os gestores da coisa pública, conforme prevê o artigo 1º da Lei de Responsabilidade Fiscal.

Poder-se-ia afirmar que a Lei de Responsabilidade Fiscal embasa-se sobre quatro pilares: o planejamento, a transparência, o controle e a responsabilização. Estas seriam as bases para que seja alcançado o escopo principal desta lei: o equilíbrio das contas públicas.[12] Planejamento, no sentido da prefixação objetiva dos escopos a serem atingidos no período fiscal respectivo. Transparência, querendo significar a publicização de tais finalidades, sua execução e seu atingimento. Controle, entendido como fiscalização constante do cumprimento das normas prescritas pela Lei de Responsabilidade Fiscal. Responsabilização, implicando que aquele que descumprir norma fiscal deverá responder por seu ato, submetendo-se, inclusive, às sanções previstas em lei (consoante disposto, por exemplo, no art. 73 da Lei de Responsabilidade Fiscal).

A nova legislação acerca da responsabilidade fiscal pretende, também, que todos os entes da Federação passem a elaborar planos de desenvolvimento mais efetivos, forçando-os a atingir resultados e metas fiscais.

A Lei de Responsabilidade Fiscal almeja combater o déficit, limitando as despesas de pessoal, dificultando a geração de novas despesas, impondo ajustes de compensação para a renúncia de receitas e exigindo mais condições para repasses entre governos e destes para instituições privadas.

Esse diploma normativo procura, ainda, reduzir o nível da dívida pública, induzindo a obtenção de superávits primários, restringindo o processo de endividamento, nele incluído o dos Restos a Pagar, requerendo limites máximos, de observância contínua, para a dívida consolidada.

Para José Augusto Delgado, os objetivos da Lei de Responsabilidade Fiscal são os seguintes: a) um tipo de controle das despesas que acabe com o déficit público; b) uma política tributária estável e previsível; c) contenção e delimitação da dívida pública; d) prudência na gestão financeira e patrimonial; e) transparência de todos os gastos públicos; f) medidas para evitar desvios da política de equilibrar as contas públicas; g) vias de restrição ao endividamento público; h) conduta administrativa que obrigue compensar despesas

---

[12] MOTTA, Carlos Pinto Coelho; SANTANA, Jair Eduardo; FERRAZ, Luciano; CASTRO, Flávio Régis Xavier de Moura e (Coord.). *Lei de Responsabilidade Fiscal*: abordagens pontuais. Belo Horizonte: Del Rey, 2000. p. 21.

de longo prazo com a redução de outras despesas ou aumento de receitas; e i) um rígido regulamento para o inter-relacionamento fiscal dos entes da Federação.[13]

Segundo o mesmo doutrinador, as características principais da Lei Complementar nº 101/2000 podem ser assim resumidas:

a) *A finalidade maior* da lei é a consolidação de uma cultura de que a máquina do Estado deve servir ao cidadão e não aos governantes;

b) A sua *destinação* é de adotar estabilidade fiscal, de forma gradativa, proporcionando tempo para que seja encontrada solução para o desequilíbrio das contas públicas, reduzindo, assim, os impactos negativos que esse desencontro de contas provoca sobre os investimentos públicos básicos (saúde, educação, segurança, proteção ao meio ambiente, lazer), sobre os meios de produção, a renda dos indivíduos e a capacidade de as empresas aumentarem a oferta de empregos;

c) A sua *aprovação* faz parte da estratégia adotada pelo Governo para sair da crise financeira que atualmente impede o desenvolvimento econômico do país, optando por um ajuste rápido e suficiente para, no menor tempo possível, alcançar o nível desejado, que é o equilíbrio entre receitas e despesas;

d) A lei tem como *filosofia econômica* reduzir o déficit público, para evitar o aumento dos juros, a diminuição dos investimentos e, consequentemente, a redução do crescimento dos setores empresariais; e

e) A sua *finalidade específica* é de mudar, de forma definitiva, o ambiente fiscal, resolvendo o problema do déficit público, para que o Brasil volte a crescer sem depender da poupança externa.[14]

Assim, a Lei Complementar nº 101 estabelece princípios e normas de finanças públicas voltados para a responsabilidade na gestão fiscal. Tem por finalidade específica fazer cumprir as determinações expressas nos arts. 163 a 169 da Constituição Federal, que versam sobre normas gerais de finanças públicas.

Nesse sentido dispõe o artigo 1º da Lei em questão:

---

[13] A Lei de Responsabilidade Fiscal e os Tribunais de Contas. *Interesse Publico*, São Paulo, n. 7, p. 34, 2000.

[14] DELGADO, José Augusto. *Op. cit.*, p. 35.

Art. 1º Esta Lei Complementar estabelece normas de finanças públicas voltadas para a responsabilidade na gestão fiscal, com amparo no Capítulo II do Titulo VI da Constituição.

§1º A responsabilidade na gestão fiscal pressupõe a ação planejada e transparente, em que se previnem riscos e corrigem desvios capazes de afetar o equilíbrio das contas públicas, mediante o cumprimento de metas de resultados entre receitas e despesas e a obediência a limites e condições no que tange à renúncia de receita, geração de despesas com pessoal, da seguridade social e outras, dívidas consolidada e mobiliária, operações de crédito, inclusive por antecipação de receita, concessão de garantia e inscrição em Restos a Pagar.

§2º As disposições desta Lei Complementar obrigam a União, os Estados, o Distrito Federal e os Municípios.

(...).

Importa observar que a Lei de Responsabilidade Fiscal exige uma ação planejada e transparente: é necessário um completo planejamento na elaboração de todo o orçamento (Plano Plurianual, Lei de Diretrizes Orçamentárias e Lei do Orçamento Anual) e a transparência corresponde àquela objetivada pela Emenda Constitucional nº 19, que determinou a Reforma Administrativa.

Sobre o tema, conclui José Augusto Delgado, ao tratar da alteração do papel do Estado:

> O que se tem como verdadeiro é a necessidade de uma regulamentação mais rígida para o exercício da sua gestão [do Estado], em face dos graves problemas financeiros que está experimentando e em razão de acontecimentos com as seguintes configurações: a) má gestão da administração pública; b) custos excessivos e desnecessários com execução de projetos ditos sociais; c) *idem* com execução de projetos não-sociais e com resultados insuficientes para solucionar as dificuldades vividas pela cidadania; d) os altos compromissos decorrentes dos juros incidentes sobre as dívidas interna e externa; e) a influência da Globalização a exigir uma nova visão administrativo-financeira das contas públicas; f) a força exercida pela concentração de capitais por parte das empresas privadas (as grandes fusões); g) o incontrolável problema da corrupção; h) a universalização do crime e outros fatos plenamente conhecidos da população.[15]

---

[15] *Op. cit.*, p. 20.

Consoante ensina Rogério Werneck, o propósito da lei complementar é fixar princípios norteadores para as finanças públicas das três esferas de governo. A Lei de Responsabilidade Fiscal estaria incentivando, então, que fossem adotadas práticas responsáveis, que valorizem a contenção do dispêndio e do endividamento público. Prevê "a exigência do estabelecimento de objetivos e metas fiscais por cada ente da Federação, a implantação de mecanismos de compensação e correção de desvios entre metas e valores efetivamente alcançados, bem como a fixação de penalidades para crimes de responsabilidade fiscal. Prevê também uma padronização de contas e mecanismos que possam assegurar um alto grau de transparência na gestão fiscal dos vários níveis da Federação".[16]

Assim, a Lei de Responsabilidade Fiscal procura impor uma melhoria no controle das contas públicas.

Todos os aspectos regulados pela Lei Complementar nº 101/2000 são relevantes para o desenvolvimento do país, pois imporão mudanças importantes no tocante à gestão de recursos públicos.

A Lei de Responsabilidade Fiscal, de elevado caráter técnico, redefine conceitos, princípios e normas de ordem financeira e econômica, "introduzindo modificações no comportamento de agentes públicos não afeitos ao controle por ela introduzido".[17] Sua fiel aplicação viabilizará o restabelecimento das condições necessárias para a manutenção do perfeito equilíbrio orçamentário-financeiro do Estado Brasileiro, em cada uma de suas esferas de governo.

2 Convênios entre entes da Federação

O tema dos "convênios administrativos" tem despertado a atenção da doutrina brasileira. Deve-se observar que a ideia comum presente nas definições apresentadas pelos doutrinadores consiste na conjugação de esforços entre entes da Federação ou entre estes e particulares, almejando a realização de um objetivo comum.

Conforme ensina Marçal Justen Filho, toda hipótese de conjugação de esforços administrativos entre diversos entes políticos federais pressupõe uma espécie de convênio, ainda que implícito.[18]

---

[16] *Op. cit.*
[17] DELGADO, José Augusto. *Op. cit.*, p. 42.
[18] *Concessões de serviços públicos*. São Paulo: Dialética, 1997. p. 75.

Convênios administrativos, esclarece Hely Lopes Meirelles, "são acordos firmados por entidades públicas de qualquer espécie, ou entre estas e organizações particulares, para realização de objetivos de interesse comum dos partícipes".[19] Para Carlos Ari Sundfeld, denomina-se convênio "ao ato bilateral por meio do qual pessoas de direito público ou privado ajustam a conjugação de esforços para o atingimento de objetivo comum, como a prestação de certo serviço ou a execução de obra, facultada a denúncia unilateral a qualquer tempo".[20] Marçal Justen Filho leciona que o convênio, enquanto conjugação de esforços públicos, ocorre quando duas ou mais pessoas políticas disciplinam o exercício conjugado de atribuições, definindo fins comuns a serem atingidos através da aplicação coordenada de recursos próprios. Nos convênios, ressalta o aludido autor, os interesses não são contrapostos. Assim, "cada associado colabora para a obtenção do fim comum, exercitando atividades que se enquadram na própria competência ou desempenhando atribuições que, teoricamente, enquadrar-se-iam em competência alheia. Enfim, diversas pessoas estatais reúnem esforços e recursos para prestação de determinado serviço que interessa a todas elas".[21]

Embora os convênios sejam atos bilaterais, acordos praticados pela Administração, são distintos dos contratos.[22] Enquanto no contrato as partes têm interesses diversos e opostos, no convênio os partícipes têm interesses comuns e coincidentes. Visa-se a um mesmo objetivo, comum e uniforme entre os signatários.

Neste sentido, esclarece Justen Filho:

Quando se alude a contrato administrativo, indica-se um tipo de avença que se enquadra, em termos de teoria geral do direito, na categoria dos contratos "comutativos" ou "distributivos" (ainda quando se trate de contratos unilaterais). Em tais atos, não há comunhão de interesses ou fim comum a ser buscado. Cada parte vale-se do contrato para atingir a um fim que não é compartilhado pela outra.

---

[19] *Direito administrativo brasileiro*. 26. ed. São Paulo: Malheiros, 2001. p. 377.
[20] *Licitação e contrato administrativo*. 2. ed. São Paulo: Malheiros, 1995. p. 198, 199.
[21] *Op. cit.*, p. 74.
[22] Celso Antônio Bandeira de Mello conceitua contrato administrativo como "um tipo de avença travada entre a Administração e terceiros na qual, por força de lei, de cláusulas pactuadas ou do tipo de objeto, a permanência do vínculo e as condições preestabelecidas assujeitam-se a cambiáveis imposições de interesse público, ressalvados os interesses patrimoniais do contratante privado" (*Curso de direito administrativo*. 13. ed. São Paulo: Malheiros, 2001. p. 560, 561).

Já no chamado "convênio administrativo", a avença é instrumento de realização de um determinado e específico objetivo, onde os interesses não se contrapõem — ainda que haja prestações específicas e individualizadas, a cargo de cada partícipe. No convênio, a assunção de deveres destina-se a regular a atividade harmônica de sujeitos integrantes da Administração Pública, que buscam a realização imediata de um mesmo e idêntico interesse público.[23]

Este também é o entendimento esboçado por Maria Sylvia Zanella Di Pietro, ao frisar que o convênio constitui instrumento de que o poder público se utiliza "para associar-se com outros entes e facilitar a gestão dos serviços públicos ou de utilidade pública".[24] Ou seja: o convênio se caracteriza pela reunião de esforços, mútua colaboração, para a consecução de fins comuns.

Desse modo, respeitados os princípios fundamentais norteadores do sistema jurídico, os diferentes sujeitos políticos autônomos podem e devem atuar conjugada e harmonicamente para multiplicação de esforços e realização mais eficiente dos interesses comuns.

Resta verificar, contudo, se os convênios celebrados entre entes da Federação se submetem às regras da Lei de Responsabilidade Fiscal.

3 A Lei de Responsabilidade Fiscal e as transferências voluntárias entre entes da Federação

O Capítulo V da Lei Complementar nº 101/2000 versa sobre transferências voluntárias de recursos, cujo conceito está disposto no art. 25, *caput*:

> Art. 25. Para efeitos desta Lei Complementar, entende-se por transferência voluntária a entrega de recursos correntes ou de capital a outro ente da Federação, a título de cooperação, auxílio ou assistência financeira, que não decorra de determinação constitucional, legal ou os destinados ao Sistema Único de Saúde.

---

[23] *Comentários à lei de licitações e contratos administrativos*. 7. ed. São Paulo: Dialética, 2000. p. 668.

[24] *Parcerias na Administração Pública*: concessão, permissão, franquia, terceirização e outras formas. 3. ed. São Paulo: Atlas, 1999. p. 183.

É importante destacar que os conceitos estabelecidos na Lei de Responsabilidade Fiscal são de natureza fechada. Assim opina José Augusto Delgado:

> Eles ingressam na órbita jurídica do modo que o legislador os assentou. A doutrina e a jurisprudência têm pouco campo de ação para discuti-los, pelo que a obediência dos Tribunais de Contas às linhas por eles fixadas é de imediato e sem restringir ou ampliar o raio das ações por eles delimitadas.[25]

Logo, de acordo com o dispositivo legal citado, transferência voluntária é o repasse espontâneo de verbas (recursos correntes ou capital) entre níveis de governos, sem que para tanto haja imposição legal ou constitucional. A transferência, portanto, se concretiza no intuito de "cooperação, auxílio ou assistência financeira".

Ao se referir a "recursos correntes e capital", a Lei de Responsabilidade Fiscal quis definir o objeto da transferência voluntária. As expressões "cooperação, auxílio ou assistência financeira", empregadas no *caput* do artigo 25 citado, vinculam-se à ideia de colaboração, ajuda, ação conjunta para alcançar um fim comum, excluindo objetivos outros que não tenham natureza assistencial ou cooperativa. Os termos devem ser entendidos no sentido de que a transferência voluntária se faz no intuito de colaboração entre os entes da Federação, tendo por escopo a união de esforços, para atingimento dos fins públicos.

Por exemplo, há transferência voluntária quando o Governo Federal envia dinheiro para certo município construir uma escola, ou quando o Governo do Estado ajuda a promover evento cultural numa determinada cidade.

No intento de conter a despesa e, por isso, o déficit, a Lei de Responsabilidade Fiscal expressa condições para a realização de transferências voluntárias.

Os requisitos para o recebimento de recursos voluntários, além das exigências previstas na Lei de Diretrizes Orçamentárias, estão contidos no §1º do art. 25 da Lei de Responsabilidade Fiscal:

> Art. 25. (...).
>
> §1º São exigências para a realização de transferência voluntária, além das estabelecidas na lei de diretrizes orçamentárias:

---

[25] *Op. cit.*, p. 42.

I – existência de dotação específica;

II – (Vetado)

III – observância do disposto no inciso X do art. 167 da Constituição;

IV – comprovação, por parte do beneficiário, de:

a) que se acha em dia quanto ao pagamento de tributos, empréstimos e financiamentos devidos ao ente transferidor, bem como quanto à prestação de contas de recursos anteriormente dele recebidos;

b) cumprimento dos limites constitucionais relativos a educação e a saúde;

c) observância dos limites das dívidas consolidada e mobiliária, de operações de crédito, inclusive por antecipação de receita, de inscrição em Restos a Pagar e de despesa com pessoal;

d) previsão orçamentária de contrapartida.

§2º É vedada a utilização de recursos transferidos em finalidade diversa da pactuada.

§3º Para fins da aplicação das sanções de suspensão de transferências voluntárias constantes desta Lei Complementar, excetuam-se aquelas relativas a ações de educação, saúde e assistência social.

Portanto, entre as condições previstas para que haja transferência voluntária, consta a comprovação, pelo ente beneficiado, de que nada deve ao ente transferidor e do cumprimento dos limites constitucionais relativos à educação (art. 212 da Carta Federal) e à saúde (art. 55 do Ato das Disposições Constitucionais Transitórias).

Para que a operação se efetive, indispensável também que não se incorra em nenhuma das vedações elencadas no art. 167 da Constituição Federal, sobretudo em relação às dispostas no inciso X:

Art. 167. São vedados:

(...)

X – a transferência voluntária de recursos e a concessão de empréstimos, inclusive por antecipação de receita, pelos Governos Federal e Estaduais e suas instituições financeiras, para pagamento de despesas com pessoal ativo, inativo e pensionista, dos Estados, do Distrito Federal e dos Municípios.

Tal benefício exige, ainda: (i) pagamento em dia de tributos e/ ou outros valores devidos ao transferidor; (ii) prestação de contas de recursos anteriormente recebidos; (iii) destinação de recursos de

Leila Cuéllar
A Lei de Responsabilidade Fiscal e Convênios entre Entes da Federação | 149

igual ou proporcional monta no orçamento do ente recebedor da transferência, a chamada "previsão orçamentária de contrapartida"; e (iv) comprovação do ente beneficiado de que vem se sujeitando aos limites de endividamento e de gastos de pessoal, bem como de que cobra todos os tributos de sua competência.

Também o §2º do citado art. 25 da Lei de Responsabilidade Fiscal é claro ao proibir a aplicação de recursos transferidos para fins diversos dos previamente acordados, destacando que se trata da chamada verba vinculada ao objetivo inicialmente exposto.[26]

Constata-se que o legislador foi cauteloso ao vedar expressamente o desvio de finalidade,[27] decorrente da utilização dos recursos transferidos para outro escopo, diverso daquele que motivou a transferência.[28] Busca-se, assim, evitar que os recursos repassados sejam utilizados pelo ente beneficiado para outro fim que não aquele expressamente previsto. Daí a necessidade de as transferências preverem expressamente, de forma minuciosa, o seu objeto — o fim específico a que se destinam.

Oportuno ressaltar, igualmente, que a realização de transferência voluntária deve obedecer ao previsto na Lei de Diretrizes Orçamentárias e só pode acontecer mediante dotação específica, ou seja, é preciso existir previsão orçamentária a título de contrapartida na Lei do Orçamento Anual do ente recebedor e, por outro lado, é obrigatório constar no orçamento do ente transferidor a dotação específica para a transferência que se pretende realizar.[29]

Acrescente-se que compete aos Tribunais de Contas declarar a vedação de unidades da Federação receberem transferências voluntárias e contratarem operações de crédito por: (i) ter havido descumprimento do art. 51 da Lei de Responsabilidade Fiscal (dever de encaminhamento das contas do Poder Executivo, por parte dos Estados e Municípios, para consolidação e publicação); (ii) não ter tornado providências administrativas para o pleno exercício das

---

[26] Sobre o tema, confira-se em VICCARI JUNIOR, Adauto; GLOCK, José Osvaldo; HERZMANN, Nélio; TREMEL, Rosângela; CRUZ, Flávio da (Coord.). *Lei de Responsabilidade Fiscal comentada*: Lei Complementar nº 10, de 4 de maio de 2000. São Paulo: Atlas, 2000. p. 97.

[27] Celso Antônio Bandeira de Mello ensina que ocorre "desvio de poder, e, portanto, invalidade, quando o agente se serve de um ato para satisfazer finalidade alheia à natureza do ato utilizado" (*Curso*..., p. 362).

[28] Sobre o tema do desvio de finalidade ou desvio de poder, confira-se em Celso Antônio Bandeira de Mello (*Discricionariedade e controle jurisdicional*. 2. ed. São Paulo: Malheiros, 1998. p. 49 *et seq*.).

[29] Viccari Junior assevera que "A exigência de dotação orçamentária específica faz com que os Estados e Municípios planejem, desde o projeto de lei do orçamento, a potencial captação dessas transferências. Caso não o façam, deverão recorrer aos créditos adicionais" (*Op. cit.*, p. 97).

atividades relativas à cobrança dos tributos devidos de acordo com as regras do ordenamento jurídico; *e/ou* (iii) não ter reduzido a despesa com pessoal (art. 23, Lei de Responsabilidade Fiscal, *c/c* art. 169, §2º, CF).

Deve-se aduzir, por fim, que, dentre os requisitos necessários para a efetivação de transferências voluntárias, o Projeto de Lei de Responsabilidade Fiscal já aprovado pelo Congresso Nacional previa no artigo 25, §1º, inciso II, a exigência formal de convênio. Este requisito foi suprimido em decorrência de veto presidencial, no intuito de facilitar as transferências voluntárias. Importa transcrever parte das razões de veto apresentadas pelo Presidente da República em relação ao inciso II do parágrafo 1º do artigo 25, consoante consta na Mensagem nº 627, de *04.05.2000*:

> O estabelecimento destas exigências em lei complementar compromete importantes programas de responsabilidade deste Ministério, onde a eliminação da figura do convênio proporcionou notável quantitativo e qualitativo.
>
> O Programa Nacional de Alimentação Escolar e o Programa Dinheiro Direito na Escola atingiram grau de descentralização sem precedentes na história, a partir da edição da Medida Provisória hoje vigente sob o nº 1.979-17, de 6 de abril de 2000.
>
> (...)
>
> Além dos casos concretos acima relatados, a exigência de convênio em lei complementar inviabiliza futuras experiências de simplificação de procedimentos no âmbito da Administração Pública, em programas onde aquele instrumento mostra-se progressivamente dispensável ou substituível por outros mais modernos e eficazes.
>
> Considerando a possibilidade de restabelecimento da exigência de convênio para as transferências voluntárias anualmente e com as devidas exceções, na lei de diretrizes orçamentárias, é de todo recomendável a supressão do dispositivo em tela, por tratar-se de norma que contraria o interesse público.

Ou seja, retirando a exigência formal de realização de convênio, o veto prestou-se a permitir a concretização de maior número de transferências voluntárias.

Embora a Lei de Responsabilidade Fiscal não exija que sejam celebrados convênios para que as transferências voluntárias sejam concretizadas, evidente que, havendo transferências voluntárias decorrentes de convênios, estas devem se submeter aos ditames da Lei Complementar nº 101/2000. Não se pode interpretar a desnecessidade do convênio como autorização a transferências incertas e imprecisas. A Lei exige definição exaustiva do objeto.

4 Considerações finais

Não há dúvida de que os convênios existentes entre os entes da Federação são importantes para a melhor realização de interesses públicos comuns.

Contudo, uma vez constatado que a colaboração se enquadra na definição de transferência voluntária, apresentada na Lei de Responsabilidade Fiscal, o repasse voluntário de recursos se submete aos ditames da referida Lei, fazendo-se necessário que sejam observadas as determinações legais previstas em seu art. 25. Pouco importa o nome que se dê ao instrumento de transferência — vale enfrentar sua natureza jurídica, sempre visando a prestigiar ao máximo a Lei Complementar nº 101/2000.

O Direito Administrativo da Economia e a Atividade Interventiva do Estado Brasileiro

Egon Bockmann Moreira

Sumário: 1 Introdução – 2 O Conceito de Constituição Econômica – 3 Síntese do pensamento de Diogo de Figueiredo Moreira Neto: a intervenção do Estado na economia – 4 Políticas econômicas e a atuação estatal na economia – 5 A intervenção estatal na economia e seu relacionamento com a ideia de um "Estado promocional" – 6 Os dois níveis de intervenção: "a favor" e "contra" o mercado – 7 Conclusões parciais

1 Introdução

1 Dentre as críticas negativas que vez por outra são feitas aos juristas, uma diz respeito à suposta visão retrospectiva que caracterizaria o seu trabalho. Por um lado, ele estaria atado pelo passado que deu origem às normas objeto de sua interpretação; por outro, rejeitaria em sua análise as conquistas das demais ciências — fazendo com que a sua atividade implicasse a perenidade daquilo que já passou.

Ocorre que essa censura não é de todo desatinada. A atividade hermenêutica tem fronteiras firmes, as quais limitam o intérprete. O estudioso do Direito tem um ponto de partida que muitas vezes diz respeito a um passado distante. Mais do que isso, é bem verdade que nem sempre é cauteloso ao jurista fazer predições sobre o cenário futuro. A desenvoltura na atividade de interpretação prospectiva é um privilégio de poucos.

Constatação que envolve com maior intensidade as relações contemporâneas entre o Direito e a Economia — as quais atingem de frente as noções de tempo presente, passado e futuro. Aliás, a própria ideia de tempo, cuja marcação e interpretação foram consolidadas na Idade Média (quando surgiram e se desenvolveram os primeiros relógios totalmente mecânicos), não encontra a mesma representatividade no Direito e na Economia. O tempo dos operadores do Direito (e das normas jurídicas) não é o mesmo daquele em que se desenvolve a economia contemporânea (no qual o conceito medieval tornou-se quase que supérfluo em razão das conquistas tecnológicas).

2 Por outro lado, e à parte das coincidências que podem existir, fato é que a Ciência da Economia é mais veloz, pois goza de uma liberdade criativa muito maior do que a da Ciência do Direito (mesmo no Direito Econômico). As atribuições e o desenvolvimento da economia vinculam-se a escolas edificadoras de teorias dinâmicas, a propor constantes e renovadas soluções aos diuturnos problemas concretos — que têm como ponto de partida e são diretamente aplicadas no mundo do ser.

A economia vê o presente à luz do exame do passado, mas tem por objeto projetar o futuro e propor inovações. As teorias são consolidadas e diversificadas com o passar dos anos (p. ex., a base da "teoria dos jogos não cooperativos" foi consolidada por J. F. Nash em 1950; sendo que esse autor recebeu o Nobel de Economia em 1994, devido ao fato de a teoria dos jogos ter se tornado uma ferramenta dominante na análise de estratégias econômicas).

Já o Direito é de usual mais lento, fechado e reacionário. Baseia-se no que já foi positivado em princípios e regras, depois de um longo processo de elaboração que tem por lastro uma visão pretérita (o mundo dos fatos, como existia ao tempo em que as normas foram elaboradas). Como não poderia deixar de ser, suas propostas são precipuamente de estabilidade e segurança das relações jurídicas. A aplicação do Direito entende e cria o presente pensando no passado; o futuro é "inovado" em obediência aos limites de um passado supostamente ideal (pois positivado em normas jurídicas).

3 Por isso que, nesse cenário retrospectivo, avultam as lições daqueles que se dedicam a compreender o universo jurídico do presente com vistas ao futuro do Direito — dentre as quais se destaca a elevada doutrina do Professor Doutor Diogo de Figueiredo Moreira Neto.

Neste conservador mundo do dever-ser, poucos são aqueles que examinam o Direito com os olhos no que o futuro pode nos reservar. Os vaticínios são raros e mais raros ainda são aqueles que predizem com acerto o futuro, como o fez Diogo de Figueiredo Moreira Neto ao início da década de 1990:

> Independentemente de ideologias, insista-se, tanto regimes de esquerda, de direita como os de centro acabaram, igualmente, produzindo os hiper-Estados que, na política, caracterizaram este século e somente agora, no seu final, estão retrocedendo a dimensões mais humanas e, até, mais eficientes, na busca de novas formas organizativas que dominarão o século XXI.[1]

As reformas pelas quais passou o Direito brasileiro a partir de 1995 — e que permanecem até a presente — provam a razão da tese acima transcrita. A Administração Pública nacional, que passava por uma síndrome de hipertrofia, vem, desde então, sendo submetida à "busca de novas formas organizativas". Isso independente do matiz ideológico de seus governantes.

4 Demais disso, essa visão de uma hermenêutica prospectiva exige uma integração mais intensa entre as "velocidades" jurídica e econômica — não no sentido de submeter as premissas ou a lógica de uma Ciência à outra (o que se descarta com firmeza), mas sim para permitir uma compreensão mais adequada do que efetivamente se passa.

Essa rápida descrição inicial pretende fixar uma proposição simultaneamente dissociativa e integradora de conceitos jurídicos e econômicos. Dissociativa ao estabelecer as pautas de análise, a metodologia e a transparência não subordinante dos conceitos. Integradora ao não permitir a rejeição *a priori* da compreensão econômica e da teleologia de alguns dos fenômenos disciplinados pelo Direito. As linguagens e as leituras dessemelhantes não configuram um impeditivo, mas um estímulo ao intérprete. A dialética entre as disciplinas pode levar à compreensão de uma nova face do Direito Administrativo contemporâneo, um Direito Administrativo que contém parcelas que podem ser adjetivadas pela economia.[2]

---

[1] *Direito da participação política*. Rio de Janeiro, Renovar, 1992. p. 185.

[2] Como bem define a doutrina de Rolf Stober: "El Derecho de la Administración económica es una parte integrante del ordenamiento jurídico. Hoy puede decirse que el Derecho administrativo económico es una **materia jurídica con propia sustantividad** frente a otras". E mais adiante, ao lançar o conceito da disciplina "Direito Administrativo Econômico": "la suma de normas y medidas que regulan las distintas instituciones y la actividad de los órganos administrativos y autoridades administrativas en sus formas de actividad de seguridad, planeamiento, vigilancia, dirección y

Mesmo porque, tal como Diogo de Figueiredo Moreira Neto desenvolveu recentemente em face do Direito Administrativo Regulatório, o que se exige é que a visão contemporânea produza decisões motivadas não apenas com dados do passado, "mas que sejam considerados também elementos justificativos voltados para o futuro, através de um exercício *prospectivo*".[3] A eficiência e a justeza das decisões administrativas (e mesmo da concepção do Direito Administrativo da Economia) devem necessariamente passar por tal olhar voltado para o futuro.

5 Postas estas premissas, o presente ensaio apresentará uma proposta de leitura, numa tentativa prospectiva e integradora quanto à intervenção do Estado na Ordem Econômica (e suas variantes).

Em primeiro lugar, serão apresentados um conceito de Constituição Econômica e uma rápida análise descritiva do pensamento do Professor Diogo de Figueiredo Moreira Neto a respeito da Constituição Econômica brasileira e instrumentos de intervenção. A seguir, serão analisados alguns conceitos de políticas econômicas, atuação e intervenção estatal na economia. Isso para que se possa aprofundar a ideia de intervenção promocional e os níveis interventivos pró e contra o mercado.

2 O Conceito de Constituição Econômica

6 A análise do Direito Administrativo da Economia pressupõe a fixação do que pode entender pela locução Constituição Econômica, sua construção histórica e o seu teor na Constituição de 1988 (e Emendas Constitucionais).

Como se sabe, a partir do final do século XIX passou a se intensificar o vínculo do Estado com a economia. Apesar de o domínio econômico ser tido como próprio das pessoas privadas nesse cenário liberal, fato é que tanto os abusos praticados pelos agentes como o elevado custo de determinados setores exigiram a intervenção do aparelho estatal nas relações econômicas. Vínculo que se consolidou ao início do século XX, sobremaneira em decorrência da I Guerra Mundial.

---

fomento de la economía y las relaciones entre los sujetos que actúan en la vida económica y la Administración Pública" (*Derecho administrativo económico*. Trad. de Santiago González-Varas Ibañez. Madrid: MAP, 1992. p. 42, 44).

[3] *Direito regulatório*. Rio de Janeiro: Renovar, 2003. p. 101.

Por óbvio, essa intensa relação do Estado com a economia não se limitou ao mundo do ser. A integração entre ambos gerou uma abundante produção no mundo do dever-ser. As normas despiram-se de seus atributos passivos (típicos do liberal Estado de Polícia) e passaram a contemplar a interação ativa do Estado no cenário econômico. Ao mesmo tempo em que as pessoas privadas passaram a interagir economicamente com o Estado (e vice-versa), este intensifica o exercício dos deveres oriundos de uma nova categoria do Direito.

As diretrizes políticas tornaram-se carregadas de deveres econômicos, num grau ascendente: já não mais bastavam as previsões normativas liberais de um Direito Civil ou de um Direito Comercial. As relações que se punham exigiam uma normatividade de hierarquia superior e os textos constitucionais passaram a prever um feixe normativo específico, que a doutrina convencionou denominar de "Constituição Econômica".

7 Assim, essa intensificação da ação do Estado na economia teve como resultado inevitável a (prévia, simultânea ou mesmo posterior) modificação numérica e substancial da produção normativa. As leis liberais que previam a abstenção do Estado já não mais se prestavam a regular a sua ação econômica pró-ativa e interventiva. O Direito Público passou a regular essa interação entre o político e o econômico. Surgia a ordem jurídica da economia, que veio a dar nascimento a textos constitucionais com dispositivos expressos acerca da Ordem Econômica:

> A primeira constituição a incluir uma extensa ordem constitucional econômica foi a constituição mexicana de 1917, produto da revolução iniciada em 1910. Mas foi a constituição alemã da República de Weimar (1919), surgida no seguimento da revolução (falhada) de 1918, que pela primeira vez incluiu um capítulo especial dedicado à vida económica. E foi à imagem dela que um grande número de constituições posteriores, de diversas orientações, passaram a inserir uma extensa ordem económica. Assim: a constituição da República espanhola de 1931, a portuguesa de 1933, a brasileira de 1934, a francesa de 1946 (preâmbulo), a italiana de 1947, a suíça (depois da revisão de 1949), etc.[4]

---

[4] Vital Moreira, *A ordem jurídica do capitalismo*. 4. ed. Lisboa: Caminho, 1987. p. 65. Na doutrina brasileira, cf. Eros Roberto Grau, *A ordem econômica na Constituição de 1988*. 8. ed. São Paulo: Malheiros, 2003. p. 49 *et seq*. A respeito da polissemia da locução "ordem econômica", v. Vital Moreira (*Economia e Constituição*. Coimbra: FDUC, 1970. p. 152 *et seq.*), no que é acompanhado

Tais diplomas constitucionais (como os que a eles se seguiram) descartaram a concepção liberal que tem no Estado um agente excêntrico à economia. A interação e a intervenção estatal no cenário econômico deixaram de ser algo inconcebível (sócio e juridicamente) para serem alçados à condição de parcela da concepção primária dos deveres do Estado. Desde então, dentre os princípios fundadores do sistema jurídico constitucional estão aqueles que versam sobre a economia (pública, privada e público-privada). A natureza da relação Estado-economia é alçada à institucionalização hierárquica superior nos respectivos textos constitucionais, fazendo parte essencial da ideia que se tem do próprio Estado.

Mesmo em cartas constitucionais que celebram o assim chamado "capitalismo misto" (ou de iniciativa dual), tem-se a positivação de Direito Público da Ordem Econômica — fixando a intervenção do Estado na economia como uma exceção (que visa ou a garantir ou a corrigir o sistema). Apesar de o Estado permanecer como um estranho ao mercado capitalista, tem-se que nele pode intervir quando assim se faça necessário: definição que pertence ao Estado (observados os lindes normativos), não ao mercado.

8 Considerações que permitem trazer um conceito de Constituição Econômica — o qual não encontra unanimidade na doutrina.

Na definição de Vital Moreira, Constituição Econômica pode ser compreendida como o "conjunto de preceitos e instituições jurídicas que, garantindo os elementos definidores de um determinado sistema econômico, institui uma determinada forma de organização e funcionamento e constitui, por isso mesmo, uma determinada ordem económica".[5]

Ao seu tempo, Gomes Canotilho adota um conceito mais restrito: "o conjunto de disposições constitucionais — regras e princípios — que dizem respeito à conformação da ordem fundamental da economia".[6]

Já em sua obra conjunta, Vital Moreira e Gomes Canotilho descem a minúcias e propõem o seguinte:

---

por Eros R. Grau (*op. cit., loc. cit.*). Sobre a primeira Constituição Econômica brasileira, v. o nosso Anotações sobre a História do Direito Econômico (Parte I: 1930-1956). *Revista de Direito Público da Economia*, Belo Horizonte, n. 6, p. 67, abr./jun. 2004.

[5] *Economia e Constituição*, cit., p. 260.

[6] *Direito constitucional e teoria da Constituição*. 5. ed. Coimbra: Almedina, 2002. p. 343. No mesmo sentido, Manuel Afonso Vaz: "os princípios jurídicos fundamentais da organização económica de determinada comunidade política" (*Direito económico*. 2. ed. Coimbra: Coimbra Ed., 1990. p. 91).

Trata-se do conjunto de normas e de princípios constitucionais que caracterizam basicamente a organização económica, determinam as principais regras do seu funcionamento, delimitam a esfera de acção dos diferentes sujeitos económicos, prescrevem os grandes objectivos da política económica, enfim, constituem as bases fundamentais da ordem jurídico-política da economia.[7]

Portanto, a ideia central do conceito reside no foro em que estão localizadas as normas (constitucional) em face da matéria acerca da qual dispõem (organização econômica, política econômica, poder econômico, intervenção estatal na economia etc.). Trata-se da disciplina jurídico-constitucional dos princípios que regem a vida econômica em determinado Estado.

9 A partir dessa positivação da Ordem Jurídica da Economia no nível constitucional, o sistema econômico e o funcionamento de seu mercado respectivo não mais se autodefinem livremente, mas é o Direito que passa a estabelecer a estrutura e funcionamento dos bens, do poder e das relações econômicas.

Talvez seja essa a principal consequência da positivação dos meios, conteúdo e limites da interação/intervenção do Estado na economia: aquele não é mais um banido ou desterrado, que em seu exílio apenas interfere para reprimir os eventuais desvios daqueles que são os reais titulares do domínio econômico.

Isso não significa, reitere-se, uma integração Estado-economia (nem uma desintegração Estado-economia). As Constituições regulam as respectivas Ordens Jurídicas Econômicas, as quais, ao seu tempo, positivam determinados sistemas econômicos (o tipo de economia, caracterizado pelo conjunto de elementos ordenados unitariamente e dotado de certa estabilidade). É da essência dos sistemas capitalistas a separação conceitual entre o Estado e a atividade econômica — configurando uma exceção a intervenção pública na economia, a ser exercitada nos estreitos limites impostos pelo Direito.

Desta forma, e ao contrário de uma concepção liberal pura, o que hoje se tem é a constitucionalização das relações jurídicas postas entre o Estado e a economia. Em especial nos Estados capitalistas ditos mistos, nos quais a ordem jurídica prevê a possibilidade da ação

---

[7] *Constituição da República Portuguesa anotada*. 3. ed. Coimbra: Coimbra Ed., 1993. p. 383. Expandir a investigação em Eros Roberto Grau (*A ordem econômica na Constituição de 1988*, cit., p. 68 *et seq.* – com farta indicação doutrinária) e António Carlos dos Santos, Maria Eduarda Gonçalves e Maria Manuel Leitão Marques (*Direito económico*. 5. ed. Coimbra: Almedina, 2004. p. 31-86).

estatal no domínio econômico privado. O *normal*, tanto no mundo do ser como no do dever-ser, é a juridicidade dos vínculos estático/estrutural e dinâmico/comportamental entre o Estado e a economia.

10 Essa relação entre o Estado, o Direito e a economia deve ser compreendida a partir do Texto Maior, admitindo-se leituras mais amplas ou mais restritivas das palavras constitucionais. Uma das visões mais peculiares do Direito brasileiro é justamente aquela de Diogo de Figueiredo Moreira Neto — razão necessária e suficiente para que se aprecie com mais detença as suas lições.

3 Síntese do pensamento de Diogo de Figueiredo Moreira Neto: a intervenção do Estado na economia

11 A doutrina realiza uma classificação dos modos de intervenção econômica estatal — sempre na tentativa de propor um modelo geral, mas todas as propostas detêm referências ao ordenamento jurídico e momento histórico em que foram elaboradas. Os critérios são peculiares à leitura de cada autor. Por isso que se torna importante consignar uma rápida resenha da ampla teoria elaborada por Diogo de Figueiredo Moreira Neto, com a finalidade básica de ampliar as perspectivas de investigação.

Para esse autor, os limites à atuação do Estado na economia surgem com clareza na leitura da Constituição da República. As formas de intervenção são aquelas arroladas pelo legislador constituinte. A economia brasileira é uma economia de mercado, a qual só pode admitir intervenções restritas do Estado, as quais são minudenciadas no Texto Maior.

A função do Estado dirigida à disciplina das situações de equilíbrio que devem imperar numa economia de mercado cuida, na leitura de Diogo de Figueiredo Moreira Neto, "da *interferência do Estado, na liberdade de empresa e na economia de mercado, mediante imposições administrativas, destinada a corrigir distorções que atentem contra a soberania nacional, a função social da propriedade, a livre concorrência e a liberdade de escolha do consumidor* (art. 170, I, III, IV e V, CF)." Na medida em que se trata de exceções ao princípio constitucional do livre mercado, para o autor esse "rol constitucional de instrumentos de intervenção é *exaustivo*".[8]

---

[8] *Curso de direito administrativo*. 12. ed. Rio de Janeiro: Forense, 2001. p. 464-465. Para desenvolver a visão do autor acerca da Ordem Econômica da Constituição de 1988 (e respectivas críticas), v. O Estado e a Economia na Constituição de 1988. *Revista de Informação Legislativa*, Brasília, 102/5, abr./jun. 1989.

Para o autor, quatro são as modalidades de instituições interventivas:

1 *Intervenção regulatória* – "o Estado impõe uma ordenação coacta aos processos econômicos". Seriam seis as modalidades previstas na Constituição: *a)* investimento de capital estrangeiro e remessa de lucros (art. 172), *b)* ordenação do transporte aéreo, aquático e terrestre (art. 178 e par. ún.), *c)* propriedade da empresa jornalística e de radiodifusão sonora ou de sons e imagens (art. 222, *caput*), *d)* participação de pessoa jurídica no capital social de empresa jornalística ou de radiodifusão (art. 222, §§1º e 2º), *e)* venda e revenda de combustíveis de petróleo, álcool carburante e outros combustíveis derivados de matérias-primas renováveis (art. 238) e *f)* produção e comércio de material bélico (art. 21, IV);

2 *Intervenção concorrencial* – "o Estado propõe-se a disputar com a sociedade no desempenho de atividades econômicas empresariais". A Constituição prevê uma *"suplementaridade precisa e restrita"*, limitada a: *a)* casos expressamente nela previstos (serviços públicos e atividades monopolizadas), *b)* casos definidos em lei de atividade econômica necessária aos imperativos de segurança nacional e *c)* casos definidos em lei de atividade econômica necessária aos imperativos de relevante interesse coletivo (art. 173);

3 *Intervenção monopolista* – "o Estado se impõe com exclusividade na exploração econômica de certos bens ou serviços". É a "forma mais radical de intervenção do Estado na economia, executada com a *supressão da iniciativa privada* em setor que passa à reserva de atuação do Poder Público". A anomalia da supressão da concorrência mediante a instituição de um privilégio ao Estado, definida *numerus clausus* pela Carta de 1988: para a União, nos arts. 21, IX, e 177 (serviço postal e de correio aéreo nacional, petróleo e gás natural, minérios nucleares etc.) e para os Estados e Distrito Federal, nos arts. 25, §2º, e 32, §1º (serviços de gás canalizado);

4 *Intervenção sancionatória* – "o Estado pune os abusos e excessos praticados contra a ordem econômica e financeira, incluída a economia popular e certos interesses gerais correlatos". Destina-se a punir abusos do poder econômico (art. 173, §§4º e 5º), a reprimir desvios na função social da propriedade urbana e rural (arts. 182, §4º, incs. I, II e III, e 184) e à defesa do direito do consumidor (arts. 1º, III, 170, V, 5º, XXXII, 150, §5º, e 175, II).[9]

---

[9] *Curso de direito administrativo*, cit., p. 465-477. Ampliar em *Direito regulatório*, cit., p. 129 *et seq.*

Isto é, as previsões expressas da Constituição da República devem ser lidas segundo uma interpretação restritiva, a qual tem lugar no sistema econômico celebrado na Carta Magna: caso a autorização constitucional para a intervenção do Estado na economia fosse aplicada sem restrições, ultrapassaria a finalidade para a qual ela existe. Os instrumentos de intervenção de que se pode valer o Estado são aqueles previstos na Constituição.

As premissas postas pelo professor Diogo de Figueiredo Moreira Neto despertam a atenção do intérprete para a riqueza do Texto Constitucional, vislumbrado numa hermenêutica do sistema normativo como um todo. As normas devem ser lidas unitariamente, sem uma atenção exagerada a um critério "geográfico", mas numa visão ampla da integridade do conjunto normativo. Mais do que isso: a Carta Magna permite ao intérprete uma riqueza de leituras, todas elas unificadas aos conceitos de soberania nacional, função social da propriedade, livre concorrência e liberdade de escolha do consumidor.

12 Isto posto, é possível avançar no estudo do tema, a fim de investigar como e porquê pode se dar essa *interferência do Estado na liberdade de empresa e na economia de mercado.*

O que abaixo será desenvolvido tem como pressuposto apenas algumas das premissas fixadas pelo professor Diogo de Figueiredo Moreira Neto — tendo-se presente que a sua marcante contribuição é decisiva para o enfrentamento do tema.

4 Políticas econômicas e a atuação estatal na economia

13 Considerações à parte das escolas econômicas (Clássica, Histórica, Marxista, Neoclássica etc.), pode-se afirmar que a constatação da existência das falhas de mercado (naturais ou não) gera a compreensão de que elas devem ser corrigidas através da intervenção do poder público na economia, "destinada a corrigir distorções que atentem contra a soberania nacional, a função social da propriedade, a livre concorrência e a liberdade de escolha do consumidor" (na definição acima transcrita de Diogo de Figueiredo Moreira Neto).

Isto é, há determinados vícios da economia que não são defeitos sanáveis em curto prazo de forma autônoma (a não ser em casos extremos) nem tampouco pela concorrência (pois muitas vezes ela não existe ou tem sérias dificuldades para surgir).

14 Por oportuno, é de se firmar a rejeição à solução ultraliberal que cogita de sempre aguardar pelas soluções em longo prazo, operadas por si só em decorrência dos efeitos benéficos que espontaneamente adviriam da concorrência num mercado livre. A intervenção, seja ela *regulatória, concorrencial, monopolista* ou *sancionatória* (adotando-se a classificação de Diogo de Figueiredo Moreira Neto) apenas agravaria os defeitos oriundos do cenário econômico. Em tese, uma falha no mercado (por mais séria que fosse) seria sanada com o passar do tempo e atuação dos próprios agentes num cenário de livre concorrência.

O que traz consigo a possibilidade de adversidades duradouras, que agravam ainda mais o problema de que os efeitos maléficos das crises econômicas são sentidos de imediato justamente pelos menos privilegiados. Tenha-se presente a lição de Keynes, que "sublinhou a importância do estado e a necessidade do alargamento das suas funções para salvar da 'completa destruição as instituições econômicas actuais'. E como as crises e os seus efeitos perniciosos se fazem sentir a curto prazo, Keynes veio defender que a política económica tem que adoptar uma perspectiva de curto prazo: 'in the long run we are all dead', como escrevia em 1923."[10]

Especificamente no que diz respeito ao Brasil, Bresser Pereira confirma que:

> Aprendemos, antes de mais nada, que o tempo não garante desenvolvimento. (...) Também, que a industrialização não leva automaticamente ao desenvolvimento, como pensávamos há cinqüenta anos. O Brasil é um país industrializado e, todavia, subdesenvolvido. Nem mesmo a educação, que hoje é reconhecida como o fator mais importante para promover o crescimento econômico, assegura prosperidade. (...)
>
> Por último, continuando ainda a listar negativas, aprendemos que, ao contrário do que também pensávamos nos anos 1950, o desenvolvimento jamais se torna automático, auto-sustentado no sentido original da expressão. Imaginávamos que, uma vez ultrapassada a acumulação primitiva de capital e instaurado no país um capitalismo industrial, os empresários seriam obrigados a investir não apenas para realizarem lucros, mas como uma condição de sobrevivência em um mercado competitivo. O desenvolvimento poderia continu-

---

[10] NUNES, António José Avelãs. Neo-Liberalismo, globalização e desenvolvimento económico. Separata de: *Boletim de Ciências Económicas XVL*. Coimbra: FDUC, 2002. p. 5-6.

ar sujeito a ciclos, mas retomaria sempre o desenvolvimento. Ora, nos últimos vinte anos a economia brasileira permaneceu quase estagnada. (...) Isto não apenas negou o caráter automático do desenvolvimento depois de ultrapassado um determinado limiar, mas também pôs por terra um consenso derivado da teoria econômica: o da convergência. O Brasil, como os demais países em desenvolvimento, exceto alguns países do sudeste asiático, não convergiu para os níveis de renda por habitante dos países desenvolvidos. Pelo contrário, o fosso existente entre eles apenas cresceu.[11]

15 Logo, a atuação estatal na economia não pode envolver apenas a tutela liberal do domínio econômico privado, unicamente mediante o exercício de intervenções repressoras dos desvios dos próprios agentes.

15.1 Por um lado, mesmo ao Estado capitalista cabe reprimir os abusos e (re)conduzir os agentes econômicos a uma situação de mercado ideal, próxima daquela do paradigma da concorrência perfeita. Na verdade, a Administração atua no sentido de manter os agentes num nível adequado ao *status quo* vislumbrado por tal modelo, em prestígio à própria ideia liberal de que a hipótese magistral está na abstenção do Estado no cenário econômico.

O Estado intervém não com o escopo de criar uma nova realidade econômica avessa ao modelo de concorrência perfeita, mas assim se comporta visando a não permitir que o mercado se afaste de tal modelo.

15.2 Ocorre que a intervenção não pode se dar apenas nesse plano de fascinação pelo mercado. Isso porque, ao mesmo tempo em que o Estado deve atuar para corrigir falhas nas condutas dos agentes (objeto de ilícitos concorrenciais), ele deve fazê-lo com a finalidade de sanar falhas estruturais (em setores nos quais o mercado e a concorrência dificilmente se instalariam) e implementar políticas econômicas públicas, instalando *ab ovo* modificações no próprio mercado. Tais políticas não são ancilares ao modelo mercadológico, mas inclusive podem contrariar o paradigma vislumbrado pela teorização da concorrência perfeita.

16 A inserção estatal na economia, portanto, muitas vezes transcende a formação de uma estrutura jurídico-institucional que apenas garanta o livre exercício da atividade econômica por

---

[11] *Desenvolvimento e crise no Brasil.* 5. ed. São Paulo: Editora 34, 2003. p. 9.

parte das pessoas privadas, pois também se dirige ao exercício de atividade produtiva ou fomentadora. O que se dá em especial em países subdesenvolvidos e/ou semi-industrializados.

Essa ordem de intervenções promocionais do Estado pode acidentalmente gerar resultados secundários equivalentes ao modelo da concorrência perfeita. Mas tal pressuposto não é condição necessária e suficiente para autorizar a interferência estatal. Não é necessário porque o fundamento de tais ações diz respeito às políticas públicas estabelecidas pelo Estado em função do interesse público por ele tutelado. Não é suficiente porque há hipóteses em que o Estado pode não se ver obrigado a só construir um mercado concorrencial perfeito, mas a atuar na geração de outros benefícios sociais (trabalho, renda, saúde, serviços públicos etc.).

17 A intervenção de tipo promocional visa a instalar ou a ampliar o bem-estar social. Um Estado democrático é aquele que não deixa o desenvolvimento econômico apenas nas mãos do próprio mercado e ao juízo do longo prazo, para que os agentes nele livremente interajam, esperando que um dia viva-se no melhor dos mundos. Essa abstenção, além de desmentida pela História, significaria uma traição à ideia de República e ao necessário dever de administração e desenvolvimento da *esfera pública* constitucionalmente atribuída ao Estado (Poder Executivo, Legislativo e Judiciário).

O capitalismo misto previsto na Carta Magna implica a liberdade de mercado, temperada pela repressão a abusos e também pela integração ativa do Estado em áreas em que isso se faça necessário, a bem do interesse público. Como descreveram Luiz Carlos Bresser Pereira e Nuria Cunill Grau, "assim como não é possível conceber mercado sadio sem o Estado que não abdique de seu papel de regulação econômica, também é impossível imaginar sociedade democrática sem Estado que controle os centros de poder privado e opere sobre as desigualdades sociais".[12]

Ou na apurada síntese de Clóvis do Couto e Silva:

---

[12] Entre o estado e o mercado: o público não-estatal. *In*: PEREIRA, Luiz Carlos Bresser; GRAU, Nuria Cunill (Org.). *O público não-estatal na reforma do Estado*. Rio de Janeiro: Fundação Getúlio Vargas, 1999. p. 21. No mesmo sentido, sob o prisma jurídico, COTRIM NETO, A. B. A intervenção do Estado na economia. *Revista de Informação Legislativa*, Brasília, n. 96, p. 139, out./dez. 1987. Em sentido algo contrário, Fernando Facury Scaff reputa "que a intervenção estatal no domínio econômico não cumpre papel socializante; muito pelo contrário, cumpre, dentre outros, o papel de mitigar os conflitos do Estado Liberal" (*Responsabilidade civil do Estado intervencionista*. 2. ed. Rio de Janeiro: Renovar, 2001. p. 91).

Ambos os modelos, o de mercado e o de planejamento, se implicam dialeticamente; devem estar em permanente tensão e servem para reduzir os riscos de um *darwinismo social* inconseqüente com todos os efeitos perversos dele resultantes.[13]

Aliás, essa constatação no plano das políticas estatais de estabilização econômica é apontada por Avelãs Nunes como a essência da dissociação entre as doutrinas monetaristas (Friedman *et allii*) e os não monetaristas: "Para estes últimos, fiéis ao núcleo fundamental da mensagem keynesiana, as economias capitalistas, dada a instabilidade das despesas privadas, são economias altamente instáveis, pelo que *carecem* de ser estabilizadas, *podem* ser estabilizadas e *devem* ser estabilizadas, mediante o recurso a políticas monetárias e financeiras adequadas. Sustentam os primeiros que a economia privada é intrinsecamente estável, dispensando qualquer política activa de estabilização; que políticas deste tipo não devem ser levadas a cabo, ainda que fossem necessárias, já que delas só poderão resultar factores adicionais de instabilidade; que deve desconfiar-se da capacidade dos governos para escolher as medidas adequadas e para as pôr em prática em devido tempo e até às últimas conseqüências, de modo que deverá afastar-se a sua intervenção com objectivos anticíclicos, ainda que se aceitassem como globalmente positivos os resultados das políticas de estabilização."[14]

18 O objetivo imediato de tais ações interventivas estatais não é unicamente aquele de adequar o comportamento desviante de alguns agentes ou de maximizar o exercício das liberdades econômicas em benefício dos operadores (empresa, iniciativa e concorrência), mas o de planejar e tentar instalar uma nova realidade econômica (inédita ou adversa àquela preexistente). E essa modalidade de intervenção dá-se num crescente, quase incontrolável, alargamento dos poderes

---

[13] O planejamento na economia brasileira. *Revista de Informação Legislativa*, Brasília, n. 109, p. 43, 60, jan./mar. 1991. Afim é o pensamento de Fábio Nusdeo, inserindo o desenvolvimento econômico planejado como meio de aprimoramento constante da qualidade de vida (O desenvolvimento econômico como fim constitucional. *Revista de Direito Mercantil*, São Paulo, n. 37, p. 9, jan./mar. 1980) e o de Modesto Carvalhosa, para quem o desenvolvimento econômico é princípio que visa "o constante aumento e a racional distribuição da renda nacional, em níveis condizentes com as necessidades superiores do Estado, da coletividade e da personalidade de cada um" (*Ordem econômica na Constituição de 1969*. São Paulo: Revista dos Tribunais, 1972. p. 70).

[14] *Teoria econômica e desenvolvimento económico*. Lisboa: Caminho, 1988. p. 84. Na verdade, e como mais adiante aponta Avelãs Nunes ao analisar e ampliar o debate entre monetaristas e estruturalistas, o que está em causa não são "questões técnicas de teoria económica. São concepções diferentes acerca do funcionamento do sistema económico capitalista, acerca do que significa o subdesenvolvimento e acerca do âmbito e dos objectivos do desenvolvimento económico" (*op. cit.*, p. 168).

do Estado em contraste aos poderes do mercado (este sempre tentando conter e impor-se àquele).

Contudo, uma ressalva merece ser feita: à evidência, tal ordem de intervenção (produtiva ou fomentadora) aumenta os dispêndios públicos. O que significa uma potencialização deles em países subdesenvolvidos. Se nos países com desenvolvimento industrial pleno (ou satisfatório) as despesas públicas de ordem econômica dirigem-se precipuamente ao controle do mercado ou ao bem-estar da população (benefícios sociais, saúde, aposentadoria etc.), nos países subdesenvolvidos agrava-se o encargo público na ordem econômica. Isso por que os gastos não abrangerão apenas a condução do mercado preexistente a um modelo ideal, ou os custos dos benefícios sociais institucionalizados, mas também — e especialmente — à instalação (e às vezes à gestão) de unidades produtivas e de infraestruturas essenciais.

19 Naqueles países onde o Estado tem atribuições intensas quanto ao desenvolvimento econômico, agravam-se as despesas públicas. Inclusive, isso justifica o uso de duas designações: "Estado de Bem-Estar" (ou *Welfare State* ou Estado Providência) para aqueles países industrializados onde a despesa pública é (ou foi) direcionada a potencializar os benefícios sociais e "desenvolvimentista", referindo-se ao Estado no qual as despesas públicas são direcionadas à estrutura do sistema econômico e respectivas falhas (infraestrutura, água e saneamento, pontos de estrangulamento em insumos básicos etc.).

O que acentua os deveres estatais relativos ao fomento e ao estímulo ao desenvolvimento privado de determinadas atividades econômicas. O Estado brasileiro não dispõe nem de receita nem de infraestrutura consolidada para realizar por conta própria investimentos de monta. É público e notório que o orçamento público não permite sequer o cumprimento aos deveres básicos de bem-estar social (saúde e educação, p. ex.).

20 Apesar dessa observação quanto ao incremento das despesas públicas, não parece plausível sustentar as ideias de "mercado" ou "concorrência perfeita" como o único ponto de partida, *conditio sine qua non* ou eixo central — em torno das quais gravitaria a intervenção do Estado e suas variações (excluindo-se aí a ampla gama de intervenções cogitadas por Diogo de Figueiredo Moreira Neto, a saber: *regulatória, concorrencial, monopolista* ou *sancionatória*). O Direito Administrativo da Economia não é ancilar ao conceito de mercado ideal vislumbrado pelos modelos teóricos da doutrina econômica liberal. Frente à disciplina jurídica, o mercado pode (e muitas vezes deve) estar num segundo plano.

Isso não significa descartar a possibilidade de ingerências que busquem corrigir as falhas, nem que confiram prestígio àquelas condutas que deem cumprimento à ordem ideal (até por meio de sanções premiais). Tampouco a tese poderia ser compreendida como uma agressão ao capitalismo previsto na Carta de 1988 (ou a sua negação). Tais ações e regime econômico merecem ser celebrados juridicamente — em especial devido à configuração da Ordem Econômica na Constituição brasileira. Num Estado que realiza e promove o capitalismo misto, não se poderia cogitar de outra solução.

21 Mesmo porque é nítida a inexistência de setores de produção econômica plenos, perfeitos e autóctones ao Estado brasileiro. O Brasil era tipicamente (ou somente) um país agroexportador até a década de 1930. Depois disso — e mediante uma forte intervenção estatal — tornou-se um País semi-industrializado.

O surgimento do "domínio econômico" nacional, nos mais diversos setores (máxime as indústrias pesadas e os setores de infraestrutura), deve-se antes à intervenção do Estado do que à iniciativa privada. Poucos são os setores nos quais se desenvolveu um capitalismo liberal puro, que não fosse apenas um "liberalismo de fachada".[15] Não pode se dizer que o País ingressou num plano desenvolvimentista autônomo, com a existência de mercados firmes em todos os setores da economia. Muito menos se for considerada a dimensão nacional e as peculiaridades regionais.

22 O que torna mais clara a assertiva de que a ideia de mercado perfeito não é a quintessência do Direito Administrativo da Economia. Esta disciplina presta-se não só a readequar a economia, mas também a instrumentalizar a constituição de uma nova realidade econômica. Ressalte-se que com isso não se está a afirmar que o Direito Administrativo da Economia seja apenas e tão somente constitutivo. Não se trata disso, mas da compreensão de que determinadas peculiaridades estruturais e funcionais da economia (especialmente a brasileira) exigem a atuação constitutiva do Estado-Administração: não exagerada, mas numa medida cautelosa (nos termos de uma "intervenção sensata").[16]

---

[15] A esse respeito, v. o nosso Anotações sobre a história do direito econômico (Parte I: 1930-1956). *Revista de Direito Público da Economia*, n. 6, p. 67, cit.

[16] A esse respeito, v. o nosso O direito administrativo da economia, a ponderação de interesses e o paradigma da intervenção sensata. *In*: CUÉLLAR, Leila; MOREIRA, Egon Bockmann. *Estudos de direito econômico*. Belo Horizonte: Fórum, 2004. p. 53-98.

5 A intervenção estatal na economia e seu relacionamento com a ideia de um "Estado promocional"

23 Os temas acima tratados fazem necessária a menção, ainda que perfunctória, à ideia de "Estado promocional" e uma respectiva tentativa de classificação jurídica dos atos administrativos que dão execução às atividades interventivas fomentadoras.

Ou seja, ao se defender a necessidade de uma intervenção sensata desenvolvimentista, visando a que o Estado promova estímulos para que os empresários privados adotem determinados comportamentos econômicos (a fim de gerar efeitos não espontâneos ao mercado, mas necessários à sociedade), está-se indicando a existência de uma categoria jurídica de atos administrativos (com a respectiva classificação e efeitos). Como não poderia deixar de ser, a Administração Pública vale-se do Direito para implementar tais soluções socioeconômicas.

24 A ideia da "função promocional" do Direito tem como precursor contemporâneo o jurista Norberto Bobbio — que, na década de 1970, desenvolveu estudos enfocando essa característica de determinada categoria das normas jurídicas: não desencorajadora (repressiva através de sanções negativas), mas sim encorajadora de condutas (promocional através de sanções premiais).[17]

Conforme anotou Bobbio, a técnica de desencorajar condutas através de sanções negativas era típica do Estado liberal, que exercia o papel de polícia mediante o estabelecimento normativo de castigos institucionalizados. A função do Direito era a de impedir os comportamentos indevidos, através do exercício do poder de polícia. O Estado *gendarme* protegia determinados interesses através da repressão aos atos desviantes.

> Mas a partir do momento que devido à exigência do estado assistencial contemporâneo, o direito não mais se limita a tutelar atos conformes às suas normas mas tende a estimular atos inovadores, e portanto a sua função não é mais principalmente protetiva mas *promocional*, ao emprego quase exclusivo de sanções negativas, que

---

[17] *Sulle sanzioni positive. In: Scritti dedicati ad Alessandro Raselli.* Milano: Giuffrè, 1971. t. I, p. 229-249 (posteriormente adaptado e publicado nos ensaios La Funzione Promozionale del Diritto e Le Sanzioni Positive – ambos em *Dalla Struttura alla Funzione*. Milano: Ed. di Comunità, 1977. p. 13-32, 33-42, respectivamente). Sobre alguns antecedentes do tema, é de se mencionar o ensaio de Serenella Armellini, Preludi alla Configurazione Premiale del Diritto Nell'Età Moderna: Hobbes e Spinoza, *Rivista Internazionale di Filosofia del Diritto*, IV Serie, LIII, 1976, p. 343-371.

constituiu a técnica específica da repressão, se acresce um emprego, não importa se ainda limitado, de sanções positivas, que dão vida a uma técnica de *estimulação* ou de *propulsão*.[18]

25 Na medida em que o que caracteriza o Estado assistencial é sobretudo "a intervenção direta do estado na transformação das condições de existência e de mudanças da sociedade",[19] ele passa a estimular e a induzir a adoção de determinados comportamentos por parte dos agentes econômicos.

O que pode se dar através da fixação de prêmios às condutas positivas (um benefício fiscal oriundo do atingimento de determinado nível de produtividade, p. ex.), mas também através da técnica da "facilitação": os expedientes através dos quais um grupo social organizado exercita um determinado controle sobre o comportamento de seus membros (neste caso consistente na promoção da atividade na direção desejada), não assegurando uma recompensa depois que a ação é concretizada, mas fazendo de molde que o seu cumprimento seja mais fácil (ou menos difícil). "Note-se a diferença: a recompensa vem depois, a facilitação precede ou acompanha a ação que se pretende encorajar".[20]

26 Essas técnicas jurídicas de encorajamento têm uma diferença essencial em relação às técnicas repressoras: enquanto estas são exercitadas em função da conservação de um estado de coisas, aquelas o são em função da mudança que se pretende implementar. No campo econômico, procura-se fazer com que os empresários alterem o seu comportamento econômico (já lícito), induzindo juridicamente vantagens econômicas caso se desempenhe determinada atividade segundo certos parâmetros de interesse coletivo.[21]

Isso resultou numa alteração nodal na configuração das normas constitucionais: "Na constituição liberal clássica, a função principal do estado parece ser aquela de *tutelar* (ou *garantir*); nas constituições pós-liberais, ao lado das funções da tutela ou da garantia, aparece mais freqüentemente aquela de *promover*."[22]

---

[18] Sulle sanzioni positive, cit., p. 236.

[19] Sulle sanzioni positive, cit., p. 234. Em seguida, Bobbio refuta as críticas feitas por Hayek quanto às consequências das normas de organização (e não de condutas), típicas do *Welfare State*.

[20] Sulle sanzioni positive, cit., p. 242.

[21] Cf. BOBBIO. Sulle sanzioni positive, cit., p. 246-247.

[22] Sulle sanzioni positive, cit., p. 248. O que remete à *Constituição Dirigente* de J. J. Gomes Canotilho (*Constituição dirigente e vinculação do legislador*. 2. ed. Coimbra: Coimbra Ed., 2001), cuja compreensão contemporânea não pode declinar da leitura da obra coordenada por Jacinto Nelson de Miranda Coutinho, *Canotilho e a Constituição dirigente*. Rio de Janeiro: Renovar, 2003.

Ao Estado é imposto o dever constitucional de realizar mudanças, empenhando-se e estimulando a adoção de comportamentos socialmente construtivos.

Isto posto, cabe o exame da natureza jurídica dos atos estatais que dão concretude a esse estímulo promocional, nomeadamente no que diz respeito ao fomento.

27 O fomento é tido pela doutrina de García de Enterría e Tomás-Ramón Fernandéz como um *ato administrativo favorável*. Os atos favoráveis (opondo-se aos "atos de gravame") são definidos como aqueles que beneficiam o destinatário "com a ampliação de seu patrimônio jurídico, outorgando-lhe ou reconhecendo-lhe um direito, uma faculdade, um *plus* de titularidade ou de atuação, liberando-o de uma limitação, de um dever, de um gravame, produzindo, pois, um resultado vantajoso para o destinatário."[23]

Na definição de Juan Carlos Cassagne, o conceito de fomento "repousa sobre a idéia da conveniência de que o Estado proteja ou promova determinadas atividades que realizam as pessoas físicas ou jurídicas com a finalidade mediata de procurar que, mediante a concretização de ditas atividades, resulte um benefício para a comunidade."[24]

28 Através do fomento, o Estado estimula (ou induz) os particulares à produção de determinados efeitos econômicos, mediante a promessa de específicos benefícios.

O fomento depende da definição prévia acerca dos motivos que o geraram e dos objetivos a ser atingidos através do melhoramento na alocação de determinados recursos (privados e públicos). O Estado estabelece determinadas finalidades socioeconômicas a ser atingidas e promove um estímulo extraordinário à iniciativa privada, a fim de que os agentes econômicos adotem determinadas condutas que gerem os benefícios sociais então perseguidos. Essa definição há de obedecer aos princípios constitucionais da motivação e da publicidade.

Em decorrência, o fomento implica a ampliação formal da esfera jurídica do empresário, outorgando-lhe, em contraponto aos investimentos e compromissos assumidos, determinados benefícios

---

[23] *Curso de derecho administrativo*. 8. ed. Madrid: Civitas, 1997. v. I, p. 562. No mesmo sentido, Juan Carlos Cassagne, *La intervención administrativa*. 2. ed. Buenos Aires: Abeledo-Perrot, 1994. p. 67, 89 *et seq.*

[24] *La intervención administrativa*, cit., p. 90. Em sentido semelhante, v. António Carlos dos Santos, Maria Eduarda Gonçalves e Maria Manuel Leitão Marques (*Direito económico*, cit., p. 232 *et seq.* – no qual também é analisado o fomento sob a perspectiva dos "auxílios de Estado" no âmbito da Comunidade Europeia).

(fiscais, patrimoniais, jurídicos etc.). Tais benefícios podem ser outorgados ao início da atividade visada, bem como no transcorrer de seu exercício (durante prazo certo ou não), ou depois de atingida a finalidade predefinida. Mas devem ser precisos e certos, proporcionais ao benefício social visado. Não podem aumentar os custos sociais sem uma contrapartida adequada.

29 Na medida em que o fomento envolve a adoção de um comportamento por parte dos empresários que tem como motivo o ato administrativo favorável e o comprometimento público formal em relação à promessa feita, a sua revogação enfrenta sérios limites. Caso tenham sido criados novos direitos ou suprimidos determinados obstáculos, gerando, devido a esse motivo (de fato e de direito), um comportamento específico do particular (unido a despesas e expectativas de lucros), a Administração encontra significativos óbices para alterar o ato devido a razões de oportunidade e conveniência. A ampliação (ou o reconhecimento) de direitos através de ato administrativo legal condiciona de modo estrito sua revogação por parte da Administração.[25]

Essa compreensão de uma forma interventiva estimuladora da atividade empresarial, mediante o estabelecimento de "prêmios" aos agentes que se adequarem aos pressupostos de ordem pública estabelecidos pelo Estado, autoriza também outra ordem de cogitações. Afinal de contas, se a intervenção pode ser estimuladora aos agentes econômicos, por que não se cogitar de uma intervenção pró-mercado? Ou melhor: de um nível de intervenção do Estado no domínio econômico que atenda, ao mesmo tempo, ao interesse público primário posto à guarda do Estado-Administração, e ao mercado ele mesmo.

6 Os dois níveis de intervenção: "a favor" e "contra" o mercado

30 De qualquer forma, numa perspectiva capitalista, é possível se cogitar de duas direções na intervenção estatal na economia. Constatação que remete às "duas ordens de explicação, ou de

---

[25] Cf. Eduardo García de Entrerría e Tomás-Ramon Fernandéz, *Curso de derecho administrativo*, v. I, *cit.*, p. 563 e *Curso de derecho administrativo*. 4. ed. Madrid: Civitas, 1997. v. II, p. 105-106. Revogação que, no Brasil, exigiria o devido processo legal e poderia dar margem a indenização dos lucros cessantes e danos emergentes (ou mesmo ao controle quanto à possibilidade de revogar o ato, em face de eventuais direitos adquiridos ou ato jurídico perfeito).

motivação" expostas por Fábio Nusdeo para explicar a ação do Estado na economia:

> Em primeiro lugar, ele atua no sentido de suprir certas disfunções na mecânica operacional do mercado. Age, assim, "pro" mercado, no sentido de bem fazê-lo se desincumbir de sua missão, sem lhe impor, deliberadamente, padrões de desempenho. Em segundo lugar, ele se faz presente com o fito, aí sim, de impor um desempenho consetâneo com objetivos adrede estabelecidos a nível político (...)
>
> [...]
>
> Ora, estaria, assim, o sistema econômico posto em sossego, não mais com uma presença imperceptível, ou quase, do Estado, mas com uma ação por parte deste, voltada apenas à ação corretiva tornada necessária em função do chamado "market failure" e dando origem ao dito *Capitalismo Regulamentar*, ou seja, o mesmo sistema fundamentalmente descentralizado e autônomo, mas como o poder público ativo no papel de seu regulamentador, impondo restrições à ação dos particulares primordialmente voltadas a impedir maiores perturbações ao seu funcionamento.
>
> Mas, como já se deixou antever, não se conteve o Estado naquele papel de relativa neutralidade e platonismo. Aberto o caminho para a sua entrada no sistema, passa gradualmente a assumir um segundo papel, dentro do qual marca presença ao impor finalidades outras que não a de mero suprimento de condições para superar as imperfeições anteriormente apontadas. Trata-se, agora, de lograr a obtenção de objetivos de política econômica bem definidos para o desempenho do mesmo sistema, o que implica, em última análise, impor-lhe distorções, alterá-lo, interferir no seu funcionamento, a fim de fazer com que os resultados produzidos deixem de ser apenas *naturais* ou *espontâneos*, para se afeiçoarem às metas fixadas. (...)
>
> [...]
>
> Em outras palavras, uma coisa é a ação oficial "pro" mercado ou "proeter" mercado e outra é a sua intervenção *contra* mercado, isto é, no sentido de o levar a desempenho certamente diverso daquele que ostentaria caso a intervenção não se realizasse.[26]

---

[26] *Fundamentos para uma codificação do direito econômico*. São Paulo: Revista dos Tribunais, 1995. p. 22, 25, 27. Já Luís Roberto Barroso adota uma concepção restritiva do tema: "O intervencionismo, fenômeno típico da economia capitalista, dá-se não contra o mercado, mas a seu favor, na feliz colocação de Tércio Sampaio Ferraz Jr." (Crise econômica e direito constitucional. *RTDP*, São Paulo, 6/32, p. 55, 1994.). O citado texto do Prof. Tercio Sampaio Ferraz Jr. é o Congelamento de preços: tabelamentos oficiais. *RDP*, São Paulo, n. 9, p. 76, jul./set. 1989.

31 Como se vê, a intervenção não se presta apenas a regular o mercado preexistente ou a criar o mercado onde ele não existe. Visa também a realizar políticas públicas através da economia, declinando das máximas conceituais do livre mercado. O que interessa sobremaneira ao presente ensaio, pois em ambos os casos essa intervenção dá-se através do Direito, especialmente pelas mãos da Administração Pública.

32 Um exemplo acerca do controle de preços auxiliará na compreensão do tema. Num país que celebra constitucionalmente a livre iniciativa e a liberdade empresarial, o controle de preços é um assunto sobremaneira tormentoso — gerando constantes litígios quanto aos limites da intervenção do Estado na economia.[27]

Inclusive, a questão do controle de preços deu origem a célebre acórdão do Supremo Tribunal Federal, proferido quanto à constitucionalidade de lei que dispunha a respeito do critério de reajuste das mensalidades nas escolas particulares.[28] Porém, o exemplo a ser enfrentado é outro: cogite-se da hipótese de uma empresa monopolista dos serviços de geração, distribuição e fornecimento de energia elétrica para utentes privados.[29]

33 No caso da energia elétrica, os interesses dos consumidores são basicamente o preço, a qualidade e o abastecimento (contínuo e instantâneo ao uso). Ao Poder Público cumpre observar o atendimento aos interesses dos utentes, ao mesmo tempo em que lhe cabe adotar providências estabilizadoras do equilíbrio econômico-financeiro dos contratos, num nível de remuneração adequado ao risco da atividade e à necessidade de atrair capital.

Como se trata de um setor estrutural, primário e estratégico para o Estado, é fundamental que as empresas se mantenham no mercado e o tornem atraente para novos investimentos. Por outro

---

[27] No Brasil, o controle de preços (*a priori* e *a posteriori*) deu margem a inúmeras teses e litígios. Por ora, reportamo-nos aos estudos de Tercio Sampaio Ferraz Jr. (Congelamento de Preços – Tabelamentos Oficiais, cit.), Fábio Konder Comparato (Regime Constitucional do Controle de Preços no Mercado. *RDP*, São Paulo, n. 97, p. 17, jan./mar. 1991) e Luís Roberto Barroso (A ordem econômica constitucional e os limites à atuação estatal no controle de preços. *In*: ARAGÃO, Alexandre Santos de. (Coord.). *Revista de Direito da Associação dos Procuradores do Novo Estado do Rio de Janeiro – vol. XI (Direito da Regulação)*. Rio de Janeiro: Lumen Juris, 2002).

[28] ADI nº 319/DF, rel. Min. Moreira Alves, j. 4.12.1992, maioria, *DJ*, 10 dez. 1992.

[29] Nesse exemplo pede-se licença para abstrair das considerações e consequências quanto à natureza de *serviço público* das prestações relativas à energia elétrica e respectivas concessões (Constituição, art. 21, inc. XII, al. "b"; Lei nº 9.047/1995). Isso poderia dar margem à questão se o serviço e respectivo controle não implicariam *intervenção*, mas *atuação econômica* — pois o serviço público seria próprio do Estado e não da iniciativa privada. Como se trata de mera amostra para a ilustração de uma tese, tomar-se-á a liberdade de deixar de lado essas cogitações.

lado, envolve a prestação de um serviço essencial ao bem-estar social.[30] Também por isso é um setor com intensa intervenção regulatória, que procura basicamente equilibrar as conveniências dos consumidores com aquelas das empresas — o que gera um reflexo imediato no controle dos preços.

33.1 A monitoração dos preços no setor energético tem dois modelos básicos (e respectivas variações). Ambos significam a definição de parâmetros para a variação da remuneração do fornecimento da energia ao utente, a ser obedecidos pelos empresários do setor e verificados pelo Estado — que intervirá caso se dê algum desvio. A regulação baseada em custos é a mais tradicional: oriunda dos EUA, estabelece uma taxa de remuneração sobre os ativos (ROR – *rate of return regulation*). Já a regulação baseada em preços é normalmente denominada *"incentive regulation"*, oriunda especialmente da Inglaterra (IPC-X ou *price caps*).[31]

Com base em um desses modelos, o Estado busca o fino equilíbrio entre os direitos e deveres dos consumidores e aqueles das empresas fornecedoras dos serviços. A questão envolve os limites da remuneração do prestador em face dos serviços e o pagamento feito pelo usuário. Para que sejam possíveis os investimentos e serviços, é necessária a preservação da estabilidade econômico-financeira do contrato — o que gera a variação dos preços.

33.2 Em termos muito simplistas, pode-se dizer que os contratos albergam duas opções de mudanças no preço: o reajuste

---

[30] Parte da doutrina nacional qualifica os serviços públicos como garantia constitucional de realização dos direitos fundamentais da pessoa humana. Acerca dessa compreensão, v. Romeu Felipe Bacellar Filho (O poder normativo dos entes reguladores e a participação dos cidadãos nesta atividade. *Revista Interesse Público*, n. 16, p. 13, out./dez. 2002), Adilson Dallari (Direito ao uso dos serviços públicos, *RTDP*, São Paulo, n. 13, p. 210, 1996), Maria Cristina Cesar de Oliveira Dourado (O Repensar do Conceito de Serviço Público. *Revista A&C*, Belo Horizonte, n. 6, p. 75, 2001) e Ana Cláudia Finger (Serviço Público: um instrumento de concretização de direitos fundamentais. *Revista A&C*, Belo Horizonte, n. 12, p. 141, abr./jun. 2003). Numa análise crítica dessa concepção, v. Alexandre Santos de Aragão (Serviços públicos e concorrência. *Revista de Direito Público da Economia*, Belo Horizonte, n. 2, p. 59, 66 *et seq.* e nota 23, abr./jun. 2003). Ampliar na desaprovação de Agustín Gordillo quanto ao desmedido alargamento dos "direitos" de nova geração: "os chamados direitos econômicos, sociais e culturais" (*Derechos Humanos*. Buenos Aires: Fundacion de Derecho Administrativo, 1992. p. 136 *et seq.*).

[31] Cf. JOSKOW, Paul L. Deregulation and Regulatory Reform in the U.S. Electric Power Sector. *In*: PELTZMAN, Sam; WINSTON, Clifford (Ed.). *Deregulation of Network Industries*: What's Next?. Washington: AEI-Brookings Joint Center for Regulatory Studies, 2000. p. 113-188; PROSSER, Tony. *Law and Regulators*. Oxford: Claredon Press, 1997. p. 149 *et seq.* e GARCÍA-MORATO, Lucía López de Castro. Las tarifas eléctricas: el caso Español. *In*: ORTIZ, Ariño (Ed.). *Precios y Tarifas en Sectores Regulados*. Granada: Comares, 2001. p. 1-46. Na doutrina brasileira, v. Marçal Justen Filho, *Teoria geral das concessões de serviços*. São Paulo: Dialética, 2003. p. 352 *et seq.* e VASCONCELLOS, Felipe Brito. Aneel: a regulação do setor elétrico. *In*: MOLL, Luiza Helena (Org.). *Agências de regulação do mercado*. Porto Alegre: UFRGS, 2002. p. 191-218.

(atualização real dos valores nominais previstos nos contratos) e a readequação (oriunda de álea extraordinária, a gerar o desequilíbrio na equação econômico-financeira). O reajuste usualmente envolve uma solução singela: basta adequar periodicamente o valor do preço mediante uma fórmula e índices predefinidos contratualmente, implicando a manutenção no tempo do preço.

Em ambos os casos, a estabilidade no preço tem lastro no princípio constitucional do equilíbrio econômico-financeiro dos contratos administrativos, expresso no art. 37, inc. XXI, da Constituição Federal (e art. 65 da Lei nº 8.666/93 c/c arts. 9º e 10 da Lei nº 8.987/1995), fazendo com que a doutrina e a jurisprudência brasileiras tenham como pacífico ser "de inarredável aplicação o princípio constitucional e legal que assegura a manutenção e o restabelecimento do equilíbrio econômico-financeiro".[32]

Mas essa situação se agrava em países que permanecem sofrendo impactos inflacionários, quando menos devido a três motivos: (*i*) os usuários não dispõem do mesmo expediente atualizador dos seus ganhos (ao contrário, os salários sofrem "congelamentos" ou reduções reais em face da legislação), (*ii*) em contrapartida, o reajuste periódico de preços configura fator essencial à estabilidade do próprio contrato de fornecimento de energia, e (*iii*) caso contidos ao longo do tempo, depois esses reajustes podem gerar sérios impactos e repiques inflacionários, podendo consubstanciar uma futura "inflação corretiva" e consequências.[33]

Então, a solução para o reajuste não se configura tão simples como parece — inclusive porque pode resultar em impactos macroeconômicos nas políticas públicas.

34 Imagine-se duas hipóteses de aumento da tarifa paga pelos consumidores individuais devido a dois motivos diferentes entre si: no primeiro, a empresa produz um acréscimo abusivo na remuneração do serviço, a fim de incrementar desmedidamente os seus lucros; no segundo, apenas aplica com perfeição a fórmula prevista para o reajuste anual do contrato, mantendo a estabilidade econômico-financeira dele (mas com aumento significativo no valor nominal).

---

[32] WALD, Arnoldo; MORAES, Luiza Rangel de; WALD, Alexandre de M. *O direito de parceria e a lei de concessões*. 2. ed. São Paulo: Saraiva, 2004. p. 186. Desenvolver em Carlos Ari Sundfeld, *Licitação e contrato administrativo*. São Paulo: Malheiros, 1994. p. 236-250.

[33] Segundo Mario Henrique Simonsen, foi Roberto Campos quem criou a expressão "inflação corretiva" – que denomina o impacto inflacionário derivado do aumento de impostos indiretos ou do corte de subsídios públicos (*30 anos de Indexação*. Rio de Janeiro: FGV, 1995. p. 18).

Os dois casos podem dar margem à intervenção do Estado no controle dos preços — seja ela corretiva de uma falha do mercado, seja para impor uma específica política econômica.

34.1 Se a empresa aumentar de forma extraordinária o custo da energia fornecida visando a gerar lucros arbitrários (o poder de monopólio unido à essencialidade do serviço permite essa conduta), o Estado pode (deve) intervir e determinar a redução do preço, adequando-o a parâmetros racionais da justa e adequada remuneração do contrato (Constituição, art. 173, §4º, c/c art. 37, inc. XXI). Como doutrina Diogo de Figueiredo Moreira Neto, na classificação acima mencionada, trata-se da *intervenção sancionatória* — na qual o Estado pune e reprime os abusos praticados pelos agentes econômicos contra os princípios constitucionais da Ordem Econômica.

Ou seja, e *v.g.*: se o lucro médio admissível no setor é de 15% ao ano sobre o custo do capital investido (apurável segundo uma "fronteira de eficiência" ou média das empresas naquele mercado), um lucro de 15% ao mês derivado de um acréscimo injustificado no preço merece ser objeto de intervenção (e mesmo de sanções punitivas). Ao suprimir o aumento gerador de ganhos abusivos, estará o Poder Público sanando uma falha do mercado.

34.2 No segundo caso, o Estado pode optar pela desautorização do reajuste meramente estabilizador do equilíbrio econômico-financeiro do contrato (*v.g.*, por questões de política pública de contenção da inflação). Assim, estará em verdade agravando o desequilíbrio presente na equação contratual. Ao proibir o aumento nominal do preço (adequando-o ao valor real do contrato), o Poder Público desrespeitará uma previsão contratual e implementará uma deflação nos preços praticados.

Rigorosamente, essa intervenção não será a favor, mas contrária ao mercado ideal de que se poderia cogitar (a depender do caso, configurará ilícito legal e contratual). Frustra a cobrança de um preço adequado aos investimentos e lucros ordinários previstos no contrato. Pode ter como motivo uma determinada política socioeconômica, mas é avessa à estabilidade do mercado (e gerará a recomposição da equação econômico-financeira e a indenização pelos danos).

35 Num e noutro caso, o Estado estará atuando em área reservada à iniciativa privada, à liberdade de empresa e de concorrência. Para os defensores de teses ultraliberais, o mercado ideal poderia se encarregar das correções e adequações por si só — mas a essência está em que a população não dispõe de um longo prazo nem pode ser submetida a um sistema de erros e acertos consubstanciados em teorias econômicas (máxime se oriundas de outros sistemas, a reger realidades econômicas diversas).

Claro que o exemplo do monopólio de um serviço essencial, ao mesmo tempo em que facilita a exposição, dificulta a sua subordinação aos conceitos concorrenciais. Porém, o que se pretende é pôr em foco a intromissão do Estado na economia (corretiva ou mesmo desestabilizadora do mercado).

7 Conclusões parciais

36 O presente ensaio não tem a ousadia de pretender lançar certezas doutrinárias. Ao contrário, tem como finalidade colocar em foco que a visão do jurista deve albergar investigações que possam ser projetadas para o futuro, naquela "visão prospectiva" tanto reclamada por Diogo de Figueiredo Moreira Neto.

Mediante o exame de algumas noções básicas ao Direito Administrativo da Economia, pode-se dar lastro à ideia de que o poder econômico dos agentes privados tem características simultaneamente centrípetas e expansivas: ao mesmo tempo em que se avantaja o poder, ele se concentra ainda mais em sua base original (em benefício dela própria). Essa compreensão exige ao estudioso do Direito o desenvolvimento de um instrumental técnico que o torne apto ao enfrentamento dessa criatividade natural dos agentes econômicos.

Por outro lado, fato é que o Estado brasileiro não dispõe de uma estrutura semelhante àquela dos países desenvolvidos, potencializando as distorções oriundas do chamado livre jogo das forças de mercado. Os setores econômicos privilegiados, ao mesmo tempo em que interessam aos empresários, geram uma nítida exclusão social (a curto, médio e longo prazo) de expressivas camadas da população.

A evolução histórica da economia nacional demonstrou que tais falhas estruturais e sociais não são sanadas pela própria concorrência (nem o serão). Logo, é imprescindível que o Direito assuma com intensidade o seu perfil promocional e que o Estado desenvolva uma intervenção sensata no domínio econômico. Tais intervenções não devem gravitar em torno ao conceito idealizado de mercado concorrencial perfeito (construído em outra época, num outro cenário, e obedecendo a paradigmas e parâmetros estranhos ao Brasil contemporâneo), mas sim em respeito à justiça social e ao princípio da dignidade da pessoa humana.

Por isso que se torna tão necessário o aprofundamento da análise e das teses tão proficuamente lançadas pelo professor Diogo de Figueiredo Moreira Neto — no sentido de se tentar seguir a trilha construída por esse eminente mestre do Direito Público brasileiro.

Curitiba, março de 2005.

Autorregulação Profissional – Exercício de Atividade Pública

Leila Cuéllar

Sumário: 1 Introdução – **2** A liberdade de exercício das profissões e as profissões regulamentadas – **3** Regulação das profissões liberais – **3.1** Regulação e autorregulação profissional – **3.2** Autorregulação profissional: exercício de função pública. A decisão proferida pelo STF ao julgar a ADI nº 1.711-6 e a natureza pública dos conselhos profissionais – **3.3** Ainda sobre a natureza jurídica dos conselhos profissionais: as funções que exercem – **4** Ponderações finais

1 Introdução

O presente estudo comporta modesta contribuição que visa a provocar a reflexão e o debate sobre algumas das inúmeras questões envolvendo a autorregulação profissional.

Conferindo destaque à decisão proferida pelo Egrégio Supremo Tribunal Federal, ao julgar a Ação Direta de Inconstitucionalidade nº 1.717-6, o artigo aborda, primeiramente, as noções de liberdade de exercício das profissões e de autorregulação profissional. Em seguida, o ensaio versa sobre a natureza jurídica dos conselhos profissionais e das principais funções que exercem.

2 A liberdade de exercício das profissões e as profissões regulamentadas

Liberdade de exercício de profissão[1] consiste na liberdade de escolha pelo indivíduo do gênero de trabalho que vai executar, bem como na liberdade de ingresso na atividade e de seu exercício.

---

[1] Para um estudo abrangente sobre o tema, remetemos à análise efetuada por João Pacheco de Amorim (A liberdade de profissão. *Separata de Estudos em Comemoração dos cinco anos (1995-2000) da Faculdade de Direito da Universidade do Porto*. Coimbra: Coimbra Editora, 2001, p. 595-782). Importa observar, inclusive, a ressalva feita pelo autor a respeito da dificuldade em se definir o termo "profissão" (*Op. cit.*, p. 690-695).

Por óbvio, não se trata de liberdade irrestrita, pois, além de se referir ao desenvolvimento de atividades lícitas, há certas limitações legalmente impostas ao exercício de inúmeras profissões. Assim, por exemplo, para um grande rol de atividades são instituídos requisitos quanto à formação escolar e/ou profissional. Neste sentido, a Constituição Federal brasileira garante a liberdade de exercício de profissão no título sobre direitos e garantias fundamentais, prevendo no artigo 5º, inciso XIII, que "é livre o exercício de qualquer trabalho, ofício ou profissão, atendidas as qualificações profissionais que a lei estabelecer".

Deve-se apontar que especialmente em relação a diversas profissões liberais,[2] existe uma tendência para o aumento das exigências para o seu exercício. Aos poucos, além da conclusão do curso de graduação e da realização de estágios ou residência (no caso dos médicos), é necessária a aprovação em exame específico efetuado pelo órgão profissional e, para determinadas especialidades, requer-se a conclusão de curso de pós-graduação e a participação em cursos de educação profissional continuada.

A liberdade de profissão, intimamente associada à liberdade de trabalho, se concretizou pelas revoluções liberais do final do século XVIII, que abriram à iniciativa privada o direito de exercer certas

---

[2] Acerca da noção de profissão liberal, esclarece Calmon de Passos que "A denominação profissional liberal assenta numa realidade que vai desaparecendo progressivamente diante de nossos olhos: a do técnico de nível superior, oferecendo seus serviços ao público, sem vínculo de subordinação, nem jurídica nem técnica. Um profissional livre, liberal. Um não-empregado." (PASSOS, José Joaquim Calmon de. *Comentários ao Código de Processo Civil*. 8. ed. Rio de Janeiro: Forense, 1998. v. 3, p. 100.) Por seu turno, Nelson Nery Junior e Rosa Maria de Andrade Nery ensinam que "Profissional liberal é o não-empregado, aquele que trabalha por conta própria, seja em profissão de nível universitário ou não, exercendo atividade científica ou artística. É geralmente autônomo, exercendo sua atividade ao livre opção e havendo faculdade na sua escolha pelo cliente. Para que o profissional seja considerado liberal, não deve exercer sua atividade mediante vínculo empregatício, com subordinação hierárquica." (NERY JUNIOR; Nelson; NERY, Rosa Maria de Andrade. *Código de Processo Civil comentado e legislação processual civil extravagante em vigor*. 5. ed. São Paulo: Revista dos Tribunais, 2001. p. 745). De acordo com a definição *supra*, são exemplos de profissional liberal: advogado, médico, dentista, engenheiro, professor, agrimensor, enfermeiro, economista, contador, publicitário, arquiteto, pintor, decorador, fonoaudiólogo, fisioterapeuta, massagista, músico, bibliotecário, analista de sistemas, programador de computador, marceneiro, técnico em eletrônica, encanador, eletricista, cabeleireiro, fotógrafo, topógrafo, veterinário, psicólogo etc. (*Op. cit.*, p. 745). Após asseverar que a origem do termo "profissional liberal" estaria vinculada à própria existência das corporações de ofício, visto que seria profissional liberal aquele que exercesse livremente sua profissão, sem necessidade de integrar uma corporação, Armindo Beux ressalta que a expressão possui hoje outro significado. Para o autor, "Profissional liberal é todo indivíduo que, sendo possuidor de diploma de graduação de um curso regular e oficial, e habilitação legal, exerce a sua atividade livremente, no campo da ciência e da arte, dentro das disposições legais e de princípios éticos, cujas funções e atribuições estão estabelecidas pelo respectivo currículo escolar, as quais, por lei, lhe são inalienáveis e inerentes à sua especialidade." (BEUX, Armindo. Conceituação de profissional liberal. *AJURIS – Revista da Associação dos Juízes do Rio Grande do Sul*, Porto Alegre, v. 16, p. 28, 1979).

profissões que antes eram consideradas como cargos públicos ou a eles equiparadas, como sucedia com a medicina e a advocacia.[3] Dessa forma, o exercício profissional dominado por corporações de ofício[4] encontrou seu maior óbice na Revolução Francesa de 1789. Como apontam Ripert e Roblot, os princípios de liberdade e de igualdade, ideais revolucionários, acarretaram por uma força lógica a supressão destas organizações.[5]

Primeiro, veio o *Décret d'Allarde*, de 02 de março de 1791, extinguindo todas as associações profissionais (*maîtrises* e *jurandes*) da França. O diploma legal enfatizou, igualmente, a liberdade de exercício profissional, ao afirmar o direito de cada cidadão de exercer a profissão que desejar.[6] Por fim, reforçando a primeira investida e consolidando a abolição da ação das corporações, apareceu a *Loi Le Chapelier*, de 14 de junho de 1791, cujo artigo 1º determina que a supressão das "corporações dos cidadãos do mesmo grupo ou profissão" é uma das bases fundamentais da Constituição Francesa, em seguida asseverando que é defeso o seu restabelecimento, sob qualquer pretexto e em qualquer forma.[7] [8]

Portanto, guiados pela doutrina do *laissez-faire*, pelos princípios da liberdade e da igualdade e pela hostilidade crescente em face

---

[3] Sobre o tema, deve-se conferir as lições de Vital Moreira (*Auto-regulação profissional e Administração Pública*. Coimbra: Almedina, 1997. p. 264 *et seq.*).

[4] As corporações de ofício eram associações de profissionais que tinham como objetivo a defesa da classe, além de regulamentar o ingresso e o exercício de determinado mister. Para que um indivíduo pudesse desenvolver uma atividade profissional, ele deveria estar vinculado à corporação de ofício pertinente.

[5] RIPERT, Georges; ROBLOT, René. *Traité de Droit Commercial*. 16. ed. Paris: Librairie Générale de Droit et de Jurisprudence, 1996. t. I, p. 14.

[6] Assim dispunha o artigo 7º do Decreto: "Il sera libre à toute personne de faire tel négoce ou d'exercer telle profession, art ou métier qu'elle trouvera bon." (Texto disponível no sítio: <http://fr.wikipedia.org>. Acesso em: 15 maio 2006).

[7] Art. 1. L'anéantissement de toutes espèces de corporations des citoyens du même état ou profession étant une des bases fondamentales de la constitution française, il est défendu de les rétablir de fait, sous quelque prétexte et quelque forme que ce soit." (Texto disponível no sítio: <http://www.geocities.com/actpol/V17LoiLeChapelier.html>. Acesso em: 15 maio 2006.)

[8] Comente-se que no Brasil, a Constituição de 1824, após se referir à liberdade de profissão (artigo 179, nº 24), tratava da abolição das corporações profissionais, em seu artigo 179, nº 25, nos seguintes moldes:
"Art. 179- A inviolabilidade dos direitos civis e políticos dos cidadãos brasileiros, que tem por base a liberdade, a segurança individual e a propriedade, é garantida pela Constituição do Império, pela maneira seguinte:
24) Nenhum gênero de trabalho, cultura, indústria ou comércio pode ser proibido, uma vez que não se oponha aos costumes públicos, à segurança e saúde dos cidadãos.
25) Ficam abolidas as corporações de ofícios, seus Juízes, Escrivães e mestres."
Por outro lado, todas as Constituições seguintes aludiram à liberdade de exercício de profissão (art. 72, §24, da Constituição de 1891; art. 113, 13, da Constituição de 1934; art.122, 8º, da Constituição de 1937; artigo 141, §14, da Constituição de 1946; artigo 150, §23, da Constituição de 1967 e da Emenda Constitucional nº 1, de 1969).

das corporações, em virtude especialmente do estabelecimento de privilégios às categorias profissionais que representavam,[9] a Lei *Le Chapelier* buscou abrir a vida econômica para a iniciativa privada e para a concorrência, tornando ilegal qualquer associação de trabalhadores ou empregadores, além de toda forma de monopólio.

Merece destaque, ainda, no corpo do clássico diploma legal, um gérmen do combate aos cartéis, constante no artigo 4º que, dentre outras prescrições, declara nulas as convenções, entre profissionais, de estabelecimento de preços.

Importa, observar, contudo, que pouco tempo depois de entrarem em vigor os diplomas legais suprimindo as corporações de ofício, e enaltecendo a liberdade de exercício das profissões, instituições associativas com natureza semelhante surgiram. Em 25 de maio de 1864, a *Loi Le Chapelier* foi revogada pela *Loi Ollivier*, que aboliu o delito de coalisão e reconheceu o direito de associação e o direito de greve.[10]

Paulatinamente foram sendo criados novos órgãos de regulação de classes profissionais e estes foram ampliando suas esferas de atuação.[11]

A partir de meados de 1800, por exemplo, a maioria dos países começou a prever sistemas legais de controle das profissões jurídicas.[12] Na França, um dos primeiros diplomas legais que tratou da *Ordre des Avocats* foi a *Ordonnance 1817/09/10*, de 10 de setembro de 1817.[13] Em 1878, surgiu a *American Bar Association*, congregando os advogados norte-americanos.

---

[9] Já no período Iluminista, as corporações foram alvo de inúmeras críticas, dentre outras razões, porque atentavam contra a liberdade econômica e impediam o desenvolvimento das atividades profissionais, em decorrência de uma regulação excessiva e porque desrespeitavam as liberdades individuais, ao dirigir a vida profissional dos indivíduos. Em França, durante o reinado de Luís XVI, através de várias reformas, Turgot tentou se opor à influência das corporações sobre a sociedade e a economia francesas. O Edito de Turgot, de 1776, por exemplo, embora derrubado pelo Parlamento, almejava suprimir algumas organizações corporativas e proclamava a liberdade de exercício de comércio e de profissão. Todavia, somente com a Revolução Francesa é que as críticas se transformaram em atos (Sobre o tema, conferir em *Histoire de la France*: des origines à nos jours. Paris: Larousse, 1999. p. 477-515; 543-546, e no endereço eletrônico <http://www.vie-publique.fr/decouverte_instit/approfondissements/approf_124.htm>. Acesso em: 15 maio 2006).

[10] Informação disponível no sítio: <http://fr.wikipedia.org>. Acesso em: 15 maio 2006.

[11] Não cabe neste artigo abordar as causas para o surgimento destas instituições. No entanto, assinale-se que uma das razões foi a necessidade de regulação de algumas profissões, em virtude de sua relevância pública (interesse público), associada à impossibilidade de o Estado atuar sozinho. É nesta linha que preleciona Miguel Reale que "com o correr do tempo, os imperativos do interesse público vieram se impondo, pela força natural das coisas, verificando-se a promulgação de leis disciplinadoras do exercício profissional, tanto para atender a razões de saúde pública como de segurança, meios de comunicação, ensino etc." (O Código de Ética Médica. *Revista dos Tribunais*, São Paulo, n. 503, p. 47, 1977).

[12] É o que dispõe *The New Encyclopaedia Britannica*. 15. ed. EUA, 1995. v. 22, p. 847.

[13] Conferir em <http://www.legifrance.gouv.fr>. Acesso em: 05 jun. 2006.

Em Portugal, a Ordem dos Advogados foi criada pelo Decreto nº 11.715, de 12 de Junho de 1926, mas remonta à primeira metade do século XIX, tendo origem na Associação dos Advogados de Lisboa, cujos Estatutos foram aprovados em 1838.[14]

Com a introdução dos cursos jurídicos no Brasil a partir de 1827, criou-se em 1843 o Instituto dos Advogados. Todavia, somente em 18 de novembro de 1930, através do Decreto nº 19.408, foi instituída a Ordem dos Advogados.[15]

Verifica-se, atualmente, no Brasil, a garantia constitucional da liberdade de exercício das profissões (art. 5º, XIII, da Carta Federal), mas também a existência de profissões regulamentadas por conselhos,[16] que buscam, precipuamente, regular a prática de determinadas atividades e defender os interesses de seus membros.

3 Regulação das profissões liberais

3.1 Regulação e autorregulação profissional

Sem adentrar na polêmica sobre a definição do termo "regulação", para fins do presente texto, regulação econômica deve ser entendida como um condicionamento externo à atividade dos agentes econômicos, abrangendo as vertentes da regulamentação (estabelecimento de normas), supervisão, fiscalização (implantação das normas) e sancionamento.[17]

Partindo do regulador, é possível delinear duas espécies de regulação: a autorregulação e a hetero-regulação.

A hetero-regulação é exógena ao que regula. Nela, regulado e regulador não se confundem. As prescrições nascem do regulador e atingem o regulado. O exemplo clássico é a regulação estatal da economia, imposta por uma instância do Estado (regulador) aos agentes econômicos (regulados). Pode ser efetuada pela Administração direta ou por entes semi ou totalmente independentes,

---

[14] Dados disponíveis no sítio: <http://www.oa.pt>. Acesso em: 15 maio 2006.

[15] O artigo 1º do Decreto nº 19.408 assim dispunha: "Fica criada a Ordem dos Advogados Brasileiros, órgão de disciplina e seleção da classe dos advogados, que se regerá pelos estatutos que forem votados pelo Instituto da Ordem dos Advogados Brasileiros, com a colaboração dos Institutos dos Estados e aprovados pelo governo." (Informações sobre a criação e a evolução da OAB estão disponíveis no sítio da entidade <http://www.oab.org>. Acesso em: 15 maio 2006).

[16] No corpo do trabalho há referência a alguns dos conselhos profissionais nacionais.

[17] Ampliar em Vital Moreira (*Auto-regulação...*, cit., p. 36-37).

como é o caso das agências reguladoras implantadas no Brasil a partir de 1996, com a instituição da ANEEL (Agência Nacional de Energia Elétrica).

Já a autorregulação aparece quando as figuras do regulador e do regulado se confundem. Para Vital Moreira, trata-se, em linhas gerais, de regulação pelos próprios interessados, com três traços marcantes: é uma *forma de regulação*, é regulação *coletiva* (envolve uma organização coletiva) e é uma espécie de regulação *não estatal*.[18]

Por outro lado, saliente-se que a autorregulação não configura forma de regulação natural, a "mão invisível" de Adam Smith. Ao contrário, ela é *artificial*, como a estatal, podendo ser pública ou privada.

Em sua versão privada, regula-se determinada categoria econômico-profissional por meio de normas elaboradas por aqueles que a integram, com submissão voluntária dos integrantes. Já o modelo público de autorregulação pressupõe a regulação através de instâncias associativas ou representativas de dado segmento, mas que detenham poderes e estatuto público.[19]

Se não de caráter estritamente privado (que enseja a esquiva da submissão às regras pelo simples abandono da associação, por exemplo), a autorregulação[20] obriga todos os membros da categoria profissional, que não podem fugir das normas que dela brotaram e em sua seara vingaram.[21]

Além disto, deve-se notar que a autorregulação pode ser imposta pelos poderes públicos[22] ou pode decorrer de uma decisão/opção dos entes privados, como alternativa à regulação estatal.[23]

---

[18] MOREIRA. *Auto-regulação*...., cit., p. 52-53.

[19] MOREIRA. *Auto-regulação*...., cit., p. 54). O mesmo doutrinador aduz que para fins de autorregulação profissional, "são associações profissionais todas as organizações de agentes econômicos ou profissionais, desde que tenham funções representativas, ou seja, desde que tenham por fim a representação e a defesa dos interesses correspondentes (o que exclui por exemplo as associações limitadas a finalidades de estudo ou investigação)" (*Auto-regulação*...., cit., p. 58).

[20] A auto-regulação só é *auto*, na medida em que é estabelecida por uma instituição associativa ou representativa dos próprios agentes regulados, sendo de eficácia restringida aos membros da categoria "profissional" em causa. Mas para cada um deles, individualmente considerado, as normas e medidas de regulação são *heterônomas*, a que eles não podem furtar-se (salvo abandonando a associação, nos casos de auto-regulação puramente privada) (MOREIRAl. *Auto-regulação*..., cit., p. 56.)

[21] *Idem, ibidem*.

[22] Assinala Eduardo Tomasevicius Filho que a auto-regulação tem sido usada em situações em que o Estado não se interessa pela regulação da atividade, ou quando a atuação estatal é economicamente ineficaz ou indesejável (TOMASEVICIUS FILHO, Eduardo. A auto-regulação profissional no Brasil. *In*: DI PIETRO, Maria Sylvia Zanella (Org.). *Direito regulatório*. Belo Horizonte: Fórum, 2003. p. 663).

[23] Julia Black, citada por José Esteve Pardo, se refere a *mandated self-regulation*, quando há um requerimento por parte dos poderes públicos para que grupos ou entes privados se autorregulem e a uma *coerced self-regulation*, quando os grupos ou sujeitos privados se autorregulam ante a alternativa ou ameaça de uma regulação pelo Estado (ESTEVE PARDO, José. *Autorregulación, génesis y efectos*. Cizur Menor (Navarra): Aranzadi, 2002. p. 161).

Neste contexto, é oportuno enfatizar que o interesse público inerente a determinadas profissões é o fator principal a ensejar que estas atividades sejam objeto de regulação. Sobre o tema, cabe reproduzir os ensinamentos de Pedro Gonçalves:

> Também por causa da óbvia relevância pública que revestem, certas profissões privadas estão sujeitas a específicos sistemas públicos de controlo (quanto ao acesso e ao exercício da profissão). É o que se verifica com certas *profissões privadas regulamentadas*, designadamente as profissões "ordenadas" ou "colegiadas em câmaras profissionais", as quais, vivendo em sistema de auto-regulação pública, podem designar-se como *profissões liberais auto-reguladas*. Apesar da intensa regulação pública a que os seus titulares ficam sujeitos, imposta pelo facto de exercerem actividades de inequívoco interesse público, como a advocacia, a medicina ou a revisão de contas, trata-se de profissões privadas, da esfera da autonomia privada (regulada).[24]

Resumidamente, o objetivo da regulação profissional consiste em alterar comportamentos dos indivíduos em relação ao que seria se não houvesse a regulação. Assim, através da autorregulação, os próprios agentes submetidos à regulação, por intermédio de organismos de profissões, ditam as regras para a atuação daqueles que queiram integrar um determinado mercado.

Tendo em vista a polêmica gerada pela Lei nº 9.649, de 1998, e a decisão proferida pelo Supremo Tribunal Federal ao julgar a Ação Direta de Inconstitucionalidade nº 1.711-6, importa abordar em seguida a natureza jurídica dos órgãos responsáveis pela autorregulação profissional e das funções que possuem.

3.2 Autorregulação profissional: exercício de função pública. A decisão proferida pelo STF ao julgar a ADI nº 1.711-6 e a natureza pública dos conselhos profissionais

É preciso esclarecer que a autorregulação pública de regra é efetuada por organismos profissionais que se submetem a um

---

[24] GONÇALVES, Pedro. *Entidades privadas com poderes públicos: o exercício de poderes públicos de autoridade por entidades privadas com funções administrativas.* Coimbra: Almedina, 2005. p. 148. (Coleção Teses).

regime de direito público. Trata-se de autorregulação legalmente estabelecida, em que os organismos dispõem de poderes típicos das autoridades públicas.[25]

No Brasil, a disciplina das profissões regulamentadas é feita por conselhos profissionais, criados por diversas leis, que em alguns casos lhes atribuem a natureza jurídica de autarquia[26] e consequente personalidade jurídica de direito público, para o exercício especialmente de funções de poder de polícia das profissões.[27]

Seguindo as ponderações de Odete Medauar,[28] observe-se que em alguns casos as leis federais instituidoras dos conselhos profissionais lhes conferem personalidade jurídica, sem especificar se é pública ou privada (Conselho Federal e Conselhos Seccionais da Ordem dos Advogados do Brasil).[29] Em outros casos as leis atribuem personalidade jurídica de direito público, como ocorre com a Ordem dos Músicos,[30] o Conselho de Farmácia,[31] o Conselho de Biblioteconomia,[32] o Conselho de Odontologia[33] e o Conselho de Química.[34] Algumas leis são mais precisas e preveem personalidade jurídica de direito público e natureza de autarquia, como ocorre com o Conselho de Medicina,[35] o Conselho

---

[25] Assim se manifesta Vital Moreira (*Auto-regulação...*, cit., p. 88).

[26] O presente trabalho não comporta o tema das autarquias. Em resumo, como já destacado em estudo sobre o poder normativo das agências reguladoras, o fundamental acerca da noção de autarquia é que se trata de pessoa jurídica de direito público, criada por lei, com capacidade específica de direito público para realizar atividade de natureza administrativa. É dotada de autonomia, capacidade administrativa, patrimônio, orçamento, receita e atribuições próprios, sujeitando-se a controle, vigilância e tutela por parte do Estado (CUÉLLAR, Leila. *As agências reguladoras e seu poder normativo*. São Paulo: Dialética, 2001. p. 90). Sobre o conceito de autarquia, remete-se, em especial, aos ensinamentos de Celso Antônio Bandeira de Mello na clássica obra *Natureza e regime jurídico das autarquias* (São Paulo: Revista dos Tribunais, 1968).

[27] As funções desenvolvidas pelos conselhos profissionais serão abordadas no próximo tópico.

[28] Conferir em Odete Medauar (Nova configuração dos conselhos profissionais. *Revista dos Tribunais*, São Paulo, v. 751, p. 28, 29, 1998).

[29] O artigo 44 do Estatuto da Ordem dos Advogados do Brasil (Lei nº 8.906, de 04.07.1994) afirma que a OAB é "serviço público, dotada de personalidade jurídica e forma federativa". Os parágrafos 1º e 2º do art. 45, respectivamente, dizem que o Conselho Federal e os Conselhos Seccionais possuem personalidade jurídica própria.

[30] De acordo com o artigo 2º da Lei nº 3.757, de 22.12.1960, a Ordem dos Músicos do Brasil compõe-se do Conselho Federal dos Músicos e de Conselhos Regionais, dotados de personalidade jurídica de direito público e autonomia administrativa e patrimonial.

[31] Prevê a Lei nº 3.820, de 11.11.1960, em seu artigo 1º, que os Conselhos Federal e Regionais de Farmácia detêm personalidade jurídica de direito público, autonomia administrativa e financeira.

[32] A Lei nº 4.084, de 30.06.1962, em seu artigo 9º, dispõe que o Conselho Federal e os Conselhos Regionais de Biblioteconomia possuem personalidade jurídica de direito público, autonomia administrativa e patrimonial.

[33] O artigo 2º da Lei nº 4.324, de 14.04.1964 fala em personalidade jurídica de direito público, autonomia administrativa e financeira.

[34] Em conformidade com o artigo 2º da Lei nº 2.800, de 18.06.1956, o Conselho Federal e os Conselhos Regionais de Química são dotados de personalidade jurídica de direito público, autonomia administrativa e financeira.

[35] O Conselho Federal e os Conselhos Regionais de Medicina, consoante o artigo 1º da Lei nº 3.268, de 30.09.1957, "passam a constituir em seu conjunto uma autarquia, sendo cada um deles dotado de personalidade jurídica de direito público, com autonomia administrativa e financeira".

de Engenharia, Arquitetura e Agronomia,[36] o Conselho de Psicologia[37] e o Conselho de Economia.[38] [39]

Todavia, consoante leciona Odete Medauar, apesar de tais organismos não integrarem a Administração Pública direta ou indireta, na doutrina recebem, por vezes, a denominação de autarquias paradministrativas ou corporações autárquicas e a jurisprudência lhes reconhece a natureza autárquica, mesmo que as leis instituidoras tenham omitido essa condição.[40]

Vejamos algumas manifestações doutrinárias sobre o tema. Analisando a OAB, ainda na vigência da Lei nº 4.215, de 27.04.1963, Paulo Alberto Pasqualini assinalava a característica corporativa das ordens de advogados e acentuava o caráter híbrido, misto da instituição, para concluir que se tratava de autarquia com estrutura corporativa:

> Embora reconhecidas como pessoas de direito público, as ordens têm obedecido, comenta André de Laubadère, a um regime misto, que se caracteriza pelo fato de não se aplicar a essas corporações, na regulação de sua atividade, a disciplina normal do direito público em toda a sua extensão.

> Embora no Brasil se reconheça a natureza autárquica da Ordem dos Advogados, admite-se que a sua disciplina jurídica não é idêntica à das demais entidades autárquica.[41]

Referindo-se, também, à Lei nº 4.215, Adilson Abreu Dallari sustentava a natureza autárquica da OAB, e observava que ela exerce função pública, consistente no controle do exercício profissional.[42]

---

[36] Para o artigo 80 da Lei nº 5.194, de 24.12.1966, os Conselhos Federal e Regionais de Engenharia, Arquitetura e Agronomia são "autarquias dotadas de personalidade jurídica de direito público, constituem serviço público federal".

[37] Conforme o artigo 1º da Lei nº 5.766, de 20.12.1977, o Conselho Federal e os Conselhos Regionais de Psicologia são dotados de personalidade jurídica de direito público, autonomia administrativa e financeira, constituindo, em seu conjunto, uma autarquia.

[38] O artigo 1º da Lei nº 6.537, de 19.06.1978, estatui que o Conselho Federal e os Conselhos Regionais de Economia são autarquias dotadas de personalidade jurídica de direito público. Observa no parágrafo único do mesmo dispositivo legal que as entidades terão autonomia administrativa e fnanceira e constituem serviço público federal.

[39] O estudo se reporta a algumas das entidades de fiscalização profissional existentes. Para um rol mais abrangente, remetemos ao Apêndice do livro coordenado por Vladimir Passos de Freitas (*Conselhos de fiscalização profissional*: doutrina e jurisprudência. São Paulo: Revista dos Tribunais, 2001. p. 358-365).

[40] *Nova configuração...*, cit., p. 29.

[41] PASQUALINI, Paulo Alberto. Ordem dos advogados: pessoas jurídicas: autarquias: supervisão ministerial. *Revista de Direito Administrativo*, Rio de Janeiro, n. 121, p. 439-440, 1975.

[42] DALLARI, Adilson Abreu. Ordem dos Advogados do Brasil. Natureza jurídica: regime de seu pessoal. *Revista de Informação Legislativa*, Brasília, n. 116, p. 260-261, 1992.

Lúcia Valle Figueiredo classifica as autarquias em corporativas e fundacionais e identifica os conselhos profissionais como autarquias corporativas:

> Podem as autarquias ser associações de pessoas com finalidades de atingimento de certos fins que a estas beneficiam: autarquias corporativas. Exemplo delas temos na Ordem dos Advogados do Brasil, nos Conselhos Regionais de Medicina, Farmácia, Odontologia etc.
>
> De outro lado, a autarquia fundacional é a que tem patrimônio alocado para dado fim. E, aqui, confundir-se-iam essas autarquias com as fundações de direito público.[43]

Aludindo à nomenclatura acima, Maria Sylvia Zanella Di Pietro igualmente afirma que os conselhos profissionais se inserem na categoria de autarquias corporativas.[44] [45]

No mesmo sentido, referindo-se à classificação das autarquias segundo as peculiaridades de seu regime, Diogo de Figueiredo Moreira Neto entende que as autarquias corporativas se caracterizam por terem total autonomia em relação à entidade política matriz, exercendo atividades de regulação e de fiscalização profissional.[46]

Marçal Justen Filho assevera que a Ordem dos Advogados do Brasil e os diversos Conselhos federais e regionais, encarregados de disciplinar o exercício de profissões regulamentadas, são qualificados como autarquias federais. Todavia, comenta o autor, não se sujeitam a qualquer tipo de interferência estatal, não integram a estrutura administrativa estatal, mas são manifestações da própria sociedade civil.[47]

---

[43] *Curso de direito administrativo*. 6. ed. São Paulo: Malheiros, 2003. p. 134.

[44] *Direito administrativo*. 15. ed. São Paulo: Atlas, 2002. p. 370-371.

[45] Assim expõem Romeu Felipe Bacellar Filho (O poder disciplinar da Ordem dos Advogados do Brasil exercido através do Tribunal de Ética. Natureza jurídica do Tribunal. Aspectos polêmicos de sua atividade. *Revista do Instituto dos Advogados do Paraná*, Curitiba, 2002, n. 32, p. 46-47), Diogenes Gasparini (*Direito administrativo*. 8. ed. São Paulo: Saraiva, 2003. p. 288), Ricardo Teixeira do Valle Pereira (Natureza jurídica dos conselhos de fiscalização do exercício profissional. *In*: FREITAS, Vladimir Passos de (Coord.). *Conselhos de fiscalização profissional*: doutrina e jurisprudência. São Paulo: Revista dos Tribunais, 2001. p. 31-63), José Antônio Barreto de Macedo (O TCU e as entidades de fiscalização do exercício profissional. *Revista do Tribunal de Contas da União*, n. 72, p. 55, 1997) e Miguel Reale (Autarquias corporativas: autonomia financeira. *Revista de Direito Público*, São Paulo, n. 67, p. 92-99, 1983).

[46] *Curso de direito administrativo*: parte introdutória: parte geral: parte especial. 13. ed. Rio de Janeiro: Forense, 2003. p. 248.

[47] Ensina o mestre: "Seus administradores são eleitos pelos integrantes da categoria e não podem ser destituídos por ato de vontade dos governantes. Sua competência administrativa se limita ao exercício da profissão" (*Curso de direito administrativo*. São Paulo: Saraiva, 2005. p. 106).

No âmbito do Poder Judiciário nacional, bem como do Tribunal de Contas da União, existem inúmeros julgados entendendo que os conselhos fiscalizadores de profissões possuem natureza autárquica, submetendo-se, assim, às normas e princípios pertinentes. A título exemplificativo, citaremos apenas alguns deles.

O Ministro Carlos Velloso, ao votar no julgamento do Mandado de Segurança nº 21.797-RJ, impetrado pelo Conselho Federal de Odontologia, afirmou ser claro o regime autárquico das entidades fiscalizadoras das profissões regulamentadas, submetendo-se as instituições, por exemplo, às regras de concurso público. Concluiu, assim, ser obrigatória a prestação de contas da entidade profissional perante o Tribunal de Contas da União:

> Como bem registra o Ministério Público Federal, é estatal a atividade de fiscalização do exercício profissional (CF, art. 5º, XIII; 21, XXIV; e 22, XVI). Daí a afirmativa, que é correta, no sentido de que as entidades fiscalizadoras do exercício profissional exercem funções tipicamente públicas e, por essa razão, regem-se pelas regras de Direito Público. (STF. Rel. Min. Carlos Velloso. Julg. 08.03.2000. Pub. 18.05.2001)[48]

No Mandado de Segurança nº 22.643-SC, o Ministro Moreira Alves, relator do feito, opinou pela natureza autárquica do Conselho Federal e dos Conselhos Regionais de Medicina, instituídos pela Lei nº 3.268, de 30.09.57, destacando que "o Conselho Federal de Medicina exerce uma função que, por sua natureza, é própria do Estado que a delega a uma entidade, que o exerce em nome do Estado." (STF. Rel. Min. Moreira Alves. Julg. 06.08.1998. Publ. 04.12.1998)[49]

Em sentido idêntico, o julgamento da ADI nº 641-0. Do voto do Ministro Celso de Mello, extrai-se o seguinte excerto:

> As Ordens e os Conselhos profissionais — acentua o Professor JOÃO LEÃO DE FARIA JR, em trabalho específico sobre o tema (RT 475/217) — destinam-se, em sua precípua função institucional, ao controle das atividades profissionais.

---

[48] As informações acerca das decisões do STF foram colhidas junto ao *site* do Supremo Tribunal Federal (<http://www.stf.gov.br>). Acesso em: 15 jun. 2006.

[49] Assim também consta no julgamento da ADI nº 1.707-MC (STF. Rel. Min. Moreira Alves, substituído pelo Min. Joaquim Barbosa. Julg. 01.07.1998. Publ. 16.10.1998).

Os Conselhos em questão não se reduzem, em sua dimensão conceitual, à noção de entidade de classe. São entidades revestidas de natureza autárquica, vinculadas, organicamente, à própria estrutura do Poder Executivo, em cujo âmbito somente o Presidente da República e o Procurador-Geral da República dispõem, na esfera federal, de legitimidade ativa "ad causam" para o controle concentrado de constitucionalidade.

Os Conselhos e as Ordens profissionais constituem pessoas dotadas de capacidade meramente administrativa. Submetem-se, por isso mesmo, à tutela administrativa do Ministro de Estado a cujo poder de controle estão juridicamente sujeitos. (STF. Rel. Min. Néri da Silveira. Redator do acórdão Min. Marco Aurélio. Julg. 11.12.91. Publ. 12.03.1993.)

O Superior Tribunal de Justiça se manifesta pela natureza autárquica dos conselhos profissionais. Dentre outras decisões, faz-se referência àquelas proferidas nos seguintes feitos: REsp nº 503.918-MT (STJ- 2ª Turma. Rel. Min. Franciulli Netto. Julg. 24.06.2003. Publ. 08.09.2003); CC nº 59.326-SP (STJ- 1ª Seção. Rel. Ministro Castro Meira. Julg. 10.05.2006. Publ. 22.05.2006); CC nº 54.850-SP (STJ- 1ª Seção. Rel. Ministro Castro Meira. Julg. 26.04.2006. Publ. 15.05.2006); CC nº 57.662-SP (STJ- 1ª Seção. Rel. Ministro Teori Albino Zavascki. Julg. 26.04.2006. Publ. 15.05.2006); REsp nº 576.938-PR (STJ- 1ª Turma. Rel. Ministra Denise Arruda. Julg. 06.04.2006. Publ. 02.05.2006); CC nº 50.184-RS (STJ- 1ª Seção. Relatora Ministra Eliana Calmon. Julg. 28.09.2005. Publ. 07.11.2005); REsp nº 268.649 (STJ- 2ª Turma. Rel. Ministro Castro Meira. Julg. 12.04.2005. Publ. 01.07.2005).[50]

Aliás, cumpre informar que, considerando a natureza autárquica das entidades em questão, o Superior Tribunal de Justiça editou a Súmula nº 66, determinando que "Compete à Justiça Federal processar e julgar execução fiscal promovida por conselho de fiscalização profissional".

No âmbito da Justiça Federal, as decisões proferidas pelos Tribunais Regionais Federais atestam o entendimento uniforme acerca da natureza autárquica dos conselhos profissionais. Destaquemos alguns julgados: AC nº 200001000150032 (TRF 1 – 8ª

---

[50] As decisões proferidas pelo Superior Tribunal de Justiça estão disponíveis no *site* <http://www.stj.gov.br>. Acesso em: 16 jun. 2006.

Turma. Rel. Desembargadora Federal Maria do Carmo Cardoso. Julg. 06.10.2004. Publ. 17.12.2004); AG nº 200401000073289 (TRF1 – 8ª Turma. Rel. Desembargadora Federal Maria do Carmo Cardoso. Julg. 06.04.2004. Publ. 14.05.2004); AMS nº 2002.02.01.026912-9 (TRF 2 – 6ª Turma Especial. Rel. Juiz Benedito Gonçalves. Julg. 22.02.2006. Publ. 30.03.2006); REOMS nº 2000.02.01.013093-3 (TRF 2 – 7ª Turma Especial. Rel. Juiz Reis Friede. Julg. 05.10.2005. Publ. 07.11.2005); AMS nº 2002.51.02.001442-4 (TRF 2 – 6ª Turma Especial. Rel. Juiz Fernando Marques. Julg. 10.08.2005. Publ. 09.09.2005); AMS nº 2000.61.12.001240-7 (TRF 3 – 6ª Turma. Rel. Juiz Cesar Sabbag. Julg. 20.07.2005. Publ. 05.08.2005); AMS nº 2000.71.00.011698-5 (TRF 4 – 3ª Turma. Rel. Juíza Taís Schilling Ferraz. Julg. 30.04.2002. Publ. 29.05.2002); AC nº 2004.71.00.027594-1 (TRF4 – 4ª Turma. Rel. Juiz Amaury Chaves de Athayde. Julg. 29.03.2006. Publ. 27.04.2006); AC nº 2005.70.00.029712-4 (TRF 4 – 1ª Turma. Rel. Juiz Joel Ilan Paciornik. Julg. 03.03.2006. Publ. 15.03.2006); AG nº 2005.04.01.043932-6 (TRF 4 – 2ª Turma. Rel. Juiz Dirceu de Almeida Soares. Julg. 06.12.2005. Publ. 18.01.2006); AC nº 2000.05.00.052093-9 (TRF 5 – 3ª Turma. Rel. Desembargadora Federal Joana Carolina Lins Pereira. Julg. 03.11.2005. Publ. 17.02.2006); AC nº 2001.05.00.009492-0 (TRF 5 – 3ª Turma. Rel. Desembargadora Federal Joana Carolina Lins Pereira. Julg. 03.11.2005. Publ. 19.12.2005); REOAC nº 2000.05.00.031793-9 (TRF 5 – 3ª Turma. Rel. Desembargador Federal Geraldo Apoliano. Julg. 09.06.2005. Publ. 29.08.2005); AM nº 2002.84.00.000129-5 (TRF5 – 1ª Turma. Rel. Desembargador Federal Ubaldo Ataíde Cavalcante. Julg. 10.03.2005. Publ. 05.04.2005).[51]

No Tribunal de Contas da União há centenas de decisões concluindo pela natureza autárquica dos conselhos profissionais e pela consequente necessidade de prestação de contas, dentre as quais as seguintes: Decisão nº 179/00 – TCU (TC – 021.750/94-7. Rel. Ministro Iram Saraiva. Julg. 07.11.2001. Publ. 19.11.01);[52] TC-022.779/94-9 (Acórdão nº 11/99 – TCU-Plenário. Rel. Ministro José Antonio Barreto de Macedo. Publ. 26.02.99); Acórdão nº 212/1998 (Segunda Câmara. Processo TC nº 375.248/97-8. Rel. Ministro José Antonio Barreto de Macedo. Julg. 25.06.1998. Publ. 03.07.1998);

---

[51] Os acórdãos podem ser consultados nos endereços eletrônicos dos Tribunais Federais (<http://www.trf1.gov.br>; <http://www.trf2.gov.br>; <http://www.trf3.gov.br>; <http://www.trf4.gov.br>; <http://www.trf5.gov.br>). Acesso em: 20 jun. 2006.

[52] Afirma o *decisum* que as características das autarquias se encaixam para os Conselhos, concluindo que: "Não agem por delegação; agem por direito próprio e com autoridade pública, na medida do *jus imperii* que lhe foi outorgado pela lei própria."

Acórdão nº 424/1998 (Segunda Câmara. Processo nº 400.088/1997-5. Rel. Ministro José Antonio B. de Macedo. Publ. 09.11.1998); Acórdão nº 313/98 (Segunda Câmara. AC-0313-30/98-2. Rel. Ministro José Antonio B. de Macedo. Publ. 21.09.1998); Acórdão nº 329/98 (Segunda Câmara. AC-0329-31/98-2. Rel. Ministro José Antonio B. de Macedo. Publ. 28.09.1998); Acórdão nº 390/98 (Segunda Câmara. AC-0390-35/98-2. Rel. Ministro José Antonio B. de Macedo. Publ. 26.10.1998); Acórdão nº 1.533/2004 (Primeira Câmara. AC-1533-22/04-1. Rel. Ministro Augusto Sherman Cavalcanti. Publ. 07.07.2004); Acórdão nº 565/2005 (Plenário. AC-0565-16/05-P. Rel. Ministro Ubiratan Aguiar. Publ. 20.05.2005); Acórdão nº 898/2005 (Primeira Câmara. AC-0898-15/05-1. Ministro Relator Marcos Bemquerer. Publ. 30.05.2005); Acórdão nº 1.895/2005 (Plenário. AC-1895-45/05-P. Rel. Ministro Guilherme Palmeira. Publ. 28.11.2005); Acórdão nº 274/2006 (Plenário. AC-018.500/2002-4. Rel. Ministro Augusto Nardes. Publ. 15.03.2006).[53]

É importante assinalar que, considerando a natureza autárquica das instituições, o Tribunal de Contas da União tem sistematicamente desaprovado as contas dos conselhos profissionais, quando a contratação dos funcionários não tiver sido precedida de concurso público, em razão da violação ao disposto no artigo 37, II, da Constituição Federal.[54]

Segundo o Tribunal de Contas da União, aplica-se a estas entidades o disposto na Súmula nº 231 do TCU, que dispõe que "A exigência de concurso público para admissão de pessoal se estende a toda a Administração Indireta, nela compreendidas as Autarquias, as Fundações instituídas e mantidas pelo Poder Público, as Sociedades de Economia Mista, as Empresas Públicas e, ainda, as demais entidades controladas direta ou indiretamente pela União, mesmo que visem a objetivos estritamente econômicos, em regime de competitividade com a iniciativa privada."

É relevante ressaltar, ainda, que mesmo após a edição da Lei nº 9.649/98, o Tribunal de Contas continuou aconselhando os conselhos profissionais a se absterem de admitir pessoal sem a realização de prévio concurso público, entendendo que os serviços

---

[53] Informações disponíveis no *site*: <http://www.tcu.gov.br>. Acesso em: 20 jun. 2006.

[54] Neste sentido, *v.g.*, os Acórdãos nº 209/98 (2ª Câmara), nº 212/98 (2ª Câmara), nº 424/1998 (2ª Câmara), nº 248/98 (2ª Câmara) e nº 898/2005 (1ª Câmara), disponíveis no sítio eletrônico do Tribunal de Contas da União.

de fiscalização de profissões regulamentadas são típicos da atividade da administração pública e se manifestou pela necessidade de prestação de contas perante o TCU.

Acerca do tema, deve-se enfatizar parte do voto do Ministro José Antonio Barreto de Macedo, relator do Acórdão nº 424/1998 (2ª Câmara. Processo nº 400.088/1997-5. Publ. 09.11.1998):

> [...]
>
> Importa destacar que a edição da Medida Provisória n. 1.549-35, de 09.10.97, ensejou determinação do Presidente desta Corte no sentido de que fossem realizados estudos acerca da orientação a ser adotada no exame dos processos relativos aos Conselhos de Fiscalização de Profissões Liberais (Comunicação da Presidência, 15.10.97). 2.Os mencionados estudos, objeto do TC-001.288/98-9, foram submetidos a este Tribunal na Sessão reservada de 07.10.98, oportunidade na qual o Plenário firmou o entendimento de que os referidos Conselhos estão obrigados a prestar contas a este Tribunal, em face do disposto nos arts. 5º, 6º, 7º e 8º da Lei n. 8.443/92 (Decisão n. 701/98 – in Ata n. 41/98). 3.Ressalte-se, ainda, que foram propostas perante o Supremo Tribunal Federal as Ações Diretas de Inconstitucionalidade de ns. 1717-6 e 1847-7, questionando o art. 58 e seus parágrafos da MP 1549-36, de 06/11/97, e da Lei n. 9.649/98, tendo sido a primeira delas interposta por partidos políticos com representação no Congresso Nacional, invocando, entre outros dispositivos constitucionais, os arts. 70 e 71, inciso II. 4.Seja qual for o entendimento que venha a prevalecer no tocante à personalidade jurídica de tais entidades, releva considerar que este Tribunal vem decidindo determinar aos mencionados Conselhos que se abstenham "de admitir pessoal sem a realização de prévio concurso público, ante o disposto no art. 37, II, da Constituição Federal, e na Súmula 231 da Jurisprudência deste Tribunal" (v.g., Acórdão n. 209/98 – TCU/2a Câmara – in Ata n. 18/98; Acórdão n. 212/98 – TCU/2a Câmara – in Ata n. 19/98; Acórdão n. 213/98 – TCU/2a Câmara – in Ata n. 19/98; Acórdão n. 248/98 – TCU/2a Câmara – in Ata n. 24/98; Acórdão n. 313/98 – TCU/2a Câmara – in Ata n. 30/98; Acórdão n. 329/98 – TCU/2a Câmara – in Ata n. 31/98; Acórdão n. 390/98 – TCU/2a Câmara – in Ata n. 35/98) [...].

Frise-se, também, que em algumas oportunidades o Poder Judiciário afirma que os conselhos de fiscalização profissional são autarquias em regime especial, embora não especifique em que consiste a especialidade.[55] [56]

Importa destacar que uma autarquia é especial, ou se submete a regime especial, quando possui características capazes de lhe conferir maior grau de autonomia/liberdade em relação à Administração Direta do que as demais autarquias (não especiais). Neste sentido, já ponderou Celso Antônio Bandeira de Mello, ao tratar da natureza das universidades públicas.[57]

Odete Medauar sublinha que a expressão "autarquia de regime especial" apareceu pela primeira vez no artigo 4º da Lei nº 5.540, de 28.11.1968, que trata de uma das formas institucionais das universidades públicas e observa que a legislação não explica o regime especial. Assim, pondera que as notas características das autarquias de regime especial decorrem "da lei que instituir cada uma ou de uma lei que abranja um conjunto delas". Esclarece a ilustre professora que a diferença de regime pode, por exemplo, estar no modo de escolha ou nomeação do dirigente, insuscetível de cessação por ato do Chefe do Poder Executivo, no grau menos intenso dos controles ou no tocante à gestão financeira".[58] [59]

A natureza especial da autarquia decorre, então, das peculiaridades que foram conferidas pelo legislador e que lhe garantem um maior grau de independência em relação às demais autarquias tradicionais.

Quanto à Ordem dos Advogados do Brasil, verificou-se que, de acordo com o artigo 44 da Lei nº 8.906/94, trata-se de "serviço público" dotado "de personalidade jurídica e forma federativa".

Orienta Paulo Luiz Netto Lôbo que a OAB é serviço público independente, "categoria *sui generis*, submetida ao direito público (exercício de poder de polícia administrativa da profissão) e ao direito privado (demais finalidades)".[60]

---

[55] Por exemplo, REsp nº 576.938-PR (STJ – 1ª Turma. Rel. Ministra Denise Arruda. Julg. 06.04.2006. Publ. 02.05.2006) e REsp nº 552.894 (STJ – 1ª Turma. Rel. Ministro Francisco Falcão. Julg. 25.11.2003. Publ. 22.03.2004).

[56] Também Jorge Ulisses Jacoby Fernandes opina no sentido de que as entidades de fiscalização do exercício das profissões regulamentadas são autarquias de natureza especial (Regulamentos próprios de Licitação. *Fórum Administrativo – FA*, Belo Horizonte, n. 3, p. 261, maio 2001).

[57] *Curso de direito administrativo*. 17. ed. São Paulo: Malheiros, 2004. p. 156.

[58] *Direito administrativo moderno*. 6. ed. São Paulo: Revista dos Tribunais, 2002. p. 84.

[59] São exemplos de autarquias especiais no âmbito federal o Banco Central, o Instituto Brasileiro do Meio Ambiente (IBAMA), algumas Universidades Federais e as agências reguladoras.

[60] LÔBO, Paulo Luiz Netto. *Comentários ao Estatuto da Advocacia*. 2. ed. São Paulo: Brasília Jurídica, 1996. p. 180.

Constata-se, portanto, que, independentemente do contido na legislação específica, o entendimento doutrinário e jurisprudencial dominante é de que os conselhos profissionais são autarquias, ainda que comportem algumas peculiaridades que as distingam das autarquias tradicionais.

Em razão da natureza autárquica, Ricardo Teixeira do Valle Pereira elenca as principais características dos conselhos: criação somente por lei específica, personalidade jurídica própria de direito público, responsabilidade civil objetiva, patrimônio constituído de bens públicos, regime diferenciado de execução das dívidas passivas, regime diferenciado para cobrança de dívida ativa, prescrição quinquenal, obrigatoriedade de prévia licitação para compras e contratos, submissão dos atos dos agentes ao regime jurídico administrativo, possibilidade de impetração de mandado de segurança contras atos dos dirigentes, possibilidade de ajuizamento de ação popular contratos dos dirigentes, legitimidade para propor ação civil pública, prazos processuais privilegiados, privilégios do reexame necessário,[61] prazos privilegiados em ações de despejo, imunidade tributária em relação aos impostos que incidam sobre o patrimônio, a renda e os serviços, sujeição a fiscalização por parte do TCU, competência da Justiça Federal para conhecer das ações por eles propostas ou contra eles propostas.[62] É preciso acrescentar a este rol a necessidade de concurso público para acesso de servidores aos quadros das entidades.

Frise-se, todavia, conforme destaca Marçal Justen Filho, que a natureza autárquica das instituições apontadas conduz à sua inserção formal na categoria de entidades sujeitas à aplicação da Lei nº 8666 (Lei de Licitações), o que implica sérias dificuldades.[63] [64]

Argumenta o mencionado jurista que é "problemático identificar a atividade por elas desenvolvidas àquela atuação particular e própria do Estado, inclusive porque sua submissão aos

---

[61] O autor inclui o Reexame Necessário, em face do artigo 10 da Lei nº 9.469, de 10.07.1997, que determina que se aplica às autarquias e fundações públicas o disposto nos artigos 188 e 475, *caput* e inciso II, do CPC.

[62] Características, prerrogativas e sujeições dos conselhos de fiscalização do exercício profissional. (FREITAS, Vladimir Passos de (Coord.). *Conselhos de fiscalização profissional*: doutrina e jurisprudência. São Paulo: Revista dos Tribunais, 2001. p. 64-86).

[63] JUSTEN FILHO, Marçal. *Comentários à Lei de Licitações e Contratos Administrativos*. 10. ed. São Paulo: Dialética, 2004. p. 33.

[64] No mesmo sentido, afirma Odete Medauar que os conselhos profissionais "se apresentam como entes desvinculados da Administração Pública, mas prestadores de atividades de natureza pública e esse meio caminho entre o privado e o público acarreta muitas dúvidas e hesitações" (*Nova configuração...*, cit., p. 31.)

postulados inerentes à organização administrativa poderia resultar na frustração de seus fins institucionais. Há interesse coletivo na sua atuação, mas muito mais na acepção de perseguição dos fins comuns a determinadas categorias."[65] Assim, Marçal Justen Filho apoia a solução preconizada por Leon Frejda Szklarowsky e aprovada por Jorge Ulisses Jacoby Fernandes, no sentido de assemelhar tais entidades profissionais aos entes paraestatais integrantes do sistema "S". Desta forma, como são gestores de recursos de origem pública, deverão prestar contas ao TCU e submeter-se à Lei nº 8.666, enquanto não tiverem adotado regulamento simplificado próprio.[66]

No mesmo diapasão, quando ainda vigente a Lei nº 9.694, sustentou o Subprocurador-Geral junto ao TCU, Dr. Lucas Rocha Furtado, nos autos de prestação de contas nº TC-022.779/94-9, afirmando que "deva ser dado aos conselhos de fiscalização o mesmo tratamento do denominado 'Sistema S'."[67]

Em 27 de maio de 1998, foi editada a Lei nº 9.649, que dispõe sobre a organização da Presidência da República e dos Ministérios e dá outras providências.

O *caput* do artigo 58 da referida lei prevê que a fiscalização das profissões regulamentadas será feita em caráter privado, por delegação do poder público. Os parágrafos do mesmo artigo traçam as diretrizes desta assertiva. Eis o teor do dispositivo legal:

Art. 58. Os serviços de fiscalização de profissões regulamentadas serão exercidos em caráter privado, por delegação do poder público, mediante autorização legislativa.

§1º A organização, a estrutura e o funcionamento dos conselhos de fiscalização de profissões regulamentadas serão disciplinados mediante decisão do plenário do conselho federal da respectiva profissão, garantindo-se que na composição deste estejam representados todos seus conselhos regionais.

§2º Os conselhos de fiscalização de profissões regulamentadas, dotados de personalidade jurídica de direito privado, não manterão com os órgãos da Administração Pública qualquer vínculo funcional ou hierárquico.

---

[65] JUSTEN FILHO. *Comentários...*, cit., p. 33.
[66] Confiram-se as referências de Jorge Ulisses Jacoby Fernandes, em "Regulamentos próprios de Licitação" (*Op. cit.*, p. 258-263).
[67] *Boletim de Licitações e Contratos*, n. 6, p. 420, jun. 2003.

§3º Os empregados dos conselhos de fiscalização de profissões regulamentadas são regidos pela legislação trabalhista, sendo vedada qualquer forma de transposição, transferência ou deslocamento para o quadro da Administração Pública direta ou indireta.

§4º Os conselhos de fiscalização de profissões regulamentadas são autorizados a fixar, cobrar e executar as contribuições anuais devidas por pessoas físicas e jurídicas, bem como preços de serviços e multas, que constituirão receitas próprias, considerando-se título executivo extrajudicial a certidão relativa aos créditos decorrentes.

§5º O controle das atividades financeiras e administrativas dos conselhos de fiscalização de profissões regulamentadas será realizado pelos seus órgãos internos, devendo os conselhos regionais prestar contas, anualmente, ao conselho federal da respectiva profissão, e estes aos conselhos regionais.

§6º Os conselhos de fiscalização das profissões regulamentadas gozam de imunidade tributária total em relação aos seus bens, rendas e serviços.

§7º Os conselhos de fiscalização de profissões regulamentadas promoverão, até 30 de junho de 1998, a adaptação de seus estatutos e regimentos ao estabelecido neste artigo.

§8º Compete à Justiça Federal a apreciação das controvérsias que envolvam os conselhos de fiscalização de profissões regulamentadas, quando no exercício dos serviços a eles delegados, conforme o disposto no *caput*.

§9º O disposto neste artigo não se aplica à entidade de que trata a Lei nº 8.906, de 4 de julho de 1994.[68]

O *caput* e os parágrafos do artigo acima transcrito foram objeto de apreciação pelo Supremo Tribunal Federal, nos autos da Ação Direta de Inconstitucionalidade nº 1.717-6/DF,[69] proposta

---

[68] Com todo o respeito, o artigo da lei é peculiar e merece crítica, pois, ao pretender transformar o regime jurídico dos conselhos profissionais, busca dar a estes entes maior flexibilidade que é característica das pessoas jurídicas de direito privado, ao mesmo tempo em que lhes confere poderes e prerrogativas inerentes às pessoas jurídicas de direito público. Neste sentido, comenta Leandro Paulsen que "Na tentativa de libertar os conselhos de fiscalização profissional das exigências e dos controles que, como garantia para os indivíduos e para a sociedade como um todo, são estabelecidos para os órgãos e agentes públicos, foi dado à luz um artigo de lei absolutamente inconsistente e que não encontra amparo nas normas superiores nas quais deve buscar seu fundamento de validade." (Os conselhos profissionais e a Lei nº 9.649/98: aspectos tributários e processuais. *Revista de Estudos Tributários*, Porto Alegre, v. 1, n. 2, p. 49, 1998).

[69] Originalmente, a Ação Direta de Inconstitucionalidade foi proposta em face da Medida Provisória nº 1.549-37, de 09.10.1997, posteriormente convertida na Lei nº 9.649/1998.

pelo Partido Comunista do Brasil, pelo Partido dos Trabalhadores e pelo Partido Democrático Trabalhista, tendo por Relator o Ministro Sydney Sanches.

A inicial da ADI apontava a violação dos artigos 5º, XIII,[70] 21, XXIV,[71] 22, XVI,[72] 70, parágrafo único,[73] 149[74] e 175[75] da Constituição Federal.

Livrou-se da declaração de inconstitucionalidade o §3º do artigo 58 da Lei nº 9.649, porque o texto original da Constituição que servia de parâmetro à aferição de constitucionalidade (art. 39) fora substancialmente modificado pela Emenda Constitucional nº 19/98.

Quanto ao *caput* e aos parágrafos 1º, 2º, 4º, 5º, 6º, 7º e 8º, do artigo 58, foram declarados inconstitucionais, visto que a autorregulação profissional consiste no exercício de atividade de natureza tipicamente pública, função do Estado, consoante interpretação dos artigos 5º, XIII, 22, XVI, 21, XXIV, 70, parágrafo único, 149 e 175 da Constituição Federal. Assim, com fundamento no artigo 21, XXIV, a Corte opinou que o serviço de fiscalização das profissões regulamentadas é de competência da União Federal e não pode ser objeto de delegação a entes de natureza privada, sem qualquer vinculação funcional ou hierárquica com os órgãos da Administração Pública.[76]

Logo, não seria compatível com a Constituição Federal a delegação, a uma entidade privada, de atividade peculiar de Estado, que abarca o poder de policiar, de tributar e de punir, em se tratando de atividades profissionais regulamentadas.

---

[70] Assim prevê o dispositivo: "é livre o exercício de qualquer trabalho, ofício ou profissão, atendidas as qualificações profissionais que a lei estabelecer".

[71] O inciso XXIV do artigo 21 afirma que compete à União "organizar, manter e executar a inspeção do trabalho".

[72] Estatui o inciso XVI que compete privativamente à União legislar sobre "organização do sistema nacional de emprego e condições para o exercício de profissões".

[73] O parágrafo único do artigo 70 versa sobre a necessidade de prestação de contas.

[74] Diz o *caput* do artigo 149: "Compete exclusivamente à União instituir contribuições sociais, de intervenção no domínio econômico e de interesse das categorias profissionais ou econômicas, como instrumento de sua atuação nas respectivas áreas, observado o disposto nos arts. 146, III, e 150, I e III, e sem prejuízo do previsto no art. 195, §6º, relativamente às contribuições a que alude o dispositivo."

[75] O artigo 175, *caput*, assim dispõe: "Incumbe ao poder público, na forma da lei, diretamente ou sob regime de concessão ou permissão, sempre através de licitação, a prestação de serviços públicos".

[76] A decisão foi publicada no *Diário da Justiça da União* de 28.03.2003.

Do despacho do eminente relator, Ministro Sydney Sanches, que deferiu o pedido cautelar, suspendendo liminarmente os efeitos do disposto no art. 58 da Medida Provisória nº 1.549-37 (posteriormente convertida na Lei nº 9.649), extrai-se a seguinte ponderação:

> Os órgãos criados por lei federal, com a finalidade de proceder a encargo constitucional da União de fiscalizar o exercício das profissões têm inegável natureza pública, na medida em que exercem típica atividade estatal.
>
> Nesta linha de compreensão não há possibilidade de que os serviços de fiscalização de profissões regulamentadas venham a ser exercidos em caráter privado, como dispõe o art. 58 da MP 1549-36/97, já que a atividade de fiscalização, como decorrência da competência constitucional da União para inspecionar o trabalho, conforma os órgãos que exercem estes serviços de fiscalização como autarquias.
>
> [...]
>
> Tratando-se de atividade constitucionalmente afeta a União, nos termos do inciso XXIV do art. 21 a inspeção do trabalho, bem como estabelecer condições para o exercício das profissões, conforme dispõe o inciso XVI do art. 22 da Constituição, não é possível que a União, através de ato normativo do Poder Executivo venha transferir esta atribuição para entes privados, mediante autorização legislativa.
>
> O texto constitucional vinculou o exercício da fiscalização das profissões ao órgão federal da administração pública, não sendo constitucionalmente possível a delegação desta atribuição para órgãos privados.

A decisão de mérito manteve a liminar, consignando que os conselhos profissionais devem ter natureza jurídica pública. Portanto, com o acórdão proferido nos autos da Ação Direta de Inconstitucionalidade citada, declarando a inconstitucionalidade do artigo 58 da Lei nº 9.649, permaneceram em vigor as determinações e interpretações sobre a natureza jurídica de direito público (autárquica *sui generis* ou especial) das entidades profissionais em questão.

3.3 Ainda sobre a natureza jurídica dos conselhos profissionais: as funções que exercem

No intuito de aprofundar a análise a respeito da natureza jurídica dos conselhos profissionais, é oportuno tecer algumas ponderações a respeito das atribuições que desempenham. Dentre as principais funções da autorregulação profissional, seguindo as lições de Vital Moreira,[77] é possível apontar as seguintes:

a) representação e defesa de interesses profissionais dos representados – abrangendo representação do interesse profissional geral da categoria, defesa dos interesses de cada membro perante o Estado, tomadas de posição públicas, reclamações, exposições, pareceres, consultas, representação em órgãos públicos, ligação com outras organizações profissionais etc.;

b) prestação de serviços de apoio aos seus membros – englobando centros de informações, assistência técnica, informação por meio de revistas, formação e colaboração profissional, crédito, outros serviços;

c) regulamentação profissional – consistindo na regulação do acesso à profissão (verificação dos pressupostos acadêmicos, aplicação de exames de admissão, controle de compatibilidade e apreciação da "idoneidade moral"), no reconhecimento de categorias profissionais (atribuição de carteiras profissionais, de títulos profissionais e de especializações profissionais), no estabelecimento de normas de produção e comercialização e de conduta profissional (código deontológico) e na disciplina profissional (aplicação de sanções).

Os organismos mencionados têm por objeto principal a regulação e a disciplina profissional, o zelo pela fiel observância dos princípios e regras aplicáveis a cada profissão regulamentada.

Na dicção de Odete Medauar, tais entes "são organismos destinados, em princípio, a 'administrar' o exercício de profissões liberais regulamentadas por lei federal."[78]

As leis brasileiras mencionadas no item anterior aludem aos poderes de fiscalização e de disciplina dos conselhos e à competência

---

[77] *Auto-regulação...*, cit., p. 191.
[78] *Nova configuração...*, cit., p. 28.

para defesa da categoria profissional. A título exemplicativo, cumpre citar algumas disposições pertinentes.

O Estatuto da Ordem dos Advogados do Brasil, Lei nº 8.906/1994, em seu artigo 44, assim prevê:

> Art. 44. A Ordem dos Advogados do Brasil (OAB), serviço público, dotada de personalidade jurídica e forma federativa, tem por finalidade:
>
> I – defender a Constituição, a ordem jurídica do Estado democrático de direito, os direitos humanos, a justiça social, e pugnar pela boa aplicação das leis, pela rápida administração da justiça e pelo aperfeiçoamento da cultura e das instituições jurídicas;
>
> II – promover, com exclusividade, a representação, a defesa, a seleção e a disciplina dos advogados em toda a República Federativa do Brasil.
>
> [...].

O artigo 1º da Lei nº 5.766/71 dispõe que o Conselho Federal e os Conselhos Regionais de Psicologia se destinam a "orientar, disciplinar e fiscalizar o exercício da profissão de Psicólogo e zelar pela fiel observância dos princípios de ética e disciplina da classe".

Os artigos 26 e 33 da Lei nº 5.194/66 estatuem que o Conselho Federal de Engenharia, Arquitetura e Agronomia, (CONFEA) e os Conselhos Regionais de Engenharia, Arquitetura e Agronomia (CREA) são órgãos de fiscalização do exercício profissional da engenharia, da arquitetura e da agronomia.

De acordo com o artigo 8º da Lei nº 4.084/62, a fiscalização do exercício da Profissão do Bibliotecário será exercida pelo Conselho Federal e pelos Conselhos Regionais de Biblioteconomia.

Segundo a Lei nº 3.757/60, art. 1º, a Ordem dos Músicos do Brasil tem a finalidade de "exercer, em todo o país, a seleção, a disciplina, a defesa da classe e a fiscalização do exercício da profissão do músico".

Para o artigo 1º da Lei nº 3.820/60, os Conselhos Federal e Regionais de Farmácia buscam zelar "pela fiel observância dos princípios da ética e da disciplina da classe dos que exercem atividades profissionais famacêuticas no País".

No que tange ao exercício da medicina, reza o artigo 2º da Lei nº 3.268/57:

Art. 2º O Conselho Federal e os Conselhos Regionais de Medicina são os órgãos supervisores da ética profissional em tôda a República e ao mesmo tempo, julgadores e disciplinadores da classe médica, cabendo-lhes zelar e trabalhar por todos os meios ao seu alcance, pelo perfeito desempenho ético da medicina e pelo prestígio e bom conceito da profissão e dos que a exerçam legalmente.

Diz o artigo 7º da Lei nº 5.517/68 que a "fiscalização do exercício da profissão de médico-veterinário será exercida pelo Conselho Federal de Medicina Veterinária, e pelos Conselhos Regionais de Medicina Veterinária". Já o artigo 8º esclarece que "O Conselho Federal de Medicina Veterinária (CFMV) tem por finalidade, além da fiscalização do exercício profissional, orientar, supervisionar e disciplinar as atividades relativas à profissão de médico-veterinário em todo o território nacional, diretamente ou através dos Conselhos Regionais de Medicina Veterinária (CRMV)".

No mesmo sentido, ainda, prescreve o artigo 1º da Lei nº 2.800/56 que a "fiscalização do exercício da profissão de químico, regulada no Decreto-Lei nº 5.452, de 1 de maio de 1943 — Consolidação das Leis do Trabalho, Título III, Capítulo I, Seção XIII — será exercida pelo Conselho Federal de Química e pelos Conselhos Regionais de Química".

Verifica-se, por conseguinte, que as principais atribuições desenvolvidas pelos conselhos profissionais se referem à autorregulação profissional e à defesa da classe.[79] No que tange à regulação do exercício da atividade profissional, tais organismos atuam por meio do estabelecimento de normas; implementação, aplicação e execução de normas (supervisão e fiscalização), incluindo eventual solução de conflitos e apuração de infrações disciplinares, o que poderá culminar com a aplicação de sanções.[80]

---

[79] Ainda que de passagem, importa aludir às críticas doutrinárias feitas em relação a este papel desempenhado pelos conselhos profissionais, visto que sua função primordial estaria vinculada à regulação da profissão e não à defesa da categoria profissional. Sobre o tema, João Leão de Faria sublinha que: "As Ordens e Conselhos não se fizeram para defender a profissão, nem o profissional e nem o interesse das classes respectivas. A defesa da profissão, do profissional e do interesse da classe cabe por lei (art. 513 da CLT) aos sindicatos e, quando apropriada nos estatutos, às associações de classe." (Ordens e Conselhos Profissionais: noções: excerto de um parecer. *Revista dos Tribunais*, São Paulo, p. 217, 1975). Em sentido idêntico se manifesta Luísa Hickel Gamba (*A fiscalização do exercício das profissões pelos Conselhos e Ordens*. Texto disponível no sítio: <http://www.revistadoutrina.trf4.gov.br>. Acesso em: 15 jul. 2006).

[80] Apesar de exceder o escopo do presente texto, é indicado ressaltar que muitas vezes existem desvios no comportamento das corporações profissionais. Vital Moreira afirma que por vezes eles acabam por constituir "verdadeiros cartéis", que "controlam o acesso e o exercício da profissão e exercem a disciplina da profissão em sentido protecionista dos próprios interesses profissionais",

As atribuições referentes à autorregulação profissional são atividades tipicamente estatais, razão, inclusive, para que as entidades sejam constituídas sob regime de direito público, especialmente sob a forma de autarquia.

Neste sentido, Marçal Justen Filho destaca que as entidades de regulação de categorias profissionais "exercitam competências tipicamente estatais, especialmente no tocante ao poder de polícia, a que corresponde a cobrança compulsória de contribuições. Daí a sua qualificação como uma autarquia."[81]

Na mesma linha, aduz Odete Medauar que as "leis que regulamentam as profissões e criam ordens ou conselhos transferem-lhes a competência para exercer a fiscalização do respectivo exercício profissional e o poder disciplinar".[82]

Trata-se da chamada *polícia das profissões*,[83] [84] visto que as entidades detêm poder de polícia sobre a atividade profissional que regulam.[85] Logo, a competência que originariamente caberia ao poder público é delegada aos conselhos profissionais que, nessa matéria específica, passam a exercer atribuições típicas do poder público.[86]

Assim, também, ao analisar a Ordem dos Advogados do Brasil, Dario de Almeida Magalhães fundamenta a natureza pública das atividades do regulador:

---

acarretando restrições à concorrência (Serviços profissionais e concorrência. MARQUES, Maria Manuel Leitão; MOREIRA, Vital. *A mão visível*: mercado e regulação. Coimbra: Almedina, 2003. p. 55). Comungando deste entendimento, Carolina Cunha aponta alguns comportamentos das associações profissionais que limitam a concorrência (Profissões liberais e restrições da concorrência. *In*: MOREIRA, Vital (Org.). *Estudos de regulação pública*: I. Coimbra: Coimbra Ed., 2004. p. 445-489).

[81] *Curso...*, cit., p. 106.

[82] *Direito...*, cit., p. 408.

[83] Ao tratar dos inúmeros campos de atuação do poder de polícia, Odete Medauar insere o exercício das profissões, observando que quando regulamentadas, às vezes o poder de polícia é delegado, por lei, às ordens profissionais. (*Direito...*, cit., p. 408). A autora se refere expressamente ao termo "polícia das profissões" no artigo sobre a Lei nº 9.649 (*Nova configuração...*, cit., p. 28).

[84] Diogo de Figueiredo Moreira Neto igualmente alude a um poder de polícia das profissões (*Op. cit.*, p. 397). Deve-se assinalar que, segundo o autor, o poder de polícia consiste na função administrativa por meio da qual "o Estado aplica restrições e condicionamentos legalmente impostos ao exercício das liberdades e direitos fundamentais, tendo em vista a assegurar uma convivência social harmônica e produtiva." (*Op. cit.*, p. 385).

[85] A análise do "poder de polícia" não se insere no escopo do presente trabalho. Dentre outros autores, remete-se o leitor às lições de Celso Antônio Bandeira de Mello (*Curso...*, cit., p. 718 *et seq.*), Marçal Justen Filho (*Curso...*, cit., p. 385 e ss.), Lúcia Valle Figueiredo (*Curso...*, cit., p. 292 *et seq.*), Maria Sylvia Zanella Di Pietro (*Direito...*, cit., p. 111) e Odete Medauar (*Direito...*, cit., p. 401). Para Marçal Justen Filho, por exemplo, "o poder de polícia administrativa é a competência administrativa de disciplinar o exercício da autonomia privada para a realização de direitos fundamentais e da democracia, segundo os princípios da legalidade e da proporcionalidade" (*Curso...*, cit., p. 385). Segundo Maria Sylvia Zanella Di Pietro, "Pelo conceito moderno, adotado no direito brasileiro, o poder de polícia é a *atividade do Estado consistente em limitar o exercício dos direitos individuais em benefício do interesse público.*" (*Direito...*, cit., p. 111).

[86] Esta é a conclusão de Odete Medauar (*Nova configuração...*, cit., p. 28).

O encargo que lhe foi atribuído envolve, inegàvelmente, o desempenho de um serviço público federal, não só porque a lei assim o declara explicitamente (art. 2º do regulamento), como pela própria natureza da finalidade a que se destina: "a de órgão de seleção, defesa e disciplina da classe dos advogados em tôda a República", conforme reza o art. 1º do mesmo regulamento.[87]

Sobre a natureza das funções, são esclarecedoras as lições presentes no voto proferido pelo Ministro José Antonio Barreto de Macedo, relator do processo nº TC-022.779/1994-9, julgado pelo Tribunal de Contas da União:

> [...]
> 2. Com efeito, no voto revisor que proferi quando da apreciação do TC-001.288/98-9 manifestei-me no sentido de que os conselhos "preenchem todos os requisitos essenciais consignados" no art. 5º, I, do Dec.-lei nº 200/67, "porquanto cada um deles constitui *serviço autônomo* (a doutrina, a jurisprudência e a própria Lei nº 9.649/98, no 2º do seu art. 58, evidenciam essas características), criada por lei (ordinária), com personalidade jurídica, patrimônio e receita próprios (tais atributos, conferidos pela respectiva lei de criação, foram mantidos pela recente lei em comento, art. 58, §§2º e 4º), para executar atividades típicas da Administração Pública, que requeiram, para seu melhor funcionamento, gestão administrativa e financeira descentralizada (basta atentar para o §6º do art. 58 da multicitada lei, segundo o qual os mencionados conselhos constituem serviço público". (Acórdão nº 11/1999- Plenário. Julg. em 10.02.1999. Publ. em 26.02.1999)

Portanto, as principais atribuições desenvolvidas pelos conselhos de fiscalização profissional consistem em atividades tipicamente administrativas, que não podem ser delegadas a entes privados.

Para Ricardo Teixeira do Valle Pereira, não há dúvida de que os órgãos de fiscalização profissional exercem atividade de polícia

---

[87] Ordem dos Advogados do Brasil – sua natureza jurídica, seus poderes, funções e encargos – conceito de autarquia em face da doutrina e da lei – prestação de contas ao Tribunal de Contas. (*Revista de Direito Administrativo*, Rio de Janeiro, n. 20, p. 341, 1950). Após observar que os conselhos profissionais possuem inúmeros poderes e prerrogativas derivados de sua natureza pública, assevera o jurista que o "traço marcante da pessoa jurídica de direito público é a de ser detentora do *ius imperii*, de autoridade estatal, para o desempenho de funções que normalmente deveriam competir ao próprio Estado, e que só por êste poderiam ser exercidos." (*Op. cit.*, p. 344).

administrativa por outorga do Estado. Complementa o magistrado que "em razão de sua natureza, por representarem a mais clara expressão do poder estatal, as atividades de polícia não podem ser delegadas a particulares, mesmo porque, como reconhece a doutrina, gozam elas de coercibilidade e auto-executoriedade, atributos que são desconhecidos, como regra, nas relações de direito privado." [88]

Da mesma forma, sobre a indelegabilidade dos poderes, opina Fernando Machado da Silva Lima que nenhum dos conselhos profissionais, nem mesmo a OAB, poderia ter natureza privada, "porque uma entidade privada não poderia receber a delegação da competência para a arrecadação e fiscalização desses tributos [anuidades e taxas], nem para o exercício do poder de polícia."[89]

Como bem sustentou o Egrégio Supremo Tribunal Federal, na decisão proferida nos autos da ADI nº 1.717-6, em virtude do disposto nos artigos 21, XXIV, e 22, XVI, da Carta Federal, o serviço de fiscalização das profissões regulamentadas consiste em função pública de competência da União Federal, que não pode ser atribuída a entes de natureza privada.

Logo, os conselhos profissionais, entes encarregados de fiscalizar o exercício de profissões regulamentadas, não podem ser considerados como meras pessoas jurídicas de direito privado, mas se submetem, ainda que de forma ponderada, ao regime de direito público.

4 Ponderações finais

O artigo 5º, inciso XIII, da Carta Federal prevê a liberdade de exercício das profissões, ao mesmo tempo em que determina que algumas profissões sejam objeto de regulamentação específica.

A Constituição refere-se, assim, à regulação profissional, que de regra tem sido exercida por intermédio dos conselhos ou ordens, que são organismos criados por lei, com poderes e atribuições públicas, visando, especialmente, a regular a atividade profissional e a defender os interesses da categoria que representam. Trata-se da autorregulação profissional.

---

[88] PEREIRA. *Natureza jurídica...*, cit., p. 57.

[89] LIMA, Fernando Machado da Silva. Inconstitucionalidade da Lei nº 11.000/2004. Anuidades e taxas dos conselhos de fiscalização profissional. *Jus Navigandi*, Teresina, ano 9, n. 576, 3 fev. 2005. Texto disponível no sítio: <http://http://jus2.uol.com.br/doutrina/texto.asp?id=6283>. Acesso em: 25 jul. 2006.

Apesar das leis brasileiras nem sempre serem claras a respeito da natureza jurídica dos conselhos e ordens, de acordo com a doutrina e com a jurisprudência dominantes, e especialmente considerando a decisão proferida pelo Supremo Tribunal Federal, ao declarar a inconstitucionalidade da Lei nº 9.649/98, tais entidades têm sido consideradas autárquicas, embora possuam algumas peculiaridades em relação às demais autarquias. Poder-se-ia falar, então, em autarquias especiais ou *sui generis*.

É preciso salientar, por fim, que a compreensão dessa situação constitui um desafio típico dos novos tempos do direito público.

Curitiba, agosto de 2006.

Reflexões a Propósito dos Princípios da Livre Iniciativa e da Função Social

Egon Bockmann Moreira

Sumário: 1 Introdução – 2 A Constituição Econômica e a ideia primaz de função social – 3 A regulação pública da economia, a livre iniciativa e a sua função social – 4 Considerações finais

1 Introdução

Este ensaio apresentará um breve exercício de raciocínio a respeito dos princípios constitucionais da livre iniciativa e da função social. Isso com a pretensão de firmar dois ângulos não excludentes: um deles tem como ponto de partida o Poder Público e sua relação com a iniciativa privada (em especial quanto à regulação da economia) e outro os próprios agentes privados e o exercício dos direitos inerentes ao princípio da livre iniciativa.

O pressuposto para essa abordagem dúplice é a ideia de que a função social não é algo que se atribua, se cogite ou se pondere em relação exclusiva a uma das esferas (pública *ou* privada), numa perspectiva substitutiva. Ao contrário, a função social é um princípio que diz respeito tanto à ação do Estado no domínio econômico como à das pessoas privadas. Configura algo de comum a ambos os planos. Esse é o ponto de partida que será objeto de exploração.

Além desta introdução e das considerações finais, o artigo conterá apenas dois tópicos: o primeiro traçará algumas linhas básicas sobre o princípio da função social, de molde a pautar a leitura do princípio da livre iniciativa, e o segundo abordará os instrumentos interventivos de que dispõe o Estado para dar cumprimento ao princípio da função social.

2 A Constituição Econômica e a ideia primaz de função social

Quando se cogita a respeito do princípio da função social,[1] uma das primeiras ideias que vêm à mente é a da função social da propriedade privada. Isso significa a criação e a defesa de uma situação jurídica que torne socialmente eficaz o exercício do direito de propriedade individual. Implica direcionar a prática desse direito também a uma finalidade exógena e extravagante ao seu conceito clássico (em que o destino do bem era ancilar à vontade do proprietário), que pode ir para além da representação do exercício do direito como um puro efeito do desejo do proprietário. Em suma, um qualificativo jurídico que rompe com o condicionamento unilateral do destino do bem à vontade de seu proprietário.[2]

Já não mais se trata de cogitações exauridas na tríade "usar, fruir e abusar", porém de algo que condiciona e mesmo dirige o exercício dos direitos do proprietário sobre o bem e lhe confere (ao bem) um direcionamento exógeno (e mesmo antagônico) à vontade do seu dono. Em determinadas situações, o desejo do proprietário (individual) passa a desempenhar um papel secundário em vista do fim que deve ser atingido (social). O que exige uma compreensão renovada de alguns dos conceitos clássicos do Direito Privado (apesar de não os suprimir), bem como uma perquirição a respeito da positivação jurídica do princípio da função social da propriedade.

É consensual que a ideia de função social da propriedade tem como marco a Constituição de Weimar, de 1919.[3] Antes disso,

---

[1] Não obstante este ensaio esposar a compreensão de que o princípio da função social é uma norma jurídica (que, a depender das premissas, pode ser compreendida tanto na condição de norma que possui uma estrutura lógica específica, à la Dworkin e Alexy, como na concepção de norma com elevado nível de abstração e diretriz de um sistema, à la Larenz e Celso Antônio Bandeira de Mello), ele não adentrará nesse tema. Para uma compreensão apurada das doutrinas principiológicas e seus pressupostos lógico-jurídicos, v. Humberto Ávila (*Teoria dos princípios*. 4. ed. São Paulo: Malheiros, 2004. *passim*) e Virgílio Afonso da Silva (*A constitucionalização do direito*. São Paulo: Malheiros, 2005. p. 29-37).

[2] O liame "direito = vontade" é típico de um Direito que remonta aos séculos XVIII e XIX, sobretudo na escola pandectística alemã. "Para os pandectistas, o dogma fundamental do sistema jurídico — direitos subjetivos e ordenamento normativo — era o da vontade. No campo do direito privado, a autonomia da vontade individual; no direito público, a chamada 'vontade da lei'." (COMPARATO, Fábio Konder. Isonomia das carreiras do Ministério Público, da Magistratura e da Polícia Civil. *In: Direito público*: estudos e pareceres. São Paulo: Saraiva, 1996. p. 74-75). Aprofundar em Tercio Sampaio Ferraz Jr. (*A ciência do direito*. São Paulo: Atlas, 1986. p. 27 *et seq.* – ao tratar da contribuição de Savigny e o dilema *mens legis, mens legislatoris*). Para uma investigação sobre o papel da vontade (e seus diversos ângulos) no mundo jurídico, v. a obra coletiva *Le rôle de la volonté dans les actes juridiques*: études à la mémoire du professeur Alfred Rieg (Bruxelles: Bruylant, 2000).

[3] Nesse sentido: Calixto Salomão Filho (Função social do contrato: primeiras anotações. *RDM* 132/7). V. também Fábio Konder Comparato (*A afirmação histórica dos direitos humanos*. São Paulo: Saraiva, 1999. p. 180-190; A função social da propriedade dos bens de produção. *RDM* 63/71;

vigia a mais ampla disponibilidade jurídica dos bens e fatores de produção: ao Poder Público cumpria somente garantir a titularidade e o livre exercício desses direitos. Mesmo a Declaração dos Direitos do Homem e do Cidadão, de 1789, proclamava o caráter "inviolável e sagrado" da propriedade privada (art. 17), refletindo assim a essência do sistema liberal de mercado e o tripé jurídico no qual ele se assentava: a *propriedade privada* dos bens e fatores de produção, a *liberdade de iniciativa*, traduzida juridicamente no princípio da liberdade contratual, e a *responsabilidade patrimonial*, entendida como o corolário da máxima *pacta sunt servanda*.[4]

Depois de narrar as vicissitudes que antecederam a Constituição de Weimar, Comparato consigna que, desde a sua concepção, ela se estruturava contraditoriamente, procurando conciliar ideias pré-medievais com exigências socialistas ou liberais-capitalistas da civilização industrial. A segunda parte da Constituição de Weimar traz a clássica declaração dos direitos humanos unida aos direitos de conteúdo social. Estes configuram a *segunda geração dos direitos humanos*, desenvolvidos numa dimensão prestadora, em que o Estado chama para si a realização de tarefas nos domínios econômicos, sociais e culturais. Trata-se de assegurar a proteção dos indivíduos através da atuação do Estado — que, ao invés de se abster, deve fazer-se presente mediante ações e prestações que venham a conferir ao ser humano uma sobrevivência minimamente digna. Não se trata mais do tradicional campo da liberdade individual em face do qual os Poderes Públicos tinham deveres de abstenção. Ao contrário, exige-se do Estado uma prestação positiva (saúde, educação, previdência social etc.).[5]

A Quinta Seção da Constituição de Weimar tem como título "A Vida Econômica" e "abre-se com uma disposição de princípio, que estabelece como limite à liberdade de mercado a preservação de um nível de existência conforme à dignidade humana".[6] Eis o texto do dispositivo:

O indispensável direito econômico. *RT*, 353/14); Orlando Gomes (Novas dimensões da propriedade privada. In: *Ensaios de direito civil e de direito do trabalho*. Rio de Janeiro: Aide, 1986. p. 85 *et seq.*) e Eroulths Cortiano Junior (*O discurso jurídico da propriedade e suas rupturas*. Rio de Janeiro: Renovar, 2002. p. 137-192).

[4] A respeito dessa peculiaridade da Declaração dos Direitos do Homem e do Cidadão, v. Comparato, *A afirmação histórica...*, cit., p. 115-133. A exposição quanto ao "tripé jurídico do liberalismo" é derivada das observações de Fábio Nusdeo quanto às "Constituições-garantia" (A ordem econômica constitucional no Brasil. *RDM*, 65/12).

[5] Aprofundar em Fábio Konder Comparato (*A afirmação histórica...*, cit., p. 180-187).

[6] COMPARATO. *A afirmação histórica...*, cit., p. 186. As traduções da Constituição de Weimar a seguir citadas são da autoria de Comparato.

Art. 151. A ordenação da vida econômica deve obedecer aos princípios da justiça, com o fim de assegurar a todos uma existência conforme à dignidade humana. Dentro desses limites, é garantida a liberdade econômica dos indivíduos (...)

Dentro dessa seção (cuja leitura deve ser orientada pelo texto de abertura), merece destaque a função social da propriedade, marcada por uma fórmula que se tornou célebre:

Art. 153. A propriedade é garantida pela Constituição. Seu conteúdo e seus limites resultam das disposições legais. (...)

A propriedade obriga. Seu uso deve, ademais, servir ao bem comum.

Foi sob a inspiração da Constituição de Weimar que um grande número de constituições posteriores, das mais diversas orientações e nos mais distintos momentos históricos, passou a inserir um capítulo específico a respeito da Ordem Econômica (os pontos de partida são a Constituição espanhola de 1931; a portuguesa de 1933; a brasileira de 1934; a francesa de 1946 e a italiana de 1947). Consolidam-se os conceitos de Constituição Econômica e de Ordem Econômica constitucional, que permanecem fortes no constitucionalismo contemporâneo.[7] A partir de então, a regência da vida econômica das sociedades passou a ser uma questão de Estado (uma das mais importantes).

Note-se que tais diplomas constitucionais descartam a concepção liberal que concebe o Estado como um agente excêntrico à economia, um personagem omisso quanto aos direitos sociais e, quando muito, puramente repressivo no que diz respeito aos desvios dos agentes econômicos. A intervenção (depois atuação) estatal no cenário econômico deixou de ser algo inconcebível para passar à condição de parcela da concepção primária dos deveres do Estado. A relação Estado-economia foi alçada à institucionalização hierárquica superior nos respectivos textos constitucionais — fazendo parte da ideia essencial que se tem do próprio Estado. O sistema econômico não se autodefine de forma absolutamente livre, mas é o Direito que passa a estabelecer a estrutura para o funcionamento dos mercados;

---

[7] A propósito do conceito de Constituição Econômica, indispensável é a consulta às pioneiras obras de Vital Moreira a respeito do tema: *Economia e Constituição* (Coimbra: FDUC, 1970) e *A ordem jurídica do capitalismo* (4. ed. Lisboa: Caminho, 1987).

a função dos bens e dos fatores de produção; o controle do poder econômico e das relações econômicas.[8]

A leitura do princípio da função social deve ser desenvolvida primariamente em termos de uma Ordem Econômica constitucional contextualizada, em que ao Estado são atribuídos determinados deveres ativos no que diz respeito à vida econômica. Não é válida uma compreensão desatenta aos demais princípios e regras constitucionais ou em abstração ao mundo dos fatos (máxime em países subdesenvolvidos). Nem tampouco é legítima a tentativa de apreender o conceito segundo um vetor unilateral e excludente (como se dirigido somente ao proprietário privado quando do exercício de seus direitos individuais e excluindo-se o Estado de atuar ativamente nesse cenário).

Mesmo porque de há muito o Estado não só intervém, mas sim *atua na economia*. Há mais de meio século o nosso cotidiano está irrigado por condutas econômicas estatais em todos os planos e perspectivas (normativas e de gestão; públicas, privadas; locais, regionais, nacionais, supranacionais e internacionais). Muitas vezes, a ação econômica das pessoas privadas depende do Estado e de regimes jurídico-econômicos de parcerias e solidariedade (por mais liberal que seja o regime econômico em tela).[9]

A assimilação desse dado necessariamente passa pelo exame mais amplo da contemporaneidade do Direito Público da Economia e do porquê da criação e inserção de um conjunto de normas jurídicas específicas ao nível constitucional, destinadas a reger o comportamento do Estado e dos agentes econômicos nos respectivos mercados. Isto é, os princípios da Ordem Econômica constitucional não podem — e não devem — ser compreendidos à luz de uma estratificação fático-normativa típica dos séculos XVIII e XIX, em que reinavam os assim denominados "direitos de primeira geração" e uma lógica da exclusão recíproca entre o público e o privado. Na medida em que não persiste no tempo o Estado liberal *gendarme*, não se pode cogitar da interpretação e aplicabilidade das normas constitucionais segundo esse mesmo modelo.

---

[8] Por todos, v. Natalino Irti (*L'ordine giuridico del mercato*. 2. ed. Roma: Laterza, 2004. *passim*).

[9] Algo desse dilema já foi proposto por Vital Moreira há mais de vinte anos (*A ordem jurídica do capitalismo*, cit., p. 139) e está presente nas obras de Fábio Nusdeo (*Curso de economia*. 4. ed. São Paulo: Revista dos Tribunais, 2001. p. 189) e Eros Grau (*A ordem econômica na Constituição de 1988*. 11. ed. São Paulo: Malheiros, 2006. p. 93 *et seq.*).

Logo, a consideração a respeito do princípio da função social na Constituição Econômica envolve cogitações a respeito da conduta de duas categorias de sujeitos: os agentes públicos e os sujeitos privados. Isso se torna ainda mais claro quando do exame do *caput* do art. 170 da Constituição de 1988. Lá estão estampados dois fundamentos constitucionais da Ordem Econômica brasileira (a valorização do trabalho humano e a livre iniciativa), ao lado de sua finalidade: assegurar a todos existência digna, conforme os ditames da justiça social. O epicentro da Constituição Econômica está na sua compreensão funcionalizada, sobretudo em face dos princípios da dignidade da pessoa humana e da justiça social.

Ao trazer o princípio da valorização do trabalho humano como um dos fundamentos da Ordem Econômica brasileira, o *caput* do art. 170 estabelece uma prioridade em relação aos traços puramente mercadológicos da economia. Está positivado um primado que se distancia dos parâmetros de um capitalismo liberal puro, em que os benefícios sociais são muitas vezes valores exógenos às condutas dos agentes, aferíveis em longo prazo. A rigor, a base representada pela valorização do trabalho humano (dirigido aos paradigmas da justiça social e da existência digna) tem o efeito de funcionalizar o exercício da vida econômica privada e orientar a atuação e a intervenção públicas na economia. Essa é a compreensão que deve igualmente orientar a leitura do princípio da livre iniciativa.

Na sequência da valorização do trabalho humano, o *caput* do art. 170 traz a livre iniciativa como um dos fundamentos da Ordem Econômica brasileira. Não obstante ser uma das mais importantes normas (erigida à condição de fundamento da ordem econômica e princípio constitucional fundamental: art. 1º, IV, *in fine*, e 170, *caput*), isso não significa dizer que se trataria de uma livre iniciativa absoluta, típica de Estados Liberais em que a propriedade é concebida despida de sua função social.

Será *legítima* a liberdade de iniciativa quando exercida e desenvolvida segundo os parâmetros da justiça social e com escopos que atendam à exigência da existência digna do ser humano (tanto em sentido positivo como negativo). Tal como as demais liberdades, o exercício da livre iniciativa econômica é condicionado no sistema da Constituição Econômica brasileira.[10] Se ela se implementa na

---

[10] Como é pacífico no STF: "Não há, no sistema constitucional brasileiro, direitos ou garantias que se revistam de caráter absoluto, mesmo porque razões de relevante interesse público ou exigências derivadas do princípio de convivência das liberdades legitimam, ainda que excepcionalmente, a adoção, por parte dos órgãos estatais, de medidas restritivas das prerrogativas individuais ou coletivas, desde que respeitados os termos estabelecidos pela própria Constituição. O estatuto

atuação empresarial, esta deve ser orientada na direção do princípio da função social, para, ao mesmo tempo em que dá concretude aos legítimos interesses privados do investidor, realizar o desenvolvimento nacional, assegurada a existência digna de todos, conforme os ditames da justiça social.

O ponto sensível da livre iniciativa está na liberdade de empresa, que deve ser entendida em três vertentes (liberdade de investimento ou de acesso; liberdade de organização e liberdade de contratação). A liberdade econômica privada está na possibilidade de o agente econômico criar o seu próprio estabelecimento e entrar no mercado, em concorrência com os outros que lá estão. Quanto à entrada no mercado, a liberdade de iniciativa é privada ou pública e tem um sentido extremamente amplo. Para o Poder Público, as fronteiras são as do 173 da Constituição. Para o Direito Privado, o ingresso no mercado envolve a avaliação pessoal quanto à oportunidade e conveniência do exercício de tal atividade. O empresário pode escolher a forma societária e exercer as avaliações e projeções que melhor lhe aprouver (salvo as exceções legais). Pode celebrar todos os contratos, desde que não vedados em lei.

Porém, aqui entra em jogo o princípio da função social e a efetiva utilidade prática do exercício da livre empresa: não se está diante de uma série de decisões autônomas, nas quais a vontade do agente econômico (leia-se o proprietário dos bens e fatores de produção) tem o condão de instalar um irrestrito exercício da livre iniciativa.[11] O que autoriza o desenvolvimento de um raciocínio a perquirir o papel do Poder Público na fixação desses parâmetros.

3 A regulação pública da economia, a livre iniciativa e a sua função social

Conforme acima já consignado, a Constituição brasileira detém algumas peculiaridades marcantes no campo da Ordem Econômica:

---

constitucional das liberdades públicas, ao delinear o regime jurídico a que estas estão sujeitas — e considerado o substrato ético que as informa — permite que sobre elas incidam limitações de ordem jurídica, destinadas, de um lado, a proteger a integridade do interesse social e, de outro, a assegurar a coexistência harmoniosa das liberdades, pois nenhum direito ou garantia pode ser exercido em detrimento da ordem pública ou com desrespeito aos direitos e garantias de terceiros" (MS nº 23.452/RJ, Min. Celso de Mello. *DJ*, 12 maio 2000).

[11] Na obra *Direitos fundamentais*: uma leitura da jurisprudência do STF (São Paulo: Malheiros, 2006), Oscar Vilhena Vieira desenvolveu valiosa investigação a propósito de direitos fundamentais postos em xeque devido a divergências em torno de concepções políticas, econômicas e mesmo éticas (v. sobretudo as páginas 63-132, que versam sobre a dignidade da pessoa humana, e 133-278, que se referem à liberdade).

ela não celebra apenas o princípio da livre empresa, que não pode ser apreendido como se houvesse princípios autônomos no texto constitucional. A sua leitura é inseparável dos demais princípios conformadores do Texto Maior.[12] Assim, e tal como igualmente se passa em outros ordenamentos jurídicos, "como todas as liberdades, a liberdade de empresa tem *limitações* para a defesa de outros bens constitucionais e interesses sociais".[13]

O sistema econômico brasileiro tem as peculiaridades de uma economia capitalista qualificada por um sistema dúplice de iniciativa (estatal e privada, esta compreendendo a cooperativa). Há previsões constitucionais celebrando essa realidade, positivadas em princípios explícitos. Mais do que isso: o conjunto de normas (princípios e regras) caracterizadores da Ordem Econômica não é subordinante do todo da Carta Magna. Ao contrário, impõe-se uma cogitação ampla das máximas lá arroladas, calcada na própria *raison d'être* do Texto Maior. A Constituição brasileira institucionalizou um capitalismo singularizado por princípios que afastam a sua compreensão como a de um Estado Liberal clássico, a prestigiar apenas o direito de propriedade privada, a livre iniciativa e o livre jogo das forças de mercado.

Isso porque a Constituição de 1988 celebra à larga o princípio da dignidade da pessoa humana, mesmo no contexto da Ordem Econômica (art. 1º, inc. III, art. 34, inc. VII, al. "b", e art. 170, *caput*). Essa característica *material* da Constituição está expressa e insistentemente plasmada em seu texto *formal*. Não obstante o prestígio à liberdade individual *lato sensu* ser uma máxima próxima do incontrastável, os seus aspectos da liberdade de empresa, de iniciativa e de concorrência sofrem uma verdadeira atenuação jurídico-axiológica quando alinhados à dignidade da pessoa humana e à justiça social — o que se torna ainda mais relevante frente o princípio da função social.

Como apuradamente firmou Fábio Konder Comparato, "os princípios da ordem econômica e social, ainda quando explicitados no texto normativo, consideram-se subordinados, todos eles, aos princípios fundamentais da soberania popular e do respeito aos direitos humanos. [...]"

---

[12] Em respeito ao leitor, anote-se que o texto deste tópico envolve a reescrita de parte de ensaio anterior (O direito administrativo da economia, a ponderação de interesses e o paradigma da intervenção sensata. *In*: CUÉLLAR, Leila; MOREIRA, Egon Bockmann. *Estudos de direito econômico*. Belo Horizonte: Fórum, 2004. p. 53-98).

[13] ARIÑO ORTIZ, Gaspar. *Principios de derecho público económico*. 2. ed. Granada: Comares, 2001. p. 217.

(...) mesmo no campo limitado da ordem econômica, é preciso não esquecer que a enumeração de princípios, constante do citado artigo de nossa Constituição [art. 170], assim como a declaração dos valores fundamentais da livre iniciativa e do trabalho humano, acham-se subordinadas aos ditames da justiça social, sendo esta, indubitavelmente, o critério supremo nessa matéria.

Tudo isso justifica, fundamentalmente, a admissibilidade de restrições — interpretativas ou legislativas — à aplicação dos princípios constitucionais da ordem econômica, ao mesmo tempo em que dá a medida da legitimidade dessas restrições. A liberdade empresarial, como se disse, não pode ser tomada em sentido absoluto, o que equivaleria a desvincular a ordem econômica, como um todo, da diretriz superior da justiça social. Mas as restrições ao exercício dessa liberdade não podem ser de tal monta que acabem por eliminá-la em concreto.[14]

Desta forma, tem-se que a liberdade de iniciativa envolve uma concepção acerca do exercício de um direito que traz consigo determinados ônus e deveres, numa conjunção que envolve o princípio da função social. O texto constitucional é claro nesse sentido, ao dispor que a Ordem Econômica *"tem por fim* assegurar a todos uma existência digna, conforme os ditames da justiça social" (art. 170, *caput*).

Por oportuno, deixe-se claro que se descarta a compreensão de que a finalidade de "assegurar a todos uma existência digna, conforme os ditames da justiça social" poderia ser um objetivo mediato alcançado, espontaneamente e em longo prazo, pelo livre mercado, bastando que a ele se assegurasse a mais absoluta liberdade aos respectivos agentes econômicos. Segundo essa linha (a qual se rejeita), na medida em que não houvesse quaisquer restrições à livre iniciativa, a existência digna seria uma consequência dos parâmetros libertários adotados, produzida por si só pela mão invisível do mercado. Os empresários deveriam se comportar dentro dos limites da lei, maximizar os seus lucros e ponto final, pois a utilidade prática oriunda do exercício de tais direitos e os benefícios sociais daí decorrentes seriam mais uma das consequências espontâneas desse sistema econômico.[15]

---

[14] Regime constitucional do controle de preços. *RDP*, 97/17, p. 23. Para uma visão alentada das balizas constitucionais da intervenção: Lúcia Valle Figueiredo (*Curso de direito administrativo*. 6. ed. São Paulo: Malheiros, 2003. p. 87-89).

[15] Um dos principais defensores de que o objetivo empresarial deve ser apenas o lucro dos investidores é Milton Friedman. Em seu célebre artigo publicado no *New York Times Magazine*

Refuta-se a interpretação de que o texto constitucional seria descritivo, tecendo uma mera constatação do resultado efetivo da liberdade de iniciativa (em o Estado se afastando, todos teriam uma existência digna e estar-se-ia obedecendo às determinações da justiça social). Esse entendimento remete a uma hierarquização principiológica invertida e a uma leitura de um liberalismo clássico e utópico, incompatível com o sistema constitucional brasileiro e com a existência de uma ordem jurídica da economia. Ao lado disso, incorpora uma cegueira no que diz respeito à ausência de preocupações ético-sociais dos mercados. Daí porque a livre iniciativa não deve ser compreendida "como expressão individualista, mas sim no quanto expressa de socialmente valioso".[16]

Ora, é pacífico que, na justa medida em que os agentes econômicos privados detêm e exercitam o legítimo interesse de acumular lucros egoísticos crescentes, a atividade empresarial visa exatamente a esse objetivo primário, descurando de eventuais consequências sociais reflexas (caso positivas, tanto melhor; se não o forem, talvez o sejam no futuro). Os investimentos são feitos e as empresas são organizadas para gerar lucros. Quaisquer consequências outras (dignidade da pessoa humana, justiça social etc.) são estranhas ao respectivo escopo primário. Numa perspectiva ultraliberal, quanto mais vantajosa, mais dinâmica e flexível a organização empresarial, proporcionalmente menores serão as suas preocupações sociais. Não se devem nutrir expectativas quanto a limitações espontâneas por parte do mercado na busca do lucro ou de procura ao atendimento à dignidade da pessoa humana.

Assim, cumpre ao Estado dar eficácia ao princípio da função social e estabelecer limites à atuação dos agentes econômicos privados, bem como gerar meios de uma melhor distribuição da riqueza. Isso através da regulação normativa ou da gestão direta — regulando

---

(The social responsibility of business is to increase its profits, edição de 13 de setembro de 1970), o autor destaca que significaria um paradoxal conflito de interesses fazer com que os empresários fossem responsáveis por, simultaneamente, alcançar os objetivos de lucratividade e buscar objetivos relativos ao bem-estar social (de terceiros, que não os acionistas das empresas). O que implicaria uma quebra do dever ético dos administradores, que seriam obrigados a gastar em favor de terceiros o dinheiro que na verdade pertence aos acionistas das empresas. Aprofundar em *Capitalism and freedom*. Chicago: Univ. of Chicago Press, 2002. p. 133-136. Contra essa tese de Friedman, v. a crítica de Avelãs Nunes em *Neoliberalismo e direitos humanos*. Rio de Janeiro: Renovar, 2003. p. 39-42.

[16] Eros Grau, *A ordem econômica...* cit., p. 200. E mais adiante: "não se pode visualizar no princípio tão-somente uma afirmação do capitalismo" (*op. cit.*, p. 202). Sobre o necessário equilíbrio entre o lucro legítimo e a dignidade da pessoa humana, consulte-se o artigo de Fernando Facury Scaff (Ensaio sobre o conteúdo jurídico do princípio da lucratividade. *RDA*, 224-323).

ou agindo, cabe ao Estado o dever de instalar a hipótese da geração de benefícios sociais que o mercado não produz. Essa é a leitura que se propõe à Ordem Econômica da Constituição de 1988.

Ao positivar em norma um escopo diverso do objetivo primário dos particulares que interagem na esfera econômica, a Constituição estabelece um fim a ser atingido, diverso daquele típico dos agentes livres num mercado dito perfeito. O texto prevê a integração da busca pelo lucro ao dever do atendimento a interesses alheios àqueles dos detentores dos direitos em questão (propriedade, livre empresa etc.). O que implica a funcionalização social do conceito de liberdade de iniciativa (Constituição, inc. II do art. 170 e inc. XXIII do art. 5º).[17]

O Brasil é um Estado Democrático de Direito e "a democracia é um governo de *funções*, não de *dominações*" — como bem frisou Fábio Konder Comparato —, que se traduz "num poder atribuído a alguém em benefício de outrem (...) o que marca a função não é o título de origem, mas a finalidade. O beneficiário da função pode ser pessoa determinada — como os filhos, no pátrio poder, ou os sócios ou associados nas associações ou sociedades de direito privado — ou então indeterminado. É neste último caso que se pode, propriamente, falar em *função social*".[18]

A garantia do título (e conteúdo) do direito de propriedade é funcionalizada (inclusive dos fatores de produção), no sentido de que o seu senhor tem o dever de orientar o exercício desse direito para a obtenção de benefícios sociais. O que não significa um corte ortodoxo de valores absolutos, pois a funcionalização tem como premissa a propriedade privada, a gerar benefícios ao seu titular. O que se pretende firmar é a necessidade da institucionalização e da coexistência pacífica entre ambas as diretrizes empresariais: o lucro unido/instruído pela valorização da pessoa humana, trabalho e justiça social.

Mas se tenha em vista que "quando se fala em função social da propriedade não se indicam as restrições ao uso e gozo de bens próprios (...)", mas "se está diante de um interesse coletivo, essa função social corresponde a um *poder-dever* do proprietário,

---

[17] Sobre o conceito de função administrativa, v. Celso Antônio Bandeira de Mello (*Curso de direito administrativo*. 20. ed. São Paulo: Malheiros, 2006. p. 62 *et seq.*), e Egon Bockmann Moreira (*Processo administrativo*. 2. ed. São Paulo: Malheiros, 2003. p. 30 *et seq.*).

[18] Um quadro institucional para o desenvolvimento democrático. *In*: JAGUARIBE, Hélio (Coord.). *Brasil, sociedade democrática*. Rio de Janeiro: José Olympio, 1985. p. 398.

sancionável pela ordem jurídica".[19] Ou, na dicção de Celso Antônio Bandeira de Mello:

> Logo, à propriedade atribui-se o caráter de um direito vocacionado a atender à finalidade do desenvolvimento econômico e da justiça social. Segue-se que o Estado pode pretender dos proprietários que concorram nesta direção — e não apenas que se abstenham de adversar esta diretriz.[20]

À toda evidência, não seria de se imaginar que a propriedade empresarial e o seu exercício restariam imunes à configuração de uma função social. A Constituição é de clareza meridiana nesse sentido, significando que aquilo que "dá sustentação constitucional ao instituto da empresa é sua vocação para realização da dignidade de cada pessoa humana. (...) Tal como se passa com a propriedade, a empresa somente se legitima na medida em que seja a via de afirmação de valores que transcendem seu titular. Há vinculação entre as faculdades atribuídas ao empresário e a realização de valores não referidos diretamente a ele".[21]

Pois o Poder Público detém os instrumentos adequados, oriundos do sistema jurídico, que permitem a intervenção e a atuação econômicas. A concepção da propriedade (empresarial, inclusive) como um direito que deve cumprir uma função social determina a sua sujeição às conveniências sociais (respeitados o próprio direito de propriedade e os limites da lei). Logo, a função da liberdade de empresa é sim aquela de garantir a atividade econômica privada e o seu lucro, mas qualificada pela busca da finalidade de que esta possa engrandecer o ser humano e a justiça social.

Claro que não se pode esperar uma implementação espontânea por parte dos agentes econômicos de uma norma constitucional que condicione a sua atuação empresarial (porventura restringindo as suas expectativas). O fato de o princípio ser concebido como de incidência imediata não significa que ele será cumprido à excelência pelo mercado. Ao contrário: exige-se a intervenção regulatória ou atuação direta do Estado na economia, a fim de fazer valer tais preceitos constitucionais. Tem-se que o Estado (aí compreendida a

---

[19] COMPARATO, Fábio Konder. A função social da propriedade dos bens de produção. *RDM*, 63/71, p. 75. Porém, pede-se *venia* para discordar do autor quanto à sua compreensão da amplitude da dimensão das sanções jurídicas (a expropriação da propriedade privada não condicionada ao pagamento de indenização integral ou sem indenização).

[20] Novos aspectos da função social da propriedade no direito público. *RDP*, 84/39, p. 45.

[21] JUSTEN FILHO, Marçal. Empresa, ordem econômica e Constituição. *RDA*, 212/109, p. 130.

Administração Pública) não deve apenas respeitar passivamente o princípio da função social, mas deve adotar e implementar regras e condutas que a celebrem ao máximo.

Por fim, cabe aqui um alerta: as aqui defendidas *funcionalizações* da *liberdade empresarial* e da *intervenção do Estado* na economia não podem resultar num desvirtuamento da Ordem Econômica celebrada pela Constituição. Como já há algum tempo firmou Modesto Carvalhosa, no "conceito de Ordem Econômica constitucional destaca-se o *modo de ser jurídico* do sujeito econômico, ou seja, a sua *função*: Função social e política (justiça social e desenvolvimento nacional) — atribuída à atividade produtiva pelo Direito Público".[22]

Aclare-se que com isso não se está a sustentar que o empresário se tornou um órgão público nem que a sua propriedade foi convertida num bem coletivo colocado à disposição do Estado unicamente para a obtenção de resultados socialmente úteis. O que se advoga é uma concepção teleológica da liberdade empresarial: a função se sobrepõe à estrutura, conferindo uma nova dimensão ao escopo da atividade empresarial. O controle e a implementação fática dessa relação é dever do Estado, desde que proporcional e legitimado pelo Direito.

A constatação não se refere unicamente às liberdades de empresa e de iniciativa, mas pode ser alçada a um nível superior, que cogite de todo e qualquer condicionamento ou limitação administrativa ao exercício do direito de propriedade. Como firmou Celso Antônio Bandeira de Mello a propósito das limitações administrativas, estas não podem subtrair à propriedade a sua funcionalidade, compreendida como "a aptidão natural do bem em conjugação com a destinação constitucional que cumpre, segundo o contexto em que esteja inserido". Constatação corroborada pela doutrina de Carlos Ari Sundfeld: "Em outras palavras, qualquer condicionamento do direito de propriedade tem como limite a *viabilidade prática e econômica do emprego da coisa*: proibido este, o direito estará totalmente sacrificado".[23]

Não se pode chegar a ponto de pretender uma subversão da essência econômica da Constituição, lendo a possibilidade da intervenção/atuação estatal na economia ao lado dos princípios da função social, da dignidade da pessoa humana e da justiça social

---

[22] *Ordem econômica na Constituição de 1969*. São Paulo: Revista dos Tribunais, 1972. p. 51.

[23] Respectivamente: natureza jurídica do zoneamento. *RDP*, 61/34, p. 39, e Condicionamentos e sacrifícios de direitos: distinções. *RTDP*, 4/79, p. 82.

como um critério legitimador de maior e desenfreada participação do Estado no cenário econômico (com respectiva supressão da livre iniciativa). Os princípios constitucionais devem ser compreendidos harmoniosamente pelo intérprete e aplicados de forma ponderada e adequada ao caso concreto. A pretensão de elevar ao máximo determinados princípios não pode ser superdimensionada, a ponto de inviabilizar o exercício de liberdades garantidas de modo expresso no texto constitucional (liberdade de empresa, de iniciativa, de concorrência etc.).

O sistema celebrado pela Constituição é o capitalista e assim deve ser compreendido. A defesa do princípio função social significa um dever de o Estado a promover e defender, dentro da vigente configuração jurídica da economia. A apreciação funcional da liberdade de empresa importa uma compreensão teleológica inserida num sistema capitalista, que contempla uma integração e um direcionamento socialmente responsável da atividade empresarial.

A conjugação de tais princípios autoriza (senão determina) a possibilidade de intervenções estatais na economia, mesmo em detrimento da liberdade de empresa (desde que não a agridam injustificadamente ou a nulifiquem). Por outro lado, o Estado não pode atuar instruído apenas por uma concepção pró-mercado e pró-concorrência, desenvolvida com lastro exclusivo na *rationale* de teorias e leis econômicas. Se assim fosse, caberia deixar à mão invisível desse sistema autopoiético a solução de seus problemas e dilemas.

Constatação que autoriza uma rápida proposta acerca do tema da "indispensabilidade" da atuação dos Poderes Públicos no domínio econômico. Tarefa árdua, pois a qualidade de indispensável advirá do contexto fático em que se cogitar da intervenção, numa ligação vital entre a norma e o fato normado. Não há compreensão do alcance de uma norma sem a sua correspondente integração com os fatos. O caso concreto não pode ser concebido como um dado secundário e posterior à aplicação do direito, mas, na dicção de Castanheira Neves, configura um *prius metodológico*: "o caso jurídico não é apenas o objeto decisório-judicativo, mas verdadeiramente a perspectiva problemática-intencional que tudo condiciona e em função da qual tudo deverá ser interrogado e resolvido."[24] Ou como Comparato escreveu:

---

[24] *Metodologia jurídica*. Coimbra: Coimbra Ed., 1993. p. 142. No mesmo sentido: Eros Roberto Grau (*Ensaio e discurso sobre a interpretação/aplicação do direito*. 3. ed. São Paulo: Malheiros, 2005. *passim*), Humberto Ávila (*Teoria dos princípios*, cit., em especial, p. 22-26) e Francisco Cardozo Oliveira (*Hermenêutica e tutela da posse e da propriedade*. Rio de Janeiro: Forense, 2006. p. 7-73).

A verdadeira compreensão de um texto legal somente ocorre quando ele é confrontado com os eventos da vida. É só então que ele adquire um colorido específico, próprio daquilo que os anglo-saxônicos denominam *law in action*.[25]

Porém, e na tentativa de conferir maior concretude pragmática ao tema, é possível propor três pautas basilares para a intervenção/atuação do Estado na economia.

Em primeiro lugar, deve-se rejeitar a superfluidade: tanto no plano regulatório como no da intervenção produtiva, não se pode nem sequer cogitar de repetições anódinas, preceitos imprestáveis ou irrelevantes. A repetição apenas aumenta os custos (sem trazer benefício algum) e causa problemas cognitivos (a ilegível sucessão de atos e fatos repetitivos).

Em segundo lugar, exige-se a transparência da demanda social: seja contingente (p. ex., calamidades públicas ou repentina crise econômica mundial), seja essencial (p. ex., falhas estruturais, pontos de estrangulamento, saúde ou educação), é necessário um fim social público predefinido e posteriormente controlável.

Em terceiro lugar, a intervenção deve apresentar uma relação de eficiência jurídica e econômica não só transparentes como também controláveis. Os custos arcados no processo interventivo hão de ser inferiores aos benefícios por ele gerados. Além disso, a eficiência jurídica deve ser permanentemente buscada, em prestígio à compreensão de que o princípio constitucional da eficiência exige "a necessidade de o ato administrativo atingir e produzir o efeito útil ou adequado, tal como previsto em lei, de forma transparente, moral e impessoal".[26]

Consolidados esses três parâmetros mínimos, tem-se que a Ordem Econômica brasileira, unida à configuração concreta no momento interventivo, fornecerão a solução para a eficácia prática da intervenção estatal. A busca pela implementação do princípio da função social dependerá do caso concreto e dos instrumentos de que se valha o Poder Público. A depender da hipótese, essa definição da inevitabilidade da intervenção deve ser devidamente motivada (em especial no que diz respeito aos atos administrativos interventivos), com a apresentação dos motivos de fato e das razões de direito que autorizam a intervenção.

---

[25] Isonomia das carreiras do Ministério Público..., cit., p. 76.
[26] MOREIRA. *Processo administrativo*..., cit., p. 180.

A avaliação quanto à efetiva necessidade pode envolver dois momentos: o primeiro, no que diz respeito à própria positivação legislativa da possibilidade interventiva. O Legislador outorga ao Estado-Administração uma competência relativa à atuação/intervenção (de gestão ou regulatória), através de um diploma específico. Como não poderia deixar de ser, essa definição pode ser objeto de controle judicial — tanto no que diz respeito à outorga de competência relativa à intervenção em sentido estrito como àquela puramente regulatória (contemplando os limites inerentes ao núcleo duro do mérito das decisões administrativas).

O segundo momento diz respeito à implementação *in concreto* da atividade interventiva. Tanto na atividade produtiva específica (p. ex., abuso no exercício do poder econômico e respectivo ataque à concorrência), como na edição de regulamentos administrativos (p. ex., a restringir determinados mercados a certos operadores), a necessidade da atividade interventiva pode ser submetida a legítimo controle judicial.

4 Considerações finais

Como lançado ao início, este pequeno texto pretende apenas instalar uma discussão quanto aos pontos de partida para a convivência entre os princípios da livre iniciativa e da função social. Isso não esconde uma pretensão a fixar os limites do debate, mas sim traz consigo uma proposta: a de que nenhuma das duas normas constitucionais pode ser compreendida de forma alheia à outra. A propriedade privada dos bens e fatores de produção e o modo do seu exercício devem ser aptos a simultaneamente cumprir o princípio da função social e a atingir os objetivos de gerar o legítimo lucro do investidor.

Curitiba, julho de 2006.

Índice de Assuntos

página

A
Accountability 65, 101
Agentes 33
Aprovação 142
Ato consorcial
Ver Contrato de consórcio 117
Autorregulação profissional ...181-201, 207
- Exercício de função pública 187
- Funções 202

B
Banco Central do Brasil 22
Bottlenecks
Ver Pontos de estrangulamento

C
Capitalismo misto 165
Cartelização 135
Código de Defesa do Consumidor
(CDC) 15-22, 32
- Fornecimento de serviço 17
- Relação de consumo 17, 19
Concessões de serviço público ... 16, 19, 99-114
- Contrato de concessão 19, 21, 113
- Desempenho 101
- Especificidade 18
- Fiscalização 113
- Incertezas 104, 105, 111
- Por conta do concessionário 100
- Por sua conta e risco 107-114
- Riscos 101-107, 111
- - Natureza dos riscos 102
- - Taxa de risco 106

página

- Tarifas 20
Conselho Monetário Nacional 21
Conselhos profissionais 188-208
- Atribuições 204, 205
- - Polícia das profissões 205
- Autarquias corporativas 190, 192
- Autarquias paradministrativas 189
- Fiscalização 198
- Natureza autárquica 192-194, 197
- Natureza jurídica 202, 208
- Principais características 197
Consórcio 117, 118
- Autorização para participação 119
- Cartelização 135
- Consorciados ...117, 121, 123, 126, 134
- - Responsabilidade solidária 132
- Constituição e registro 133-135
- - Sociedade de propósito específico
(SPE) 133
- Contrato de consórcio 117
- Empresa líder ..119, 121, 123, 124, 126
- Empresarial 116
- Empresas do mesmo grupo
econômico 128-131, 136
- - Coligadas 130
- - Holding 128-130
- - - mista 129
- - - pura 129
-Entre empresas brasileiras e
estrangeiras 124
- Forma societária 121
- Heterogêneos 122, 133
- Homogêneos 122
- Instrumental 118

página

- Legitimidade em juízo 125
- Qualificação econômico-financeira... 126, 127
- Qualificação técnica 126
- Termo de compromisso..........120, 121
Constituição de Weimar (1919) 210, 211, 212
Constituição Econômica........... 156-160
Consumidor 16, 19, 20
Contrato consorcial
  Ver Consórcio, Contrato de consórcio
Controle de preços 174, 175, 177
- Estabilidade no preço 176
- Readequação...................................176
- Reajuste 175, 176
- Regulação baseada em custos 175
- Regulação baseada em preços.......175
Convênios (entre entes
  da Federação)................................144
- Administrativos..............................145
Corporações de ofício 183

D
Dano 37, 47
- Decorrentes de ato lícito 38
- Material 38
- Moral...38
- Provenientes de atividade ilícita 38
Declaração de Direitos do Homem
  e do Cidadão..................................211
Décret d'Allarde................................183
Destinação 142
Direito Administrativo 115, 155, 156, 168
Direito brasileiro 155, 160
Direito (ciência) 154
Direito do Consumidor 21, 22
Direito privado 115
Direito público..................................157

página

E
Economia (ciência)...........................153

F
Filosofia econômica...........................142
Finalidade específica........................142
Finalidade maior 142
Fomento.....................................171, 172
Fornecimento de serviço 17

H
Hetero-regulação...............................185

I
Intervenção do Estado na Economia... 156, 160-179, 213, 221-224
- A favor do mercado 172
- Contra o mercado 172
- Domínio econômico........................168
- Eficiência jurídica e econômica 223
- Estado promocional........................169
- Instituições interventivas...............161
- Objetivo imediato 166
- Políticas econômicas.......................162
- - Falhas de mercado.......................162
- Promocional....................................165
- Sancionatória 177
- Superfluidade 223
- Transparência da demanda
  social...223

J
Joint venture
  Ver Sociedade de propósito específico (SPE)

L
Lei de Diretrizes Orçamentárias 143, 147, 149

Índice de Assuntos | 227

página

Lei de Responsabilidade Fiscal 89, 137-151
- Características principais 142
- Fundamentos 137
- Objetivos 137, 141
- Pilares 141
- - Controle 141
- - Planejamento 141
- - Responsabilização 141
- - Transparência 141
- Programa de Estabilidade Fiscal (PEF) 140
- Transferências voluntárias 146-151
- - Requisitos 147, 150
- - Vetos 148-150
Lei Geral de Concessões (LGC)....15, 16, 21, 47, 52, 56, 57, 111, 116, 133, 134
Liberdade de exercício de profissão 181
Licitações 49, 61, 62, 63, 128
- Concorrência............................64, 128
- Edital de licitação 66
- Por lotes 131
- Previsões orçamentárias 58
Loi Le Chapelier 183, 184
Loi Ollivier 184

O

Obras de infraestrutura 49-73
- Capacidade técnico-operacional...66-70
- - Atestados de capacidade técnica... 68, 69
- Contratos administrativos 70-72
- - Execução 71
- - Fundo garantidor 72
- Orçamento e desembolso................. 57
- Projeto básico 59, 60. 62, 63, 65-67
- Projeto executivo.......59, 60, 62, 63, 67
- - Veto.......................................62, 63
Ordem dos Advogados do Brasil (OAB) 189, 190, 196, 203, 205, 207

Ordem dos Advogados (Portugal)...185
Ordem Econômica....................212, 214, 217, 219, 223
Ordem Jurídica da Economia 159

P

Pacto de Estabilidade e Crescimento (PEC) 58
Parcerias público-privadas (PPPs) 49-98
- Estrutura administrativa do Estado 83
- - Administração direta 84
- - Administração indireta................. 84
- - - autarquias...............................86, 88
- - - empresas públicas 89, 91, 92, 93, 116, 122
- - - fundações 87, 88
- - - sociedades de economia mista 91-93, 116, 122
- - Empresas estatais........................ 89
- - Demais entidades 94
- - Fundos especiais.......................... 85
- Investimentos 96
- - Privado.. 97
- Lei especial.................................... 81
- Normas gerais 76
- - Natureza jurídica......................... 76
- Origem... 50
- Valor do piso contratual............. 78-81
Pyramiding 128
Pontos de estrangulamento 54, 73
Princípio da Função Social...... 209, 213, 215, 218, 221, 223, 224
- Agentes públicos............................214
- Propriedade privada 210, 219, 220
- Sujeitos privados............................214
Princípio da Livre Iniciativa ... 209, 218, 223, 224
- Liberdade de empresa...........215, 216, 220, 222

Princípio da valorização do trabalho
humano 214
Profissão liberal 182

R
Reforma do Estado 137-139
- Reforma Administrativa 139
- Reforma Fiscal 139
- Reforma Previdenciária 139
Regulação econômica 185
Regulação profissional 185
- Objetivo 187
Responsabilidade objetiva 27-47
- *Caso Blanco* (1873) 29
- Conceito 28
- Elementos 32-47
- - Ação regressiva (Poder-dever) 46
- - Conduta/atos praticados 34
- - - ação ou omissão 35
- - - atos lícitos e ilícitos 34
- - Dano 37
- - - decorrentes de ato lícito 38
- - - provenientes de atividade ilícita...38
- - Excludentes e atenuantes 43
- - Nexo causal 42
- - - teoria da causalidade adequada...42
- - - teoria da causalidade imediata
ou direta 42
- - - teoria da equivalência das
condições 42
- - Sujeito (agente público) 33
- Evolução 30-32

- Teorias 28-30
- - Autônoma da responsabilidade
administrativa 29
- - Civilistas 29
- - Da culpa administrativa 29
- - Da irresponsabilidade 28
- - Do acidente administrativo...........30
- - Do direito divino 28
- - Do risco 29, 30
- - - administrativo 30
- - - integral 30
- - Publicistas da responsabilidade do
Estado 30
Responsabilidade solidária 46
Revolução Francesa de 1789 183

S
Setor brasileiro de infraestruturas 52
- Falhas 53
- Investimentos 53
- Monopólios naturais 53
Sistema econômico brasileiro 216
Sociedade de propósito específico
(SPE) 133
Solidariedade (consorciados) 132

T
Termo de compromisso 134
Tribunais de Contas 149

U
Usuário 16, 19, 20, 47

Índice da Legislação e Atos Normativos

A

Ação Direta de Inconstitucionalidade
nº 1.711-6 187
Ação Direta de Inconstitucionalidade
nº 1.717-6 .... 181, 199

C

Código Civil 30-32, 56, 82,
88, 121, 132, 133, 135
Constituição de 1824 31
Constituição de 1934 31
Constituição de 1937 31
Constituição de 1946 31
Constituição de 1967 31
Constituição de 1988 .... 24, 27,
32, 38, 46, 66, 76, 86, 93, 110,
122, 142, 156, 168, 216, 219

D

Decreto nº 11.715, de 12 de Junho
de 1926 185
Decreto nº 19.408 185
Decreto-Lei nº 200/67 87
Decreto-Lei nº 4.657/1942 (Lei de
Introdução ao Código Civil) 56,
82, 132
Decreto-Lei nº 5.452 204

E

Emenda Constitucional nº 19/98 87,
92, 139, 200
Emenda Constitucional nº 20/98 139

L

Lei Complementar nº 101/2000
(Lei de Responsabilidade Fiscal)... 57,
58, 83, 89-92, 137, 139-150
Lei nº 2.800/56 204
Lei nº 3.268, de 30.09.57 .... 191, 203
Lei nº 3.757/60 203
Lei nº 3.820/60 203
Lei nº 4.084/62 203
Lei nº 4.215 de 27.04.1963 189
Lei nº 4.320/1964 (Normas Gerais
de Direito Financeiro para
Elaboração e Controle dos
Orçamentos e Balanços da União,
dos Estados, dos Municípios
e do Distrito Federal) 85
Lei nº 5.194/66 203
Lei nº 5.517/68 204
Lei nº 5.540/68 196
Lei nº 5.766/71 203
Lei nº 6.404/1976 (Lei de Sociedades
Anônimas) 91, 117, 120, 121,
123, 126, 130, 132
Lei nº 7.596, de 10.04.87 87
Lei nº 8.078/1990 (Código de Defesa
do Consumidor – CDC)... 15-17, 19-21
Lei nº 8.429/92 (Lei de Probidade
Administrativa) 66
Lei nº 8.666/93 (Lei de Licitações e
Contratos Administrativos) 49,
60-73, 78, 82, 84, 92-94, 110, 120,
126, 127, 131, 132, 135, 176, 198

	página		página

Lei nº 8.906/94 (Estatuto da Ordem
dos Advogados do Brasil).....196, 203

Lei nº 8.934/94 (Lei de Registros Públicos
de Empresas Mercantis).......121, 134

Lei nº 8.987/1995 (Lei Geral de
Concessões – LGC).. 12, 15, 16, 21, 47,
51, 52, 56, 60, 61, 82, 99, 101,
102, 110, 113, 114, 134, 176

Lei nº 9.074/95........................ 61-65, 134

Lei nº 9.307/1996
(Lei da Arbitragem).........................82

Lei nº 9.317/96...................................127

Lei nº 9.649/98...................187, 194, 198,
200, 201, 206, 208

Lei nº 10.177, de 30.12.1998...............46

Lei nº 10.735/2003 (Programa de
Incentivo à Implementação de
Projetos de Interesse Social – PIPS)...82

Lei nº 11.079/04 (Lei das parcerias
público-privadas)..........49, 52, 55, 57,
58, 61-66, 69-72

M

Mandado de Segurança
nº 21.797-RJ.....................................191

Mandado de Segurança
nº 22.643-SC.....................................191

Medida Provisória nº 1.549-37.........201

R

Resolução CONFEA nº 361/91...........59

S

Súmula nº 227......................................38

Súmula nº 231....................................194

Índice Onomástico

página

A
Ascenção, José de Oliveira 81
Ataliba, Geraldo 77

B
Bacellar Filho, Romeu Felipe 25, 38
Bandeira de Mello, Celso Antônio ...24, 33, 35, 36, 72, 87, 94, 110, 118, 194, 220, 221
Bandeira de Mello, Oswaldo Aranha 35
Batalha, Wilson de Souza Campos ...82
Batista, J.P. 16
Bobbio, Norberto 169
Borges, Alice Gonzalez 77
Bresser Pereira, Luiz Carlos 137, 163, 165
Brunini, Weida Zancaner 28, 34, 38
Bulgarelli, Waldírio 117, 129

C
Cahali, Yussef Said 25
Calabresi, G. 105, 110
Canotilho, Joaquim José Gomes 158
Carvalhosa, Modesto 117, 118, 121, 126, 129, 135, 221
Cassagne, Juan Carlos 171
Castanheira Neves, Antônio 222
Cintra do Amaral, A. C. 70, 94, 108
Comparato, Fábio Konder 211, 216, 219, 222
Cretella Junior 25

página

D
Dallari, Adilson 131, 189
Delgado, José Augusto 141, 143, 147
Diniz, Maria Helena 132
Di Pietro, Maria Sylvia Zanella 146, 190

F
Fernandes, Jorge Ulisses Jacoby 198
Fernandéz, Tomás-Ramón 171
Ferreira, Eduardo Paz 59, 97

G
García de Enterría, Eduardo 171
Gonçalves, Pedro 187
Grau, Nuria Cunill 165

J
Justen Filho, Marçal 28, 35, 58, 85, 93, 119, 122, 124, 144, 145, 190, 197, 198, 205

K
Knight, F. 104

L
Leães, Luiz Gastão de Barros 135
Lima, Fernando Machado da Silva...207
Lôbo, Paulo Luiz Netto 196

M
Macedo, José Antonio Barreto de ... 193, 195, 206

página		página

Magalhães, Dario de Almeida.........205
Medauar, Odete... 188, 189, 196, 202, 205
Meirelles, Hely Lopes.........36, 72, 145
Mello, Celso de 191
Mendes, Renato 131
Mileski, Helio Saul...........................138
Moreira, Egon Bockmann 36
Moreira, Vital....................158, 186, 202
Moreira Neto, Diogo de Figueiredo...88, 154-156, 160, 162, 163, 167, 177, 178, 179, 190
Motta, Carlos Pinto Coelho.............119

N

Nery Júnior, N. 18
Nunes, Antônio José Avelãs............166
Nusdeo, Fábio...................................173

O

Oliveira, Régis Fernandes de............91
Oliveira, Ruth Helena Pimentel de...25

P

Pasqualini, Paulo Alberto................189
Perez, M. A. 109
Przeworski, Adam............................138

R

Rebelo, Marta...............................59, 97
Ripert, Georges................................183
Roblot, René.....................................183

S

Salomão Filho, Calixto.....................135
Sanches, Sydney.......................200, 201
Silva, Almiro do Couto e....................36
Silva, Clóvis do Couto e...................165
Smith, Adam.....................................186
Souto, Marcos Juruena Villela......................................23, 24, 47
Sundfeld, Carlos Ari.............67, 78, 79, 119, 121, 145,221
Szklarowsky, Leon Frejda...............198

T

Timm, L. B.....................................12, 18

V

Valle Figueiredo, Lúcia...25, 35, 36, 190
Velloso, Carlos.......................25, 26, 191

W

Wald, Arnoldo 72
Werneck, Rogério.....................139, 144

Esta obra foi composta em fonte Palatino Linotype, corpo 10,5
e impressa em papel Offset 75g (miolo) e Supremo 250g (capa)
pela Gráfica e Editora O Lutador.
Belo Horizonte/MG, setembro de 2010.